让法律被信仰

国家社科基金项目“动产担保物权一元化立法研究”
（项目号：13BFX093）

CODIFYING SECURED TRANSACTIONS LAW IN CHINA

中国动产担保物权法编纂研究

董学立 著

法律出版社 LAW PRESS·CHINA

序一　与时俱进　任重道远

担保物权制度之形成与发展，历经长期的“不动产担保中心主义”。近世以来，由于经济的日益发达，科技的惊人进步，法制的健全，动产、债权及其他无形资产的价值，水涨船高，担保标的遂有多样化之呈现。而且农、工、商业经营模式推陈出新，为因应社会经济需求，各种新类型的担保，例如，浮动担保、流动集合资产之让与担保、ABL 融资、项目融资等沛然而来。担保标的之特定性、担保物权之从属性、物权法定原则、公示方法、担保物权之机能及实行方式等随之因应调整，显示出物权法的无限生命力。工商产经的发展、金融市场的日新月异有如一只无形的手，成为推动担保物权演进的巨大重要动力。以动产、债权、知识产权及其他无形资产等动产性财产权（英美法之“personal property”）为客体之担保权，更扮演推波助澜的关键角色。

回想 2005 年秋季，董学立教授以博士研究生身份在台湾的东吴大学从事访学交流，当时，个人兼任东吴大学法学院教席讲授物权法，因此有缘认识这位法律俊彦。在与董教授交流的过程中，得知他正为博士学位论文的选题大伤脑筋，并征询个人的意见。因为鉴于前述担保物权的演变，企业经营筹金需求之担保制度，必须有因应之道，在美国行之多年的《统一商法典》第九编，即“动产担保交易法”，就是其中最佳且触手可得的范例，因此，建议他不妨选为研究题材。董教授才思敏捷、眼光前瞻，果然将之作为研究主题，立即展开研究。随后就不断获悉董教授在美国《统一商法典》第九编研究方面获致新进展：完成博士学位论文《美国动产担保交易制度研究》（法律出版社

2007 年版);在《法学研究》发表《浮动抵押的财产变动与效力限制》(2010 年第 1 期)、《我国意定动产担保物权法的一元化》(2014 年第 6 期);在《中国法学》发表《也论“后让与担保”》(2014 年第 3 期);在《法商研究》发表《抵押权概念的演变及其法体系效应》(2017 年第 5 期)等几十篇论文,研究成果质量耀眼、十分丰硕,令人刮目相看。这一系列关于动产担保物权论文的发表,开启中国法学关于动产担保物权法立法研究的新阶段,为融资担保的运用,源源注入新的活水,担保法世界蔚然展开一番新景象。“无心插柳,柳成荫”,只是个人一个小小建议,居然成为董教授学术生涯上展翅翱翔的契机,回顾这段认识及交往过程,个人备感荣幸。

董教授是一位全身尽心投入、孜孜不倦的法学研究教授。除热心教学及潜心著述外,他还在中国法学会民法学研究会的支持下,领衔担起担保物权法理论与实践国际会议召集人的重任,面对法学最前沿,乘风破浪,与时俱进。自此,每年召集的担保物权法理论与实践国际研讨会,个人都受邀参加,见证盛事,参与其中,获益良多。所有权法和用益物权法常受一国风土国情的影响,但担保是融资筹资的工具,与工商企业的经营密切结合,故建构担保制度的担保物权法,随着国际贸易的兴盛发达,跨国交流,国别区域色彩逐渐淡化,国际一体化的趋势,形成一股滔滔洪流。这种模式的推动,肇始于美国《统一商法典》第九编,经由联合国贸易法委员会所制定的《担保交易示范法》,以及《欧盟示范民法典草案》第九卷《动产担保物权》的出世,推向高峰,加拿大、澳大利亚、新西兰及近邻的韩国亦相继采取上述模范法的立法模式,着有佳绩,蔚成风潮。有鉴于动产性财产担保物权的国际统一化潮流,必须举办一个名副其实的国际会议,以便汇集大陆法系和英美法系的专家学者共济一堂、各抒卓见、求同存异、凝聚共识;此外,担保物权法理论与实践必须互动,理论与实务须沟通交融,彼此激荡,方能使担保物权法之运作能切合实务之需求,亦能遵循担保法理之规矩方圆,这是董教授将会议定位于担保物权法理论与实践国际会议的雄心。令人赞赏的是,担保物权法理论与实践国际研讨会,每年一届,已经连续开四届,成果丰硕,绩效斐然,未来也将循此路径,继续每年定期召开。由此充分彰显董教授的学术热情,以及担保法的学术远见，而其不畏挑战，勇于挑起重担，奋力前进，更令人由衷敬佩。

担保物权以标的物为标准区分，有不动产担保物权与动产性担保物权之别，不动产担保物权源远流长，其演变与各地域社会生活的态样，信用授受及交易习惯等密切攸关，历史长久的累积，遂有多样化的不动产担保物权制度出现。以继受英国法之美国为例，“mortgage”只是通称，其实际却有因植基于“the title theory”“the lien theory”“the intermediate theory”之分而异趣，又因担保物权制度系属州立法之权限，各州之间更有或多或少之差异；以同属大陆法系之德国、法国而言亦有不同，德国不但有不具从属性之土地债务、定期土地债务，且具有从属性之抵押权，其中犹有保全抵押（如普通抵押权、最高限额抵押权）与流通抵押（如证券抵押权等）等不同样态，法国法除具有强烈从属性之抵押权外，于2006年更增设与最高限额抵押权相近，却有不同之“充填式抵押”，遑论为维护公平或实现社会政策，尚有各种不同类型之优先权，是以，时至今日，欧盟虽已有统合之货币，跨境流通，但整合共通之不动产担保制度，仍然议论诸多、举步维艰。由是与动产性财产权比较观之，担保物权一元化之国际趋势，大抵系指向动产性担保物权，上述美国《统一商法典》第九编、《担保交易示范法》、《欧盟示范民法典草案》第九卷即为典型，然而，由于德国社会已习用“所有权保留”，纵使理论及实务应用异常复杂，德国仍坚持在《欧盟示范民法典草案》第九卷的动产担保物权一元化中，独树一帜，又公示方法之统一化，是动产性担保物权一元化追求的重大目标。然而，日本自1998年制定特别法推动与民法不同之债权、动产让与之登录公示制度，形成公示制度之双轨体系，2017年民法修正时，就债权让与拟统一以登录为公示方法，最后功亏一篑，依旧维持双轨并行。举此二例，可见在动产性担保物权之一元化，猷存有牢不可破的壁垒桎梏。毕竟法律不能脱离现实，人民方为民法适用之主体，人民接受乐用才是法律移植能否落地生根、花团锦簇的关键。

董教授法学素养深厚，又倾全力钻研担保物权，自然洞悉法典移植的根本道理。因此，在他精实的研究中，并未将他担保物权法规范一元化的醉心热情，不假思索地投进立法建议的操作上，只是尽心为中国担保物权法的现代化进程建构健全周密的蓝图，明确具体提出立法建议：增加基础规范，尽力提取公因式，完善抵押权规范，留存个性规范，补足准用规范等，俾更适合中国担保物权发展的路径。避免陡然转向式的法制发展，社会难以承受。董教授在言及法学讨论中常说："前有辙后有路，是最好走的路，大家轻车熟路，才是最容易走到终点的路。"法学发展、成就茁壮的营养，必须自双脚所踩踏的泥土中汲取，理论和实务必须兼顾，他双肩挑起的担保物权法国际会议，以理论与实践为名，就是最佳验证。他的务实理想是"用上述立法技术的实施，实现中国动产担保物权立法的结构多元与规范一元。以此结构多元不变，便于善法善用"。果然学如其人，笃行实践。

与董教授的忘年交，韶华飞逝，匆匆之间，已是 15 年。值兹董教授新着大作出版的机会，祝贺董教授在法学道路上日新又新、与时俱进，为中国担保物权法的发展树立里程碑，有朝一日也让中国的担保物权法，在世界担保法的银河中闪耀。

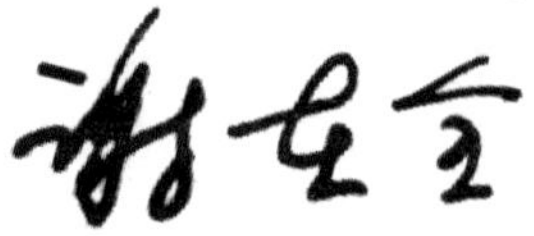

2020 年 3 月 1 日

序二　自序

对动产担保物权一元化立法模式和制度的研究，始于2005年。是年，我在山东大学法学院师从梁慧星教授攻读博士学位。对于选择一个什么样的领域作为博士学位论文的研究对象，我有一段时间陷入迷茫以致恐慌。我自然是想在已有初步研究基础的物权法领域深入研究下去，并在其中一个方面成就一篇博士学位论文。但我的一个基本能力缺陷就是，不会德语。“研究物权法领域的问题，尤其是要成就一篇博士学位论文，没有德语资料的运用，多是不可能的事情”——导师梁慧星教授亦如是说。此时，正值山东大学推出了博士研究生联合培养项目，学校出资鼓励博士研究生到境外其他知名大学接受联合培养导师的指导，进行学术研究、撰写论文。导师梁慧星教授鼓励我抓住此次机会去开阔眼界、选定研究领域、写好博士学位论文。最终，在房绍坤教授的热情帮助下，我申报并获批准去我国台湾地区东吴大学法学院，接受时任该校法学院院长、现任该校校长的潘维大教授的联合指导。在东吴大学接受联合培养期间，我有幸专门拜访了尊敬的王泽鉴教授和谢在全“大法官”。在不同的时间、不同的地点，在答复我所请教的问题时，两位前辈根据我的情况给出了令人惊奇的相同答案——研究美国《统一商法典》第九编《动产担保交易法》。

美国《统一商法典》第九编《动产担保交易法》，作为美国《统一商法典》的一编，完成于1956年。该法典第九编，开启了世界动产担保物权立法史上的一元化立法模式新时代。在此之前，美国国内关于动产上的担保物权制度处于分散、多元、不统一的状态,如同现今我国的动产担保物权制度一样。

初识一元化动产担保物权法律制度,不知其所然,更勿说知其所以然。它完全与我们百余年来建立起来的动产担保物权法制体系不同:我们接受的并习惯了的动产担保物权制度,是在物权法定原则框定下的担保物权制度,只有在法律中规定的担保物权内容和类型,才算得上是担保物权;而一元化动产担保物权制度全然抛弃了这一局限框架,任凭当事人以合意自由创设担保物权类型。我们接受的并习惯了的担保物权制度,是多元化的动产担保物权制度,分为动产抵押、动产质权和权利质权;而一元化的动产担保物权制度,在担保物权概念项下,没有再进一步的担保物权分类。我们习惯了的担保物权制度,是担保物权分类规制,因而也是制度的反复、重复的一套制度;而一元化动产担保物权制度,因不再有担保物权的分类,当然也就不会有因分类规制基础下制度的反复、重复。我们习惯了的担保物权制度,是依据担保物权的类型不同,依据担保物的种类不同,分别到不同的动产担保物权登记机构办理公示手续;而一元化动产担保物权制度,均建立了统一的动产担保物权电子登记平台,实施统一且简单的动产担保物权登记制度。我们习惯了的担保物权制度,是优先受偿次序分散、残缺、模糊的甚至错误的规范体系;而一元化的动产担保物权优先受偿次序制度是集中、完善、明晰和科学的规范体系。我们习惯了的担保物权制度,是以动产的移转占有作为动产质权设立生效要件的制度;而一元化动产担保物权制度,是将动产的移转占有作为动产担保物权公示方式之一且为对抗要件的制度。我们习惯了的动产担保物权制度,是建议请求法院代表的公权力机构参与动产担保物权之实现的担保物权制度;而一元化动产担保物权制度,是尽力让动产担保物权的实现控制在动产担保物权本身的支配效力下。总之,因结构体系的完全不同,我国延续至今的多元化动产担保物权制度与一元化动产担保物权制度之间,在包括但不限于上述各个方面在内的整个制度体系方面都表现出了完全不同的特质。一元化动产担保物权法制所具有的特质,对于一个熟识我国现有动产担保物权制度的研究者来说,已经建立起并深入内心的担保物权概念体系、制度逻辑和法制理念,且早已固化为一种完整的认知、理解和适用动产担保物权法制的前见。当已有的固化的知识前见突遇一元化动产担保物权制度的时候，其陌生感、疑惑感和距离感是可想而知的。那一段时间，我同时在翻译《美洲间组织动产担保交易法》，这是一部完全按照美国《统一商法典》第九编的结构、模式、制度和理念起草的一部区域组织示范法。我仅限于技术化的文字翻译操作，对于文字所表述内容、逻辑、理念等，实在是一时理不出头绪。

迷茫与困顿之际，好友我国台湾地区资深律师王宝蓁先生将其珍藏多年的《美国统一商法典及其译著》一书（上下册，台湾中兴大学法律研究所主译，台湾银行经济研究室编印）慷慨相送。数遍翻阅该书关于第九编的译文，对一元化动产担保物权立法的来龙去脉、篇章结构、精神气质、主要内容等方面，有了初步了解。此后不久，我又有机会到美国南得克萨斯州法学院访学交流，在此期间接受该院 W. 戴维德 · 伊斯特（W. David East）教授的悉心指导，全面深入地研究美国《统一商法典》第九编，收集了并阅读了大量英文第一手资料，对美国《统一商法典》第九编总算是开始有了较全面、深入的了解和理解。在此基础上，我顺利完成了博士学位论文的写作并获得博士学位。终此历时达一年半的时间，对以美国《统一商法典》第九编为蓝本的一元化动产担保物权制度的研究，暂时告一段落。

他山之石，可以攻玉。对国外一元化动产担保物权制度的研究，重点不应在于单纯地学习和了解外国法、翻译和介绍外国法，而应将重心置于通过学习外国法的精神、理念、方法、技术等，以为我国动产担保物权法制的修改、完善与未来编纂所用。2007 年我国颁布了《物权法》。随后，学界对新颁布的《物权法》的研究、解释火热了一段时间。我也把在研究一元化动产担保物权法的过程中获得的新知识、新方法、新思路、新理念等，善用在了对我国《物权法》各编尤其是担保物权编的学习、研究、解读上。以此，我陆续发表了诸如《论“在建物”上的抵押权》，载《政法论丛》2009 年第 2 期；《如何理解物权法第 199 条》，载《法学论坛》2009 年第 2 期；《动产抵押制度不合理吗》，载《河南省政法管理干部学院学报》2009 年第 4 期；《浮动抵押的财产变动与效力限制》，载《法学研究》2010 年第 1 期；《论“正常经营活动中”的买受人规则》,载《法学论坛》2010 年第 4 期;《“动产”概念是如何被界定的》,载《南京财经大学学报》2010 年第 1 期;《论〈物权法〉确立的物权变动新模式》,载《法学论坛》2011 年第 4 期;《论“担保物所有权之归属无关紧要”》,载《法治研究》2014 年第 1 期;《对法国物权变动债权意思主义的再思考》,载《北方法学》2014 年第 3 期;《也论“后让与担保”》,载《中国法学》2014 年第 3 期;《我国意定动产担保物权法的一元化》,载《法学研究》2014 年第 6 期;《我国担保物权法中的“准用性规范”研究》,载《遵循科学的自然法》,刘士国教授 60 华诞祝寿论文集,法律出版社 2014 年版;《不动产物权登记生效制度的实践困境与未来出路》,载《山东大学学报》(哲学社会科学版)2015 年第 2 期;《也论“新类型担保的法律定位”》,载《法治研究》2015 年第 4 期;《抵押权概念的演变及其法体系效应》,载《法商研究》2017 年第 5 期;《建立动产担保物权统一登记制度的法体系效应》,载《法治研究》2018 年第 1 期。成文尚未发表的论文还有:《中国担保物权法的编纂进路》《担保物权缘何可以自由》《中国担保物权法的编纂建议》等。这些科研成果的取得,有的成就了我申报并成功获得国家社科基金项目:“动产担保物权一元化立法研究”(13BFX093);有的表达了在这些基金项目的资助之下进一步深入研究的成果。这些成果是我在这一研究领域长期从事研究的集中表达,也是完成国家社科基金项目和教育部社科基金项目的具体成果。

上述这些论文,有一个中心思想就是:我国现有的动产担保物权法制,存在结构性缺陷。我国现有动产担保物权制度的结构性缺陷,非施以结构性变革无以从根本彻底地解决。在这里我们就遇到了一个前提性理论问题:作为多元化结构体系形式存在的我国动产担保物权法制,相较一元化动产担保物权法制,是不是存在体系结构上的缺陷?如是,则一元化动产担保物权制度具有制度优势,应予以参考借鉴;如否,则可以认定,解决同一问题的不同法制方案,对于同一问题的解决具有结果上同等价值。“条条大路通罗马”,即一元化动产担保物权制度不具有可借鉴性。但如果多元化担保物权制度较一元化动产担保物权制度具有制度结构性缺陷,则对一元化动产担保物权制度的参考借鉴,将不可避免。答案是肯定的——大陆法系动产担保物权法律制度体系,自民法法典化并物权法定化以来,就具有了制度结构上的天然缺陷——没有在动产上创设不移转占有的担保物权制度。大陆法系国家在其民法典颁布之后的岁月里,又都不同程度地走上了解决本国民法典缺少规定动产上不移转占有的担保物权制度的道路。各国的道路虽有不同,但走向似乎都一样——最终都走进了"死胡同"。对于我国担保物权法制的发展来说,我国《担保法》通过扩大抵押权概念范畴的方式,即通过在传统的抵押权即不动产抵押权中植入动产抵押权,使抵押权概念由传统的抵押权即不动产抵押权演变为不动产抵押权与有限动产抵押权,以及最终在《物权法》中变为不动产抵押权与极限动产抵押权,用以解决大陆法系民法传统上没有在动产上设置不移转占有的动产担保物权的法制不足。但这一路径选择的结果却是"摁下葫芦浮起瓢"。动产上不移转占有的动产担保物权制度增设了,但该制度的增设所产生的法制度负面体系效应,却是立法者不能洞见的以及无力补救的。

通过在自然演进基础上建立起来的传统担保物权制度内部植入动产抵押权制度,来弥补传统担保物权法制缺少动产上不移转占有担保物权制度的立法不足,却意外导致了动产担保物权制度内部的结构缺陷。我将这个结构缺陷界定为立法对动产担保物权法制进行"竖切"与"横刨"而导致的结构缺陷。"竖切"将动产担保物权分为动产抵押权、动产质权和权利质权。此结构极易使立法者因过分关注"动产抵押权、动产质权和权利质权"的个性,而忽视"动产担保物权"的共性。实证研究表明,我国现有动产担保物权立法缺少动产担保物权的统一登记制度和动产担保物权的统一优先受偿次序规则。此两项"统一制度"的缺失,将使现有的动产担保物权制度的实际适用大打折扣。"横刨"将动产抵押权、动产质权和权利质权分层为该类动产担保物权的概念、担保物、担保合同,担保物权设定、公示、效力、实现、消灭等9个制度层面依次渐续结构。这一结构体系,使同一层面的担保物权制度在不同种类动产担保物权中出现规范重复、不一致、矛盾、漏洞等。实证研究表明,我国动产担保物权制度在上述9个层面都存在不同程度的结构缺陷。

结构性缺陷,不是通过细枝末叶地对现有担保物权法的完善就能够解决好的。这就是我们渴望借此民法典分则编纂之际,执意提出并坚持须对我国动产担保物权法制进行理性重构的原因所在。

我建议,将我国现有的担保物权法制恢复到传统的不动产担保物权法和动产担保物权法的二元体系结构。不动产担保物权即不动产抵押权,这一制度经过了几百年的自然发展,到今天可以说已经至臻至善,对其略加应景修改完善即可完成编纂工作;动产担保物权包括但不限于现有的动产抵押权、动产质权和权利质权等典型动产担保物权,还包括所有权保留、让与担保、融资租赁以及保理等非典型动产担保物权,以及当事人依合意在动产上创设的为担保债权实现的对特定财产变价的优先受偿权利等。在动产担保物权概念项下,未来立法不应再依据什么标准对动产担保物权进行分类规制,应在“动产担保物权”概念项下进行一元化动产担保物权法的编纂。质言之,即对动产担保物权参照国外成熟的一元化动产担保物权法制进行建构。以制度体系重构,求结构弊端根除,达善法善制之治。由此,我国未来的意定担保物权法制就分为不动产担保物权法、动产担保物权法。不动产担保物权法和动产担保物权法又均被层分为概念、担保物、合同、设立、公示、效力、实现、消灭等渐续的规范制度体系。这一结构体系,在整体上照顾到了物权法关于物权分类的物之不动产、动产基本分类,在分体上关切到了动产担保物权法之多元化结构所导致的结构性弊端。可谓是外形结构体系上之回归,内里精神理念上之前移。

本书内容包括动产担保物权的法制进程、制度缺陷、编纂进路和立法选择等。

从 2007 年我国《物权法》颁布至今,10 余年间。对人类社会历史长河来说,弹指一挥间;对个人学术成长的经历来说,可谓黄金关键期。我人生最重要、最美好的时光,是伴随对物权法的研究度过的。有踏实研究之欣悦,也有虚度时光之懊悔。以期接下来能够更加珍惜时光、再接再厉、励志图新。

本项研究工作,得到了好友上海市光明律师事务所王树平律师的热情支持和慷慨资助。

以上所言，往事重提，感念恩人；

所倡主张，不求接受，但求思考。

（成稿于 2017 年 8 月 10 日晨于日本早稻田大学 STEP21 – 602 寓所
2020 年 3 月 9 日修改）

目录

第一章　我国动产担保物权法的立法进程

第一节　《大清民律草案》《中华民国民法典》之担保物权法

晚清政府于 1912 年起草的《大清民律草案》，于其第二编第六章，规定了“担保物权”，分别规制了不动产抵押权、土地债务、不动产质权和动产质权等；1929 年中华民国政府颁布了《中华民国民法典》，于其第三编“物权”之第六章、第七章、第八章和第九章分别规定了抵押权、质权、典权和留置权等担保物权。[1]

一、《大清民律草案》之担保物权

中国担保物权法的法典化文本存在，最早可以追溯到《大清民律草案》。晚清政府在内外矛盾交织、列强施压的情势下，因应时局、变法图强，力推新制以自救，《大清民律草案》应运而生。[2] 担保物权制度以成章立节的形式位列其中，且被《大清民律草案》分制为担保物权通则、抵押权、土地债务、不动产质权和动产质权。[3] 从《大清民律草案》的担保物权法结构体系安排来

---

〔1〕 因典权在我国当下的法学理论和立法实践中，均被认为是用益物权，故此本书中不把典权作为担保物权对待。

〔2〕 怀效锋主编：《清末法制变革史料》（下卷），中国政法大学出版社 2010 年版，前言。

〔3〕 土地债务，是德国民法典特有的担保物权制度；在该草案所规定的 4 种担保物权类型中，前 3 种担保物权类型如“抵押权、土地债务和不动产质权”，均是以不动产且主要是土地为担保物的担保物权类型，只有最后一种担保物权类型即“动产质权”，是在动产上设立的担保物权。

看,可以分为以下三个部分:担保物权通则、不动产担保物权、动产担保物权。

《大清民律草案》之"担保物权通则"。担保物权通则在《大清民律草案》之担保物权一章之第一节,共计 10 个条文。其中,第 1125 条规定了担保物权之种类,即"担保物权为抵押权、土地债务、不动产质权及动产质权。但法令有特别规定者,不在此限"。第 1126 条规定了设定担保物权之法,即"担保物权,依法律行为而设定之。但法令有特别规定者,不在此限"。第 1127 条至第 1128 条规定了得以担保物权担保之债权,即"可换作金钱债权之债权,自不待言;附期限之债权,亦当然之事;惟附条件之债权及将来之债权,乃本条应规定明确,以杜无益之争论"。第 1129 条至第 1133 条规定了得为担保物权标的物之物,即正面规定者如"担保物权,以动产及不动产为其标的物。但法令有特别规定者,不在此限";同时,《大清民律草案》立法理由解释道:"担保物权为一种物权,故其标的物应为有体物。然为交易便利计,有以财产权或财团为担保物权之标的物者,亦应许之。又,以债权为动产质权之标的物,亦属此类。"[1] 负面规定者如:"不得以不能让与之物为其标的物,不得以将来可以取得之物为其标的物,不得以物之一部为其标的物以及须于设定时指定之等。"亦今日立法现状之比较观察,不能让与之物固然不能作为担保物权之标的物,但未来可以取得之物以及物之一部,是完全可以作为担保物权之标的物的。[2] 第 1134 条规定了担保物权有不可分之性质,即"担保物权人,于债权全部为清偿以前,对于标的物全部得行使其权利"。

《大清民律草案》之"不动产担保物权",此"不动产担保物权"是相对于"动产质权"这一"动产担保物权"学理概念的对称,包括《大清民律草案》中明示的"不动产抵押权、土地债务和不动产质权"。不动产抵押权,于不移转占有而供担保之不动产,得就其卖得金额较其他债权人先受清偿。不动产抵

〔1〕 在形式上虽然《大清民律草案》没有单设规定"权利质权",但对于权利上的担保物权在动产质权一节中涵摄了。

〔2〕 "未来物"上能否设立担保物权?答案是否定的。因为没有"物",何以成立物权包括担保物权?但"未来物"上可以成立担保合同并得以对该合同实施登记。此即我国《物权法》第 187 条、第 188 条的规定。只是我国《物权法》第 187 条、第 188 条规定有误:在登记之时以及合同成立之时,抵押权当是不存在的。所登记者为债权,目的在于为未来成立的抵押权排序。

押权规定于《大清民律草案》担保物权之第二节即“抵押权”。内容包括第1135条至第1137条关于抵押权之内容及关于其设定之特则；第1138条至第1164条关于抵押权之效力及其让与；第1165条至第1179条关于抵押权之消灭；第1180条至第181条规定地上权和矿业权等的抵押；第1182条规定法律上之抵押权。

土地债务，是与对人责任全然分离而独立之对物责任。对人责任为土地债务成立之缘由，而非成立及存续之要件，此为土地债务与抵押权及不动产质权的差异之处。如甲先向乙借钱1000万元，而于其土地上设定抵押权用以担保借款之偿还，故抵押权仍以对人责任为主。若甲仅于其土地上设定价值1000万元的对物负担，而无所谓对人担保，则谓之土地债务。故土地债务与对人责任全然分离。土地债务一节之第1183条规定土地债务之效力，第1184条规定土地债务对不动产抵押权的准用之法则，〔1〕第1185条至第1186条规定土地债务之清偿法，第1187条至第1188条规定设定土地债务之法，第1198条规定土地债务之变更，第1190条至第1194条规定因定期金而设定土地债务之特则。

不动产质权，是指债权人占有债务人或者第三人的特定不动产，以担保其债权实现。不动产质权作为一种担保物权，与抵押权相同。唯不动产质权有权利人占有质权之标的物，而抵押权则由设定人占有抵押物，此为两者的不同之处。〔2〕该节第1195条规定了不动产质权的内容，第1196条规定了不动产质权准据抵押权之法则，〔3〕第1197条至第1198条规定了不动产质权的特则，第1199条至第1205条规定了不动产质权的效力，第1206条至第1208

〔1〕《大清民律草案》立法理由认为，抵押权者，担保债权之从物权也。土地债务者，独立之物权也。性质既异，故抵用券之规定不得权适用于土地债务。然二者皆属担保物权。债权人为受一定金额清偿之故，得出卖其标的物，则依抵押权规定之可以适用者，仍许其适用，以节繁复。

〔2〕《大清民律草案》立法理由认为，不动产质权为一种担保物权，与抵押权相同。唯不动产质权由权利人占有质权之标的物，而抵押权则由设定人占有之，此其不同之点也。但笔者认为，法律对两者移转与不移转占有的要求是不同的：抵押权之“不移转占有”，是指不要求移转占有，可以不移转占有，不是必须不移转占有，若当事人约定移转占有，无妨抵押权之成立和效力；不动产质权之“移转占有”，是必须移转占有，不移转占有不成立不动产质权。

〔3〕《大清民律草案》立法理由认为，不动产质权、抵押权，皆为于不动产上之担保物权，性质既约略相似，故关于抵押权之规定，不动产质权亦准用之。

条规定以共有人应有部分为标的物之不动产质权之特则。

《大清民律草案》之“动产担保物权”,其中事关动产担保物权法的制度仅限于动产质权法,内含动产质权和权利质权。关于今日我国担保物权法制中单独存在的“权利质权”,在《大清民律草案》中没有成章立节的独立存在。也就是说,该法将不动产之外的财产上的担保物权,概括总置于“动产质权”一个概念之下统一调整。以今日之眼光望去,该草案关于动产上的担保物权,既无事关无形动产上的担保物权之设即今日之“权利质权”;[1]也无事关有形动产上非经移转占有的动产担保物权之设即今日之动产抵押权。对这样一种在形式上十分单一和简陋的动产担保物权立法体例,在这里可以定其名为“单一类型”动产担保物权立法体例。“单一类型”动产担保物权结局导致了动产担保物权即动产质权,动产质权即动产担保物权的概念等值关系模式状态。[2] 单一类型动产担保物权立法体例,当有其产生的特定历史背景:时值中国正处于农业社会,经济财富主要表现为不动产;交易领域主要表现为“物物交易、现货交易、货币交易”。这些经济现象反映到以财产的交换价值为支配对象的担保物权法制中,就是不动产担保物权法律制度倍受重视,动产担保物权法律制度形微式薄。更为惨淡的是,《大清民律草案》因其生不逢时,随着辛亥革命爆发和清朝的迅速崩溃,在其完成仅两个月之后,便以“草案”形式作为历史文献被束之高阁了。[3]

二、《中华民国民法典》之担保物权

中华民国的建立,为担保物权法制的法典化编纂再度提供了机会。

---

〔1〕《大清民律草案》立法理由认为,动产质权,义有广狭。广义之动产质权者,狭义之动产质权及权利质权之总称。狭义之动产质权,应为物权,权利质权则非物权。然二者分别规定,于实际不便。故仿多数立法例,统于本节中规定之。

〔2〕我们感兴趣的是,在动产上的担保物权,其最初在我国就是一元化的,只不过其最初也还没有动产上不移转占有动产担保物权。但将多元化的不动产担保物权演变成单一的不动产抵押权,以及动产担保物权最初就是安好一元化的模式立法,其中奥妙,耐人寻味。

〔3〕相比之下,《大清民律草案》的立法水平还是十分高的,也许是缘于法律本身之外的原因,我们对其研究和文献使用,却显得少之又少。相较对外国法的比较研究,对《大清民律草案》和《中华民国民法》的研究比较应更具有参考价值。毕竟,两者都是参考并择取了大陆法系各国民法立法精华之后,扎根于中华大地的立法甄选。

1929～1931年国民政府颁布了《中华民国民法典》，这标志着启始于清朝末年的中国法律近代化进程得以初步完成。关于担保物权法制，该法典规定了4种担保物权类型：抵押权、质权（包括动产质权和权利质权）和留置权。

与《大清民律草案》相比，《法典》关于担保物权类型上表现出了不动产担保物权类型的限缩，即由过去的3种不动产担保物权类型变为一种不动产担保物权类型——不动产抵押权；以及动产担保物权类型的扩大，即由过去的一种意定动产担保物权类型变为多种意定动产担保物权类型——在原有的单一性动产担保物权的基础上，将无形动产担保物权类型即"权利质权"从动产质权中析离出来并单独成章，且与新增设的法定动产担保物权即留置权并肩。笔者对这样一种动产担保物权类型之多元型并存的立法体例，定其名为"多元化"动产担保物权立法体例。动产担保物权类型的增加，彰显了作为财富的动产的财产价值日益受到社会的重视，尤其作为财富的权利得以作为担保物权的客体，并单独设置一种动产担保物权类型即权利质权，这对于发挥权利的经济价值以及促进资金融通，都具有重大意义。法定动产担保物权即留置权的加入，也丰富了动产担保物权的发生原因和类型体系，满足了社会生活法律调整的需求。

但时至今天，对《大清民律草案》中曾经存在的3种不动产担保物权制度，在后来的《中华国国民法典》中的类型减少为一种不动产担保物权——抵押权的演变结局，没有给予应有的注意和研究。[1]《大清民律草案》中3种不同种类的不动产担保物权，在土地债务与不动产抵押权和不动产质权之间，是担保物权的独立性和从属性的差别——不动产抵押权从属于其所担保的债权，并以债权的存在为其产生和存在的前提；土地债务不依赖其所担保的债权而独立产生和存在；但担保物权的从属性，因为最高额抵押权的存在，在今天也早已不是担保物权的根本属性了；土地债务的曾经存在，也使担保

---

〔1〕 笔者认为，不动产担保物权类型有过去的3种，减少为现在的一种，此一结局恰如本书通篇所要阐明的那样，名称各异的动产（不动产）担保物权类型，其内容其实是一样的。如果立法要采取多元化不动产担保物权模式，则各种不动产担保物权类型之间在规范重复、不一致、矛盾等方面，就有立法难以克服的缺陷。此恰如进入我国动产之上多元化存在的动产担保物权类型一样。

物权的从属性从来只是个别属性,不具有一般性。在不动产抵押权与不动产质权之间,则是担保物是否移转占有的区别——但是否移转占有的所谓区别,对于同为不动产上的担保物权来说,类型区别意义不大;也就是说,尽管《大清民律草案》在不动产担保物权上设置了3种不同类型的不动产担保物权,但这3种不动产担保物权之间的差异远逊于其共同之处:相同的标的物即不动产,相同的权利属性即担保物权、物权,相同的内容逻辑展开即都是先后规定了其概念、设定、效力、特则等。所以,《大清民律草案》在土地债务一节之第1184条规定,"关于抵押权之规定,以与本节规定以及土地债务之性质无抵触者为限,于土地债务上准用之";又,《大清民律草案》在不动产质权一节之第1196条亦有规定:"关于抵押权规定,以与本节规定无抵触者为限,于不动产质权准用之。"由此,形成了后置不动产担保物权类型准用前置不动产担保物权类型的准用链接之结构。正是因为各种不动产担保物权之间的共性大于个性,才会使稍微修改不动产抵押权的概念内涵,就可以将土地债务、不动产质权的概念外延一并纳入不动产抵押权概念中来调整,或者在立法固定了不动产抵押权的前提之下,再予单列规定土地债务、不动产质权,其规范效率定然不大。正是基于此一道理,到了《中华民国民法典》,关于不动产担保物权,《大清民律草案》原有的不动产担保物权多元类型在立法上就只剩下不动产抵押权一元类型了,只要不动产抵押权法关于不动产抵押权的从属性规定不是那么僵硬,以及关于不动产抵押物是否移转占有不为法律所禁止,土地债务、不动产质权实质上就已经纳入了不动产抵押权的概念之中。其结局就是,不动产担保物权即不动产抵押权,不动产抵押权即不动产担保物权概念等值结构模式的形成。[1]

不动产担保物权的这种类型多元化向一元化的演变,是否在法学原理上与本研究重墨的动产担保物权的一元化立法模式取向,有内在的逻辑、结构

---

〔1〕 不动产抵押权以不移转不动产占有而借以登记制度为其公示方式,动产质权须以移转占有而以占有为其公示方式。但不动产抵押权可否在登记公示的基础上再以当事人合意移转占有为其约定内容,法无禁止,此与动产质权须以移转占有为其要件,都是不得人为约定不移转占有的质权,鲜有不同。笔者认为,不动产抵押权虽可以不移转占有,但在办理完毕不动产抵押权登记后,当事人再依约定移转不动产抵押物的占有,实无损抵押权的物权法定主义原则。

体系以及价值理念的相似性或者一致性,有待深入研究。虽然在形式上没有一个将各类不动产担保物权类型一元化的过程,但在结果上,曾经与不动产抵押权并肩的其他不动产担保物权如不动产质权、土地债务等,都消失了,只剩下了不动产抵押权,并由此形成了不动产担保物权即不动产抵押权,不动产抵押权即不动产担保物权的功能等值结果。不动产担保物权的一元化模式就如此形成了。在此特别值得一提的是“典权”制度,其终究是担保物权制度还是用益物权制度,在学说理论上和立法实践中一直存在争论。如果其被认定为用益物权,则上述等量结果不变;如果其不被认为是用益物权而是担保物权,则其是否还有续存能力?其是否也有如同不动产质权和土地债务一样的命运?最终被法学理论否定,被立法实践摒除。如果典权制度在学理上、在实践中,没有差异化的存在价值,其命运就注定要被摒弃。但现在的终局是,学界已经没有人在谈论典权是不是担保物权,要谈的就是典权是一种用益物权以及要不要作为一种法定用益物权进入法典。[1]

动产担保物权多元化立法体例的产生,除上述经济上的原因外,法律上的缘由主要是担保物权标的物的分类原理,物权、担保物权的分类主要是依赖担保物的不动产、动产分类:在不动产上的担保物权有如《大清民律草案》中的不动产抵押权、土地债务、不动产质权等,以及《中华民国民法典》中的如不动产抵押权。其他标的物上的担保物权即为动产担保物权,有如《大清民律草案》中的动产质权,以及《中华民国民法典》中的动产质权、权利质权

〔1〕 经查,《中华民国民法典》在第八章,即第六章抵押权、第七章质权之后,第九章留置权之前,规定了典权。由此典权所处法典编排之位置,足可以判定其立法属性为担保物权。但又查谢在全《民法物权》(中册)认定典权之法律属性为用益物权。谢先生认为,典制虽早已存在,然其究为担保物权抑系用益物权,自始即非明确。尤其清末日本学者志田钾太郎及松岗义正博士受聘起草大清民律第一次草案时,均主张我们之“典”,相当于日本之不动产质权,遂仅规定不动产质权,而无典权。由此典权为担保物权之说,一时甚嚣尘上。迨第二次草案起草,于不动产质权外,另设典权一章,并与其定义中表明使用收益之旨,典权为用益物权之说渐成主流。但典权究终为何种性质的权利,在其定性之反复中,足见其定性之难。笔者认为,典权为具有用益内容的不动产担保物权,即不动产质权。典权与不动产抵押权的区别,主要在于不动产是否须移转占有,以及占有人可否对占有的不动产为使用收益。但细究起来,抵押权虽不要求移转抵押物的占有,但也不反对移转抵押物的占有,若当事人约定移转抵押物的占有并且占有人可对抵押物为使用收益,也不违反抵押权制度的旨意。若此,抵押权制度也可以替代典权制度,这或许就是今日典权制度式微的原因。参见谢在全:《民法物权论》(中册)(第5版),中国政法大学出版社2011年版,第546~559页。

以及动产留置权。后者之所以将权利质权置于动产质权之后,是因为权利在法学理论上向来被"视为"动产,既然被视为动产,其上的担保物权类型置于动产质权之后,当符合逻辑;动产留置权虽同为动产担保物权,但其产生的原因在于法律规定,所以作为法定的动产担保物权类型,置于意定担保物权之后,实属恰当。但是,虽然动产质权和权利质权同属于动产担保物权,但权利质权在公示方式上常以登记为其公示方式,这一点又与不动产抵押权的公示方式相同,又因以登记为公示方式的担保物权可以叠加存在,其同一担保物上的数个担保物权之间的优先受偿次序规则应该相同,其他规则如设定、效力、实现、消灭等也应该相同。如此,不动产抵押权与权利质权之间,只有担保物类型的不同,在规则的其他方面,应该没有太大的不同。

但无论是《大清民律草案》还是《中华民国民法典》,均没有在担保物权法制体系设计中提供一种在动产上不移转占有的担保物权类型——这一后来被我国立法称为动产抵押权的动产担保物权类型。而且,大陆法系国家和地区如德国、日本以及我国台湾地区等,也都有这样的立法缺陷,但各国、地区解决这一立法缺陷的进路却又是各不相同的。我国民事立法,是在担保物权法典内部通过扩大抵押权概念的外延,将不动产抵押权扩展到不动产抵押权与动产抵押权,来解决原来抵押权即不动产抵押权的立法缺陷。我国台湾地区的民事"立法"是在"民法典"之外,以单行民事特别"立法"的方式另行规设在动产上不移转占有的动产担保物权类型,以此解决"民法典"之不足。在其他国家、地区,又有不同的担保物权立法模式演进之路、解决问题之策。由此衍生出丰富的担保物权法制发展道路的多样性,这些动产上不移转占有的担保物权制度各有利弊,足可以供立法比较借鉴、斟酌参考。

第二节 《担保法》之担保物权

1949 年中华人民共和国成立,废除了国民党政府颁布的六法全书,并在以后实行了计划经济制度和政策。因此,社会经济活动中几乎无须担保物权法律制度,担保物权法律制度也因在经济社会生活中无需求而不得制定。起始于 1978 年的中国经济社会改革开放,使日益频繁的市场经济交易活动对担保物权法律制度的需求日趋强烈,1995 年 6 月 30 日第八届全国人民代表大会常务委员会第十四次会议通过《中华人民共和国担保法》(以下简称《担保法》),以此开启了中华人民共和国担保物权法律制度的新时代。该法在制度体系上圈进了人的担保以与物的担保并列,并分置物的担保为抵押权(包括不动产抵押权和有限动产抵押权)、质权(分为动产质权和权利质权)和动产留置权(限 3 种情形之下适用)3 类。与《中华民国民法》关于抵押权的规定不同,我国《担保法》关于抵押权的概念,发生了前所未有的颠覆性变化——既包括传统的不动产抵押权,也增加了动产抵押权,其他方面如质权和留置权等则维持《中华民国民法》的传统制度。在总结其他经验的基础上,立法者将解决传统民事立法中没有规设一种在动产上不移转占有的动产担保物权之不足的立法技术,托付给了通过扩大"抵押权"概念的外延上,将抵押权概念的外延由传统的不动产抵押权扩展到了不动产抵押权加动产抵押权。虽然我国《担保法》仅规定了可以在"法律许可"的动产范围上设定动产抵押权,但动产抵押权概念却由此在我国深入人心。笔者将这种非是通过颁布一种新的特别单行立法来规设一种新类型的动产担保物权,也非是通过在传统担保物权体系结构中增设一种新类型动产担保物权,来解决现有担保物权立法不足的缺陷,而是将一种新类型担保物权内化于原有担保物权法确立的担保物权类型之中,即通过将抵押权概念的外延扩展到动产抵押权,实现增设非移转占有动产担保物权类型目的的做法,称为"再法典化"动产担保物权立法模式。[1] 通过借助于扩大抵押权概念外延的方式,实现了动产担保物权法制的现代进步。[2]

将传统抵押权即不动产抵押权的概念外延扩展到包括动产抵押权,虽然解决了动产之上可以设置不移转占有的动产担保物权的制度急需,但传统担保物权法制关于不动产担保物权即不动产抵押权,动产担保物权即动产质权

---

〔1〕 从比较法的角度观察,不移转占有的动产担保物权的解法典化模式,要比再法典化模式先进。起码,解法典化一般不会引起法典内部体系的紊乱。

〔2〕 我国《担保法》第 34 条第 6 项关于可抵押财产范围是,"依法可以抵押的其他财产"可以抵押;我国《物权法》第 180 条第 7 项关于可抵押财产范围是,"法律、行政法规未禁止抵押的其他财产"可以抵押。于"一正一反"之间,可抵押财产的范围被立法无限放大了。

和权利质权的担保物权种类分类和担保物权体系规制，均经历了一个理论构建、体系渐成、实践磨合、再续完善的自然演进过程，其制度体系的内在逻辑性、外在体系性、内容完整性和生长自然性等方面都走向了成熟、和谐与完善。动产抵押权制度的突然机械植入，是否会对原有的担保物权法制的逻辑和体系形成负面影响？答案是肯定的。实证研究表明，这一逻辑推论在实证研究中得到了验证。

实证研究表明，动产抵押权的机械植入，使动产上的意定动产担保物权类型在整个担保物权法制中截取出来以后，构成了一个在动产担保物权概念项下的完整制度体系，这个动产担保物权制度体系，在横向上"竖切"类为"动产抵押权、动产质权和权利质权"；在纵向上各种动产担保物权类型又分别被"刨层"制分为各类"动产担保物权的概念、担保物范围、担保物权合同、担保物权设定、担保物权公示、担保物权优先受偿次序、担保物权的效力、担保物权的实现和担保物权的消灭"等九个方面。动产抵押权的机械植入塑成了动产担保物权的新结构、新体系，形成了新的体系效应。研究表明，动产抵押权的机械植入至少会在以下两个方面引起动产担保物权法的法体系效应：首先，横向"竖切"形成的法体系效应，即动产担保物权被立法横向竖切为动产抵押权、动产质权和权利质权之后，所形成的各类动产担保物权之间的分类的标准不一致问题，以及担保物权立法者因着这一结构体系，自觉不自觉地过分关注各类动产担保物权的个性问题如关于动产抵押权重复抵押的优先受偿次序问题，关于动产质权的移转占有公示问题以及权利质权的分散登记问题等，而忽视了动产担保物权法制的整体性问题如动产担保物权的统一登记制度和动产担保物权的统一优先受偿次序规则等。其次，纵向"刨层"形成的法体系效应，即各类动产担保物权类型在纵向上对制度刨层形成的九个方面的规范群不可避免地出现规范重复，以及在规范重复基础上形成的应该重复的规范而没有得到重复所形成的法律制度漏洞；应该一致的重复制度却没有一致而形成的法律制度间的矛盾等。且立法者在对抵押权的机械植入所引起的上述法体系效应完全不自觉的情况下，没有自觉地沿用好传统担保物权法制中早已存在的"准用规范"制度，以在完善动产抵押权制度基础上,以减轻或者避免纵向刨层所不可避免的规范之间的重复和矛盾问题。[1]

第三节 《物权法》之担保物权[2]

我国于1994年颁布了《担保法》;我国于2007年颁布了《中华人民共和国物权法》(以下简称《物权法》),该法于其第四编规定了“担保物权”。[3]

我国《担保法》颁布于我国商品经济社会发展的初期,此时各种商品经济关系处在不稳定状态,民商事法学理论研究也不够发达。这些反映到我国《担保法》中,就是该法的体系构造、制度理念、规范内容等均呈现出保守性、落后性。到了我国《物权法》制定之时,我国经济社会发展到了全新的高度,基本实现了经济社会发展模式的市场化,民商事法学理论研究也达到了较高水准。商品经济的高速发展和高度发达需要更加先进的担保物权制度与其相适应。我国《物权法》的制定为我国担保物权法的现代化提供了一次难得的历史机遇,但从今日之应然的角度观察,我们并没有抓住并用好这次难得的历史机遇,以实现我国担保物权法律制度的现代化;但从实然的角度对比观察,我国的担保物权法律制度借机我国《物权法》的颁布,在不改变传统担保物权法制结构体系的前提下即所谓的“形在”,确实在许多方面较我国《担保法》向前迈出了可喜的步伐。我国《物权法》担保物权编的发展表现于以下几个方面:一是在字里行间,以文义解释以及体系解释,我国《物权法》担保物权编都取得了一些,包括“有形”和“无形”;《物权法》担保物权编无形表达了“担保物权法”的“神移”。我国《物权法》担保物权编的“神移”,又预示

---

〔1〕 详细论述请见本书第二章之第一节、第二节。

〔2〕 在我国,从《担保法》到《物权法》之间,担保物权法制的发展,有一个重要的事项需要提及,这就是最高人民法院对法律的司法解释现象。2000年最高人民法院《关于适用〈中华人民共和国担保法〉若干问题的解释》发布,这代表了法学理论和司法实践对担保物权法的新发展。可以说,从《担保法》到《物权法》之间,还隔着一个司法解释,较《担保法》的立法思想和立法技术,司法解释所表达的立法思想和立法技术,要先进得多,这些先进的立法思想和立法技术,基本上都被《物权法》担保物权编所吸收和采纳。从《担保法》到司法解释是5年的时间,从司法解释到《物权法》担保物权编是7年时间。此期间,中国经济社会发展速度最快、变化最大,各种经济关系更加复杂,对民商事审判的要求最高。

〔3〕 2000年12月8日最高人民法院《关于适用〈中华人民共和国担保法〉若干问题的解释》发布。该司法解释共计134条,对《担保法》的几乎所有方面都作了全面和深刻的解释。一些解释甚至改变的《担保法》条款的文义“射程”。该司法解释有补充法律、续造法律的作用。

着在担保物权编在体系重构方面、在动产担保物权的统一登记方面以及在动产担保物权的优先受偿次序方面等，对其未来立法提出了制度重构的新要求。我国担保物权法制尤其是动产担保物权法制的一系列发展脉线，全然是动产抵押权概念的机械植入和传统抵押权概念外延的渐续扩展。

一、关于我国《物权法》担保物权编的“形在”

我国后颁布的《物权法》担保物权编的外在体系设计，较前期颁布的《担保法》确立的担保物权法的体系设计没有两样，即两者均以抵押权、质权和留置权为担保物权基本类型并各设一章。在亚体系结构体系上，抵押权一章与质权一章，前后两者亦无变化。留置权一章有章无节，故无所谓其亚体系设计。鉴于此，笔者认为，我国《物权法》担保物权编的外在体系设计，相较《担保法》的外在体系设计，前者无意改弦更辙、重起炉灶。此可谓我国《物权法》担保物权编的“形在”。

这不是说对我国《物权法》担保物权法的体系设计，不曾有过试图改变的主张。在我国《物权法》的专家起草阶段，中国社会科学院梁慧星教授主张在担保物权法中增设一章专门规定“让与担保”制度；〔1〕中国人民大学法学院王利明教授主张增设“优先权”制度。〔2〕尽管他们都坚持传统担保物权类型即抵押权、质权和留置权在上述主张中均予承继。但值得思考的是，最后通过的我国《物权法》担保物权编在外形上没有改写《担保法》先期确立的体系结构。

二、关于我国《物权法》担保物权编的“新发展”

我国《物权法》担保物权编在其结构体系没有改变的情况下，其规范内

---

〔1〕 梁慧星教授主持完成的《中国〈物权法〉草案建议稿》设计有12章，让与担保居于第十章并位列抵押权、质权和留置权之后。梁慧星教授和陈华彬教授编著的《物权法》，则编有非典型担保制度，此即该书第二十章规定的“让与担保”和“所有权保留”。参见梁慧星、陈华彬编著：《物权法》，法律出版社1997年版，第391～403页。

〔2〕 参见王利明等：《中国民法典学者建议稿及立法理由（物权编）》，法律出版社2005年版，第541～562页。

容还是相较《担保法》发生了许多变化。在笔者看来,这些变化可以概括为"有形新发展"和"无形新发展"。"有形新发展"是指与我国《担保法》对比,以文义方法解释我国《物权法》担保物权编即可直接获知的规范变化,包括抵押权制度的规范新变化、质权制度的规范新变化和留置权制度的规范新变化;"无形新发展"是指与我国《担保法》相比,以体系方法解释《物权法》担保物权编可以间接获知的规范新变化,主要表现为抵押权制度的"泛化"、质权制度的"矮化"以及留置权制度的"显化"。

（一）我国《物权法》担保物权编的"有形新发展"[1]

1. 关于抵押权制度的"有形新发展"

第一,就抵押物方面而言,一是扩大了可抵押财产的范围。我国《物权法》就抵押财产范围的规定,有三点不同于我国《担保法》。其一,更具体,明确了"生产设备、原材料、半成品、产品"以及"交通运输工具"可以抵押;其二,更广泛,增加了未来物抵押,即正在建造的建筑物、船舶、航空器可以抵押;其三,更自由,即"法律、行政法规未禁止抵押的其他财产"可以抵押。二是增加了一类新型的抵押,即"动产浮动抵押"。三是废弃了超额抵押的禁止性规定,尊重了私法主体的意思自治,并为发挥物的效益、促进融资以及在制度层面防止了对抵押物的价值评估奠定了基础。

第二,就抵押权的实现方面而言,一是扩大了自治范围,增加了新规定,即抵押权得在"发生当事人约定的实现抵押权的情形"实现。二是修正了错误规定,将我国《担保法》所规定的在"协议不成的,抵押权人可以向人民法院提起诉讼",修改为"抵押权人与抵押人未就抵押权实现方式达成协议的,抵押权人可以请求人民法院拍卖、变卖抵押财产"。此一修改进一步彰显了

〔1〕 本书限于对合意产生的担保物权法的编纂研究,但基于体系的考虑,与合意担保物权之间有优先受偿次序规则联系的留置权制度也需要关注:留置权制度的有形新发展,主要体现在其适用范围的扩大方面。较《担保法》确立的留置权的适用范围,《物权法》担保物权编关于留置权的适用范围更加宽泛:其一,留置权适用于担保各种债权,而《担保法》关于留置权的适用仅限于担保几种合同债权;其二,《物权法》增加了商事留置权的规定,而且其适用不受"同一法律关系"的拘束。除适用范围的扩大外,《物权法》担保物权编还增加规定了留置权人的孳息收取权、债务人的留置权行使请求权、留置权人对抵押权人或者质权人的优先受偿权,以及留置权因留置财产丧失而消灭的规定等。

抵押权作为物权的“直接支配性”特征。

第三,对在实践中的具体问题作了明确规定。一是对于在实践中出现的分别或单独抵押建筑物与建设用地使用权的问题作了规定,即凡是建筑物与建筑物占用范围内的建设用地使用权没有一并抵押的,未抵押的财产视为一并抵押;二是就建设用地使用权抵押后,土地上新增建筑物“应当”将“该土地上新增的建筑物与建设用地使用权一并处分”;三是对抵押权的顺位作了规定,还就抵押权人放弃抵押权顺位或与抵押人协议变更抵押权顺位时,不得对其他抵押权人产生不利影响的问题作了规定;等等。

2. 质权制度的有形

第一,动产质权的有形。一是就“质物”增加了新的规定,此即“法律、行政法规禁止转让(禁止流通)的动产不得出质”;二是贯彻“区分原则”,分别规定了质押合同和质权设立;三是强化、细化了对质权人的保护,增加了质权人擅自处分质物赔偿责任的规定,增加了质权人怠于行使权利赔偿责任的规定;四是增加了“最高额质权”的规定。

第二,权利质权的有形。我国《物权法》对权利质权制度进行了丰富和完善。一是明确了设立权利质权的生效要件,区分了有权利凭证、无权利凭证两种情况。二是明确了以股权设定质权时的登记机关。三是扩大了能够设定质权的权利的范围,新增加了两类重要的财产权利,即基金份额与应收账款。[1]

(二)我国《物权法》担保物权编的“无形新发展”

1. 抵押权制度的“无形新发展”——抵押权的“泛化”

所谓抵押权的泛化,是指可抵押的财产范围在我国《物权法》中形成了“凡法不禁止的财产”均可抵押的局面。对这一规定的理解,仅仅从民事活动应秉承“法不禁止即自由”的法政策着手,是远不够的。笔者认为,“法律、

〔1〕 所谓“基金份额”,即“证券投资基金份额”,是指基金份额持有人依照基金合同的约定和法律的规定按照其所持份额针对基金财产享有的收益分配权、清算后剩余财产取得权和其他相关权利;所谓应收账款,是指未被证券化的(不以流通票据或者债券为代表的)、以金钱为给付标的的现有以及将来的合同债权,包括非证券化的以金钱为给付为标的的现有债权以及各类经营性收费权等。

法规未禁止抵押的其他财产”可以抵押的规定,将使我国抵押权制度的适用实现“泛化”。基于此,就有一问题被提出来了,上述所谓的“其他财产”或者“各种财产”,是仅限于除本条第1项至第6项列举的可抵押财产外的其他“法不禁止”的有形财产,还是包括“法不禁止”的“权利”这一无形财产?〔1〕问题的答案应是肯定的。

总而言之,无论人们意愿如何,抵押权的“泛化”已铸成事实。因抵押权的“泛化”所导致的担保物权编的体系紊乱,亦将成为担保物权编体系重构的内在动因和契机。抵押权的“泛化”所推动的担保物权编体系重构的结局可能是,担保物权编回归以不动产、动产的分类为构造基础,动产担保物权分为以登记为公示方式的动产担保物权和以占(控制)有为公示方式的动产担保物权。当然,这里的“动产”,包括被视为“动产”的权利。

2. 质权制度的无形——质权的“矮化”

所谓质权的“矮化”,是指因抵押权的“泛化”而形成的质权制度在体系上的“瘦减”和在法律适用上的“萎缩”。

如果权利质权被整体性编入抵押权体系,质权制度将“瘦身减重”为单一的动产质权制度。〔2〕在一增一减之间,质权担保物权制度实现了其外形上的“矮化”。与此同时,质权的“矮化”,还来自因其本身固有的缺陷而造成的适用上的“矮化”:在商业气息弥漫的现代社会,质权设定所要求的移转动产占有的不便利,使质权制度的适用率日渐萎缩,加之动产抵押权设定的登记对抗主义裨益,采占有移转公示生效主义的动产质权制度,就在商事活动中愈显笨拙。〔3〕质权制度在民事交易中的适用,也会因营业质权的兴隆而势必惨淡。〔4〕当然,即使招致层层“矮化”,动产质权制度不会失去其存在价

---

〔1〕我国《物权法》区分了“财产”与“财产权利”,但两者之间有无区别,以及区别的标准是什么,则不无疑问。笔者认为,可作为担保物的客体必为权利,“财产”如不加上“权”字,则不可以作为担保物。所以,笔者认为,财产与财产权利的区分缺乏科学依据。

〔2〕对那些有权利凭证的债权,权利凭证的占有移转,可视为动产的占有移转。

〔3〕与物权公示生效要件主义立法体例相比,公示对抗主义立法体例确实有利于鼓励交易、简化交易手续、减少交易成本。

〔4〕民事质权与营业质权的主要区别在于,后者不适用流质契约禁止的规定。流担保是否要禁止,在物权立法的过程中曾被热烈地讨论过。

值,无论是在民事领域还是在商事领域。

3. 留置权制度的"显化"[1]

留置权制度的"显化",即我国《物权法》担保物权编中的留置权制度,相较我国《担保法》中的留置权制度,在适用范围等方面被过度放宽了。由此导致的了享有留置权的人的权利被过度保护,以及因此损害了其他利害关系人利益。详论敬请参阅本书第五章第三节。

三、关于我国《物权法》担保物权编的"神移"

关于我国《物权法》担保物权编的"神移",在笔者看来,是指因我国《物权法》担保物权编中抵押权的"泛化"、质权的"矮化",必将影响到现有《物权法》担保物权编的解释适用,以及未来我国"民法典分则"担保物权法的编纂。

(一)对我国《物权法》担保物权编的解释适用的影响

当所有可抵押的"财产"在解释上包括"权利质权"中列示的各项可质押的"权利"的时候,就得在法律的适用和司法的解释上,为权利质权的适用开拓了疆土。因为,在我国《物权法》担保物权编中,可抵押的财产范围是"法律、行政法规未禁止抵押的"财产,而可质押的"权利"是"法律、行政法规规定可以出质的其他财产权利"。如此一来,未在"权利质权"一节以及其他法律、行政法规中明示可质押的权利,如果当事人依合同约定在该项权利上设置了所谓"权利质权",则在司法实践中,法官可以将这一合约解释为抵押权。因为,若严格依照字面进行文意解释,则该项权利因为法律、行政法规未规定其可以质押,只能得出约定无效的判决结果;若将其解释为抵押权,则因为可抵押的财产(包括权利)范围以"法律、行政法规未禁止抵押的"皆可以抵押,则该项权利抵押权得以体系解释判决为有效。

这样的司法解释,并不违背物权法的基本原理。物权法以"物尽其用"

---

[1] 本书主要集中于对意定动产担保物权法的研究,因留置权是法定动产担保物权,故而顺带提及而不作深入研究。

为立法、司法的基本原则。鉴于我国《物权法》担保物权编在抵押权部分已经示明“法不禁止即自由”，立法者当时把这一法政策在我国《物权法》担保物权编中贯彻始终，该法担保物权编在“权利质权”一节规定了与在“一般抵押权”一节相反的规定，在法律解释上应当解释为一个立法错误。应当在司法实践中予以纠正。

（二）对我国民法典分则担保物权法的编纂的影响

我国《物权法》担保物权编既然已经规定了“法律、行政法规未禁止抵押的财产”都可以设置抵押权，即所谓抵押权的“泛化”，由此挤压到了质权制度的适用空间，形成了动产质权的“矮化”，以及权利质权制度被吸收性消灭。这一结论，应当在我国民法典分则担保物权法的编纂中得到响应：第一，权利质权制度吸收性消灭。因为可质押的“权利”也是可抵押的“财产”，且权利质权如同抵押权一样，都是以登记为其权利的公示方式。因此，过去在抵押权即“不动产抵押权”的前提下，依附于动产质权之后单列一节的“权利质权”，在抵押权即“不动产与极限动产抵押权”的条件下，就完全可以吸收内置于“一般抵押权”一节中，形式上独立存在的“权利质权”就因此消灭了。当然，权利质权因其担保物为“权利”，因此会有不同于以有体物为抵押物的担保物权，但这些特殊性将构成权利质权制度纳入抵押权制度之后的抵押权法特别规范。当然，我国《物权法》对权利质权采取了公示生效主义，对动产债权采取了公示对抗主义。在权利质权吸收并入抵押权制度之后，两者合并共同实施登记公示对抗主义。第二，动产质权制度的归类提取瘦减。尽管动产质权的担保物也都是动产抵押权的担保物，但两者之间在公示方式显有不同，前者以占有为公示方式，后者以登记为公示方式，随从比较法观察有合并吸收的可能与样板，但从我国现有法学研究难以取得共识的阻碍来看，保留动产质权制度为现实之选。但动产质权制度与动产抵押权制度，除在公示方式方面的不同外，其他方面虽也有些许的不同，但同为担保物权之列，共性定然大于个性。在担保物方面，可质押有体物，定然是可抵押担保物；在担保合同方面，约定事项的内容几乎雷同；在担保物权设立方面，两者可以合并统一规定（占有为公示方式，占有为公示对抗要件，担保物权自合同成立时设立）；在担保物权优先受偿顺位方面，根据公示的时间先后确立受偿顺位；在担保物权的效力方面，当事人可以自力或公力实现担保物权；在担保物权的消灭方面，超过债权诉讼时效的，人民法院不予保护；等等。上述规范均可以合并提取到担保物权法的一般规定中。形式上存在的“动产质权”一节，仅保留占有公示制度以及与占有公示制度相关的制度如担保物的管理、使用，动产质权的实现义务等规范。如此一来，“动产质权”一节的规范数量大量减少。

第四节 我国台湾地区“动产担保交易法”之动产担保

1929 年颁布的《中华民国民法典》在台湾地区延用，为台湾地区“民法典”到了 21 世纪 60 年代，随着经济社会的发展在台湾地区出现了极大的不适应——台湾地区“民法典”虽确立了不动产抵押权、动产质权、权利质权等意定担保物权类型，但台湾地区“民法典”却没有提供给社会一种在动产上不移转占有的意定动产担保物权类型即动产抵押权。[1] 而动产之上不移转占有的担保物权类型，恰是市场经济中最活跃的中小企业所亟须的。因应时局，在台湾地区“民法典”之外，我国台湾地区于 20 世纪 60 年代以“特别单行法”的方式颁布了“动产担保交易法”，分别在动产上规设了“动产抵押权、附条件买卖、信托占有”等 3 种无须移转动产之占有的意定动产担保物权类型，以此来弥补台湾地区“民法典”中没有规定动产之上不移转占有的担保物权类型的不足。由此，我国台湾地区就形成了以台湾地区“民法典”确立的担保物权类型和担保物权制度为基础和中心，以“动产担保物交易法”确立的不移转动产之占有的动产担保物权类型和动产担保物权制度为辅助和例外的担保物权制度体系，并借助于制定“特别单行法”的方式实现了动产担保物权法制的现代化扩张。我们可以把这样一种在“民法典”规定的动产担保物权类型之外，通过“特别民法”方式弥补、丰富和完善不移转动产之占有的

---

〔1〕 这种不适应，就是作为本书写作基点的抵押权即不动产抵押权的制度供给不足之缺陷。因为抵押权制度的自身优势，后来的担保物法制发展，都是在动产抵押权这一领域进行的。

担保物权制度的发展和完善模式，称为“解法典式”的动产担保物权发展模式。[1]

我国台湾地区“动产担保交易法”的颁布，缓解了台湾地区“民法典”之不足造成的适用压力。台湾地区“民法典”自1929年颁布至1963年“动产担保交易法”颁布，其不足自始存在。这一不足即前文所言，台湾地区“民法典”没有提供一种在动产上不移转动产占有的动产担保物权形式，以资社会生活之亟须。但这一不足，在台湾地区“民法典”颁布之后的一段时期以内，在制度供给和制度需求之间，供需矛盾不甚明显。但到了20世纪中叶以后，随着我国台湾地区经济社会的发展和商品交易活动的发展，对动产上不移转占有的担保物权制度的需求日益强烈。台湾地区“民法典”之不移转占有的担保物权即抵押权，此概念仅限于不动产抵押权而不包含动产抵押权；台湾地区“民法典”关于动产上的担保物权，则仅限于动产质权和权利质权以及法定动产担保物权类型即动产留置权。动产质权系以质权人占有标的物为要件，且不得使出质人代为占有，债权人占有质物，固然对债务人形成促其清偿债务的压力，但其质物的移转占有，足以使债务人失去对质物的用益；更甚者，债权人虽然占有质物但却不得使用，且徒增对质物管理之麻烦。从制度起源的角度深究，动产质权制度适用于农业社会而不适用于商业社会，适用于民法关系而不适用于商事关系：在农业社会，一般民众需要资金融通时，常常将其衣物、家具、首饰、电器、器械等家庭生活用具，或者古董、收藏品等心爱之物设定质权，换取短暂的消费性资金，因所质押之物非是生活必需品如古董、收藏品等心爱之物，移转占有后对债务人的日常生活起居不会形成大碍；但在商品经济社会，对于工商企业来说，如果通过移转机器、设备、原材料、产品的占有来融通资金，则对于工商企业的正常生产经营确实形成障碍——融通获得资金无法与移转了占有的机器、设备相结合而进行正常生产，实在是事违人愿——农业社会设计的担保物权制度已经不能适应和满足

---

〔1〕 解法典(decodification)理论认为，由于民事特别法在实际生活中不断取代民法典调整民事关系，在特别法的“侵蚀”下，传统民法典已经走到了尽头，已经被特别法所分解，我们正处在一个“法典分解”的时代。

工商业社会的发展和需求。20 世纪 60 年代的是我国台湾地区工商业发展的萌芽和关键时期。台湾地区"民法典"没有规设动产上不移转占有的担保物权的不足，明显显现。[1]

在工商业社会，生产和消费需求旺盛。为满足规模生产与充分消费，在资金有限的情况下，如何通过担保物权的设定获得融资是关键。中小企业大多不具有土地和房屋等不动产物权，他们所有的多为机器设备、原材料和产品即所谓动产，以及票据、应收款、知识产权等无形财产。对于消费者来说，其所分期付款购置的物品即动产本身就足以作为担保物。正是在这一时代背景下，在动产上设置不移转动产占有的担保物权制度，就成为经济社会之亟须，法制建设之重点。我国台湾地区有关机构于 1958 年提出了"第五十二号建议案"，主张制定"有条件出售""动产抵押""信托提货证"等"单行法"。3 部"单行法草案"拟定后经有关部门研究，并听取当时的美国在台援助机构的建议，[2]将"三法合为一法"即"动产担保交易法（草案）"，于 1962 年经我国台湾地区司法管理机构审议，于 1963 年 8 月 23 日"三读"通过，1963 年 9 月 5 日公布，于 1965 年 6 月 10 日实施。

我国台湾地区"动产担保交易法"创设了 3 种不移转动产占有的担保物权形式：动产抵押、附条件买卖和信托占有，此 3 种不移张占有的动产担保物权制度均来自美国法，参考美国《统一动产抵押权法》《统一附条件买卖法》《统一信托收据法》而制定。[3] 在一个传统的大陆法系地区，改采英美法制，究其原因是台湾地区"民法典"承传的德国、日本民事立法上均未设不移转占有的动产担保物权制度，我国台湾地区彼时与美国在政治经济上具有密切

---

[1] 参见郑正忠、吴展旭：《动产担保交易法》，书泉出版社 1998 年版，第 8 页。

[2] 时值美国在进行《统一商法典》的编纂，该法典关于动产担保物权的编纂，就是在起初设计分散立法的情况下进行的，但后来的立法实践表明，各种动产担保物权之间的共性大于个性，于是形成了今日大家看到的美国《统一商法典》第九遍的一元化动产担保物权立法，为当今世界各国和地区改革或完善动产担保物权立法提供借鉴。

[3] 有趣的是，尽管我国台湾地区在形式上将动产抵押、附条件买卖和信托占有置于一个有关规定形式，但并没有在担保物权类型上进行整合如后来所谓的一元化动产担保物权模式。我国台湾地区所仿效的美国动产担保物权法制，却华丽转身磐涅成了美国《统一商法典》第九编。前后之模式和风格迥异。虽然历史不能以假象，但如果我国台湾地区晚几年从事动产担保物权制度完善，也许就借鉴了美国《统一商法典》第九编，那一元化模式就会在我国台湾地区"开花结果"了。但这只限于空想。

的关系,“动产担保交易法”的制定曾经受到美国支持和协助。但3种不移转占有的动产担保物权之创设缘起非同:动产抵押权的创设起因于《民法典》关于抵押权仅限不动产抵押权,在动产上不设置抵押权。动产抵押权制度的缺无,严重阻碍了工商企业的发展。工商企业发展所需要的动产上的担保物权,是一种既不需要移转占有因而可以继续使用,又可以融通资金媒介的动产担保物权,此即动产抵押权最适宜。在我国台湾地区“动产担保交易法”颁布之前,动产抵押权制度在个别动产之上和特别判例中皆有认可。如我国台湾地区“海商法”“民用航空法”等对船舶、航空器作为抵押标的物的规定;以及我国台湾地区“渔业法”“矿业法”对渔业权、矿业权视同物权,得为设定抵押权之标的。在实务中,我国台湾地区“最高法院”以判例承认习惯法上以工场之器械不移转占有而设定担保物权;我国台湾地区司法主管部门以解释,承认工场之器械,为工场之从物,得并同工场设定抵押权。实务中的见解,使抵押物之范围有所扩张,对于工商业资金融通不无助益,但仍显不足。于是仿效日本《工场抵押法》及《矿业抵押法》,制定“工矿抵押法”,并于1955年1月实行。我国台湾地区“工矿抵押法”的颁布实施,对于融通工商资金,不无实效,但其适用范围,仍限于公用事业、工厂或矿场,并以有关必需品货出品之半成品或成品为限,适用范围仍是狭窄。上述各种“特别法”及实务见解,虽扩张抵押权标的之范围,以因应工商业发展之融资需求,弥补台湾地区“民法典”规定之不足,但由于限于特定动产,其他一般动产仍不得为抵押权之标的,故而无从根本上解决经济社会发展的融资问题。问题的根本解决之道,非须将一般动产上的抵押权制度规定为一种担保物权类型不可,遂在我国台湾地区“动产担保交易法”中参照美国之动产抵押权制度,设立“动产抵押”专章,以求问题之根本解决。

附条件买卖发源于分期付款买卖。分期付款买卖的目的在于使买受人得以分期支付购买物的价款,而在付完全款之前先期使用收益购买物。在此消费形态下,如何保护出售人的价金债权,便成为交易中重大难题。在分期付款买卖中,对于动产之出售人来说,在其将出售物交付给买受人之后,出售物的所有权即移转与买受人,此情景之下,即使买受人纵无付清全部价款,出售人也只能以普通债权人的法律地位向其求偿,而不能追回原物;更有甚者,在买受人破产的情况下,出售人则只能以普通债权人的身份参与破产清算,而不能以出售物所有权人的身份和地位参与破产清算,在破产清算程序中主张所有权人的别除权,以对抗其他普通破产债权人以及其他有担保破产债权人,从而最终确保自己的债权实现。如此,实施或者扩大实施分期付款买卖,就因为出售人之债权实现未受到合理的保障,而难为出售人所接受,其结果就是分期付款买卖销售方式和消费方式因其中的出售人之债权实现的制度保障不力而难以为继。再者,传统的债权实现保障方式如保证和担保,均不能在实践中发挥应有的作用:对于保证来说,保证本身在性质上属于确保债权实现的责任财产的扩张,因其不能排除责任财产质权人地位平等原则,而使债权本身的实现最终不能确保;对于物的担保来说,要买受人另行提供物的担保,要么可能买受人财力有限无担保物可予提供,不然也许就不需要分付款买卖;要么若提供不动产担保物权,则相对于一件价值相对不大的动产买卖来说,担保物权的设定手续过于烦琐。因此,凡需要实施分期付款买卖的场景,人的担保与物的担保,都难以奏效。然而分期付款买卖本身,对于提高人们生活质量、繁荣工商业发展至关重要;尤其对于低收入人群来说,分期付款买卖是改善其生活质量的一个重要手段,因而其政治和社会价值也需要备受重视。在这种情况下,需要创设一种全新的担保债权实现的法律手段,来确保在分期付款买卖情况下的出售人的债权实现。社会需要是法律进步发展的最好"催化剂"。买受人无力提供其他担保物,买受物本身就是最好的担保物,通过改造法律装置,将买受物的占有移转给买受人,实现其占有、使用、收益买受物的经济目的;将买受物的所有权保留于出售人手中,直至购买价款全部付清再予以移转所有权与买受人,以确保债权的实现。在买受人无力付清全部购买价款时,出售人凭保留于手中的出售物所有权人地位,得以对抗其买受人的其他债权人,且可以取回出售物予以变价优先受偿。且因为出售人保留的是出售物的所有权,在与买受人的其他有担保债权人的竞争中处于更加优越的法律地位,当标的物受到强制执行时,得提起异议之诉;在买受人破产时,可得基于所有权取回标的物。因此,出售人凭借保留出售物的所有权，确保了其出售价款债权的实现，达到了比设置担保物权更加有力的目的。这就是附条件买卖的制度价值。

关于信托占有。所谓信托占有，起源于商业习惯，尤其盛行于国际贸易上。现代国际主要之付款方式为信用状。通常由进口商(或称买方)向银行(称开状银行)申请签发信用状，委托其通知并授权国外代理银行(称押汇银行)承诺出口商(或称卖方、收益人)于完成信用状内所载之条件时，对之垫付一定金额或承兑或让购受益人所签发之汇票，然后由进口商将该信用状寄交出口商。出口商按信用状所开条件将货物装运出口后，签发以开状银行为付款人而自己为受款人之汇票，连同信用状、货运单据等作为质押。向押汇银行申请让购(称为押汇)，并委托其向开状银行代收货款，以清偿垫款。押汇银行再将信用状、汇票、提货单等转送开状银行，开状银行收到后，一方面审核文件单据若符合，便将货款汇送押汇银行归垫；另一方面通知进口商，签发信托收据，向开状银行换取提货单，领取货物，而货物所有权由开状银行保留，作为担保，称为信托占有，并由进口商处分货物，以所得货款清偿银行债务。其间，实系先由进口商与开状银行就提货单上所载货物，发生让与担保之信托关系，即进口商将货物所有权让与开状银行，以供融通资金或信用之担保，待进口商欲领取货物时，再签发信托收据与开状银行，彼时又成立占有处分之信托关系。通过信托占有，一方面使进口商可充分利用进口押汇。于汇票未到期前，得就进口货先行提货；另一方面使出口商得充分运用银行放款，使尚在加工制造中的出口货物得提供担保。开状银行可借信托收据之法律地位，遇债务人违约时，得取回信托占有之标的物，且效力同于物权(所有权)，可追及第三人，债权实现得到了充分保障。

通过我国台湾地区“动产抵押权交易法”，解决了台湾地区“民法典”担保物编没有规设动产上不移转动产占有的动产担保物权的缺陷。这种担保物权体系由民事“基本法”如台湾地区“民法典”和民事“特别法”如“动产担保交易法”共同组成的格局，起因于民事“基本法”即台湾地区“民法典”的先期存在，因而对民事“基本法”的修订变得异常困难，而不得不在台湾地区“民法典”之外，通过特别“单行法”的方式，制定“动产担保交易法”以克服台湾地区“民法典”的缺陷的结果。但这种在台湾地区“民法典”之外辅以特别“单行法”的发展模式,势必遇到台湾地区“民法典”与“单行法”之间,“单行法”内部各担保物权类型之间的些许的逻辑与体系的问题。如果这些问题存在以及如果这些问题不能很好地被克服,则这一模式的运行以及推广借鉴,就会遇到障碍。

笔者认为,在法典与“单行法”之间,遇到的最大问题是担保物权的公示主义的不同导致的适用问题。台湾地区“民法典”关于担保物权设立采行公示生效主义,我国台湾地区“动产担保交易法”关于担保物权设立采行公示对抗主义。相较担保物权设立的公示生效主义,公示对抗主义更加富有效率。但效率与安全价值的实现从来就是难以分开的,没有安全的制度设计无法取得有效率的制度效果。同理,一味追求效率而不顾安全的制度设计也最终是无法实现效率追求之初衷的。我国台湾地区“动产担保交易法”采行担保物权设立的公示对抗主义体例,这完全符合工商企业运营对财产效率的追求。但是,无以交易安全保障下的效率制度设计,往往是事与愿违、事倍功半。在我国台湾地区“动产担保交易法”颁布之时,作为担保物权设立公示对抗主义体例的基础设施建设——统一动产担保物权登记机构和登记制度,在我国台湾地区尚无建立,且时至今日也无从建立。其第 5 条规定:动产担保交易,应以书面订立契约。非经登记,不得对抗善意第三人。第 6 条规定:动产担保交易之登记机构及其有效区域,由台湾地区行政主管部门视动产性质分别以命令定之。无奈之下,在作为民事规范的我国台湾地区“动产担保交易法”之内,制定者搬来了刑事规范,挥舞起了霍霍之刀以图威慑——“动产担保交易法”第 38 条规定(不法处分标的物之处罚):动产担保交易之债务人,意图不法之利益,将标的物迁移、出卖、出质、转移、抵押或为其他处分,致有损害于债权人者,处 3 年以下有期徒刑、拘役或科或并科新台币 6000 元以下之罚金。“动产担保交易法”第 39 条规定(减少或损毁标的物之处罚):动产担保交易之债务人或第三人,故意使标的物减少或毁损,只生损害于债权人者,处 2 年以下有期徒刑,拘役或科或并科新台币 4000 元以下之罚金。“动产担保交易法”第 40 条规定(损害抵押权人之处罚):设定动产抵押权之债务人或第三人,故意使留置权发生,致生损害于抵押权人者,处 1 年以下有期徒刑、拘役或科或并科新台币 1000 元以下罚金。[1] 终此,在弥补法典法缺失规定动产之上不移转占有的担保物权类型情势之下,我国台湾地区"动产担保交易法"的颁布以及其所确立的 3 种非移转占有型动产担保物权类型,在动产担保物权设立公示对抗主义与动产担保物权统一登记基础设施建设之间,以及在动产担保物权的私法规范属性与"动产担保交易法"基于交易安全私法保护不足而不得已设置的刑事规范之间,形成了强烈的规范目的和规范属性之间的反差。给法典法的逻辑性、体系性造成了较严重的破坏。

此外,就我国台湾地区"动产担保交易法"的内部结构体系来看,其确立的 3 种动产担保物权类型,参照和借鉴了美国法律社会存在的一般动产抵押、附条件买卖和信托收据——这些因美国《统一商法典》第九编的编纂而被美国法律社会抛弃了的动产担保物权类型。美国《统一商法典》第九编的起草人之所以抛弃了传统的动产担保物权类型模式,主要原因在于这些动产担保物权之间没有本质的区别,其共性大于个性。我国台湾地区"动产担保交易法"既然保留了其原有的结构体系,基于体系产生的缺陷当不会因此消除。

实证研究表明,我国台湾地区"动产担保交易法"除上述缺陷外,还存在因动产担保物权类型化、多元化而产生的结构体系缺陷:一是适用范围狭窄。"动产担保交易法"以明示列举的方式规定了 3 种动产担保物权类型,即动产抵押、附条件买卖和信托占有。在物权法定主义理念之下,这种动产担保物权"立法"模式在明示列举了 3 种动产担保物权类型的同时,也限制了其他事实上也是动产担保物权的担保物权类型,如动产所有权保留、让与担保、融资租赁等。我国台湾地区"动产担保交易法"没有适用"动产担保物权"这一超级抽象上位的概念以一统天下,而是使用了"动产担保物权"概念的下位诸概念并通过列举方式逐一规制。这一模式对没有被列举动产担保物权类型的调整拒绝,使其适用范围缩小。诸如法律生活中实际存在的动产所有权保

[1] 参见王廷懋:《动产担保交易法实务问题研究》,1991 年版,自序。

留、让与担保和融资租赁等动产担保物权类型，在我国台湾地区“动产担保交易法”的模式下，非经扩容性专门“立法”，无其他办法。我国台湾地区最近要对让与担保进行专门“立法”就是实例。

二是法典化差强。我国台湾地区“动产担保交易法”本为“法典法”，其编纂也遵从法典法的逻辑性、体系性要求。如其在逻辑上遵从了总则—分则结构，第一章总则，第二章、第三章、第四章为分则，第五章为罚则，第六章为附则；其在体系上，遵循了结构体系原则，如关于动产担保物权类型，先后并列规定了动产抵押、附条件买卖和信托占有。但在遵循和延续法典法的逻辑性、体系性的道路上，其并没有如同美国《统一商法典》第九编的起草人那样——发现了名称各异的动产担保物权类型之间的共性，然后将法典法的逻辑性、体系性演绎到了极致——一元化动产担保物权模式成型。我国台湾地区“动产担保交易法”的法典法的逻辑性和体系性方面的差强，主要表现在“总则”对“分则”中的共同规则提取公因式的不足。如对共性大于个性的各种动产担保物权之契约，即第 16 条、第 27 条、第 33 条等，应该再予抽象并提取到总则中来，但其并没有这样做。其他还如第二章第 17 条第 3 项及第 18 条至第 22 条，对于附条件买卖和信托占有，都有被准用之规定即第 30 条、第 37 条。即可有被接二连三地被准用之规范反复，还不如直接将这些条款合并后置于总则之中。如此，总则的体量变大之际，分则的体量则随之变小，在一者变大一者变小的量变之中，隐藏着的是法典法逻辑性、体系性的质变——当各类动产担保物权的规范体系——定义、担保物、担保合同、担保物权设立、公示、优先次序、效力、实现、消灭等规则，都沿着共性大于个性的原理被合并、抽象并提取到总则之中时，分则的规范就空了。此时，分则消失，一元化动产担保物权制度渐成。因此，一元化动产担保物权模式，无论其最初还是现在，都是为了消灭多元化动产担保物权模式的弊端而产生和存在的。但不无遗憾的是，我国台湾地区的动产担保物权模式走上了一条多元化模式的不归途——一般需要按照“动产担保交易法”确立的多元化模式路径走下去，以增加动产担保物权类型为完善缺陷之续路。

三是整体性制度的缺失。所谓整体性制度，即无论是在一元化模式之下,还是在多元化模式之下,都不可或缺且在担保物权规范制度体系中居于核心及中心地位的制度,如动产担保物权的统一登记制度,以及动产担保物权的统一优先受偿次序规则等。但是缘于制度模式的结构体系,在一元化动产担保物权模式下,统一登记制度以及统一优先受偿次序规则两项制度,是在一元化动产担保物权制度展开中,在制度逻辑上以及在制度实效上,无法被忽略的制度,在采行公示对抗主义的体系中,担保物的设立与担保物的公示是两项制度,独立运行且前铺后续,这使公示制度看似与担保物权设立无关但却是不可或缺——没有公示制度,担保物权制度的交易安全无从建立起来。与此同时,担保物权优先受偿次序规则的建立,是担保物权的制度核心,所有的担保物权的其他制度,如概念、担保物范围、担保物权设立、公示,以及担保物权的实现和消灭等规则,无不以担保物权的优先受偿次序的建立为目的或者为前提。尤其是担保物的公示制度,与担保物权优先受偿次序规则的建立休戚相关,没有统一的动产担保物权公示制度,担保物权的优先受偿次序规则,无从建立起来。与此相关,如果动产担保物权的优先受偿次序规则无须建立,则作为优先受偿次序规则之基础的统一登记制度也就失去了需要建立的前提。总而言之,我国台湾地区现有的动产担保物权多元化立法模式,使动产担保物权的优先受偿次序规则无从建立,因此,整个制度设计也就失去了建立统一登记制度的基础。上述两项统一制度在我国台湾地区"动产担保交易法"中的缺无,不是一件或然的结果,其中镶嵌了多元化动产担保物权制度模式的逻辑基因。

但由此民事"特别立法",建立了新的路径,也由此形成了新的路径依赖——我国台湾地区"动产担保交易法"规定的3种动产担保物权类型即一般动产抵押权、附条件买卖和信托占有,是对动产担保物权这一本质属性的担保物权内容,在外在形式上的不同角度、不同关系模式进行观察,而形成的多元化动产担保物权模式的结果。因此,是否会随着社会的发展变化,随着新的动产担保物权制度形式的层出,在多元化动产担保权模式业已形成的路径依赖之下,对动产担保物权制度提出增加动产担保物权新类型的要求——如动产担保物权还有大家公认的另一些形式在现有的"单行法"中没有被确认且规制,如“动产让与担保”“动产所有权保留”“动产融资租赁”等。随着社会经济活动发展,是否会对尚未被“单行法”确定的其他担保物权类型需求以单行“立法”的方式予以确认?以至于“单行法”确认的动产担保物权类型越来越多,动产担保物权单行“立法”穷无止境,因而动产担保物权制度难以形成结构稳定、体系严谨、内容完善、一劳常逸的制度体系。最近,我国台湾地区立法机构在“动产担保交易法”的基础上,正在着手起草制定新的“动产担保物权(草案)”即“动产让与担保法”,就是其实例。日本在这一方面,存在同样的立法缺陷。

第五节　抵押权概念的演变及其法体系效应——担保物权法制进程中“舞动的灵魂”

我国动产担保物权法制发展的过去、现在以及未来,都与抵押权概念的演变及其引起的法体系效应有深刻和紧密的历史联系。正是抵押权概念在“担保物权法”的演变及其产生的法体系效应,改变着以及改变了“担保物权法”的体系结构和精神气质。抵押权概念的演变大致经历了 3 个阶段:抵押权即不动产抵押权阶段,抵押权即不动产与有限动产抵押权阶段,以及抵押权即不动产与极限动产抵押权阶段。抵押权制度作为担保物权制度之王,其概念之内涵与外延的演变必然会引致“担保物权法”的体系效应:抵押权即不动产抵押权,或者引致非典型动产担保物权的法外存在,或者引致动产担保物权法的特别立法;抵押权即不动产抵押权与有限动产抵押权,导致同位阶动产担保物权制度之间的重复、不一致甚或矛盾;抵押权即不动产与极限动产抵押权,则足以将其他动产担保物权类型(如权利质权)以吸收性消灭。抵押权概念演变的实质是可抵押动产范围的不断扩大,其法体系效应的最终结局是引致动产担保物权法体系的一元化。或者说,不动产担保物权以及动产担保物权各自的一元化立法模式,将是担保物权法制演变与发展的终局模样。

一、抵押权即不动产抵押权及其体系效应

(一)抵押权即不动产抵押权

在抵押权概念出现之前的罗马法中,以让与物之所有权的方式创设担保物权即“让与担保”,是最早也是最基本的担保物权形式。[1] 这一担保物权形式,是通过附条件让与担保物的所有权这一法律构造,来确保债权实现的。随着法律概念的精致化,所有权与定限物权的分野,以及物之不动产与动产之基本分类的物权法体系建构中的基础作用,担保物权概念项下的抵押权概念开始出现并且一开始就将抵押权这一法律概念固定在不动产担保物之上。由此,就出现了抵押权概念即不动产抵押权的法律定型。随着民法法典化、物权法定化的发展进程,《德国民法典》第 223 条第 1 项,《日本民法典》第 369 条第 1 项、《中华民国民法典》第 860 条等,都规定了不动产抵押权制度。又因物权法定化的格调,抵押权即不动产抵押权得以进一步强化。作为一种不移转不动产担保物之占有,而于其上设定的一种在一定条件下担保物权人可以就不动产的交换价值优先受偿的担保物权制度,在民法法典化以及物权法定化的双重作用下,在“圈进”了不动产作为抵押物的同时,也“圈出”了其他财产可以作为抵押物的可能。也就是说,在抵押权即不动产抵押权的法制环境之下,在不动产之外的其他可设担保之财产如动产或权利等财产之上,法律是不允许创设不移转其“占有”并称为“抵押权”的担保物权。如果立法要创设一种在不动产之外的财产上的不移转占有的担保物权,它也只能定其名为其他担保物权如“权利质权”,而绝无可能定名为“抵押权”。[2] 因为,抵押权的概念已经被立法固定了——抵押权即不动产抵押权,反过来就是不动产担保物权即抵押权。再进一步看,上述立法也不是没有在不动产之外的财产上创设担保物权,如在动产上创设了以占有为公示方式的“动产质权”,在权利上创设了以登记(因其无从移转所谓“占有”)为主要公示方式的“权利

---

〔1〕 [英]巴里·尼古拉斯:《罗马法概论》,黄风译,法律出版社 2004 年版,第 162 页。

〔2〕 权利质权多以登记为其公示方式。当然也有以移转占有为其公示方式的如证券的交付设质。

质权”。[1] 在抵押权、动产质权和权利质权经法典化、法定化之后，“圈进”的暂且不谈，“圈出”的就是在有形动产上不得创设不移转动产(有形动产以及被视为动产的权利)之占有的担保物权。由此，立法造成了法律制度资源供给上的短缺——动产上不移转占有的动产担保物权制度资源，担保物权立法没有提供给社会适用。后来的社会经济法律实践证明，在动产上只能创设须经移转占有的动产质权的法律强制，实在是一种不能被经济实践所能接受的法律制度安排：对担保人来说，放弃对动产的占有如放弃对生产设备的占有，将使其对融资的目的无法实现——贷款是为了扩大或者继续生产，但此时生产设备不在担保人的占有控制之下，生产无以为继；对于担保权人来说，占有经移转而来的动产担保物，对自己并非是一件必需的好事，有时简直就对此担保物之占有无能为力——占有需要专人操持，占有需要花费人力、物力、财力。总而言之，移转动产担保物的占有，“弊大”而“利小”的制度安排。[2]

(二)抵押权即不动产抵押权的体系效应

民法法典化和物权法定化，使在动产之上创设一种被法律承认的不移转该动产之占有的担保物权成为难题。立法者拘泥于特定时空下的想象力，永远落尘于社会生活的发展脚步。对担保物权制度的经济社会需求，农业社会定然是迥异于工业社会。但身处农业社会的立法者永远也不可能创设出得以满足未来商业社会发展的担保物权制度。立法拘泥于担保物分类及担保

---

〔1〕 高圣平教授在一次学术研讨会上说：传统民法上的理由是基于公示方法的区分，权利抵押权不以移转标的物的占有为前提，以登记作为它的公示方法，而权利质权准用了动产质权的规则，依据权利转让的方式，来解决所谓权利的准占有问题，并据此来证成体系定位的正当性。但是，笔者后来的研究发现，权利质权的很多形态都是采取登记这种公示方法，并且登记已经成为权利质权最重要的公示方法。正如所言明的那样，笔者认为，之所以将权利质权置于动产质权之后，并且法律规定权利质权可以准用动产质权的规定，不是因为权利质权的准占有方式即可以证成，也不是权利质权的登记公示方式来可以证否，而是担保物权体系的担保物之不动产与动产分类，以及权利被“视为动产”而成。权利质权之所以现在被很多学者包括高圣平教授和笔者本人，都认为可以归入抵押权，其原因正在于“法律、行政法规未禁止抵押的财产”都可以抵押的法律规定。当各种法律不禁止抵押的财产都可以抵押的时候，现有法律制度框架下被权利质权的那些权利是不是可以抵押？广义解释当然可以。由此，权利质权就没有了独立存在的空间了。

〔2〕 所谓没有“二益”，言外之意是有一处益处：移转动产担保物权的占有，对于潜在的其他债权人来说，具有消极的公示效果——债务人没有占有此一担保物，当推定其不享有该担保物的所有权。由此，该担保物不在责任财产的范围之内。

法体系完美追求,以及受限于担保物权公示方式的基础设施供给不足,没有能够供给社会在动产上可以创设不移转该动产之占有的动产担保物权制度,就是实例。于是乎,不断发展的经济社会需求就内在地极力挣脱掉法典化的局限和物权法定主义的束缚,在法典之外步履蹒跚地实践着丰富的法律生活——这就是不移转动产之占有的担保物权制度在法典之外的再度出现——法学学说上称为“非典型担保”。在法典之外不移转占有的动产担保物权法制,主要有两种表现形式:一种是在法典之外依判例和学说推动的非典型担保物权如让与担保、所有权保留等以动产所有权为制度构造的非移转动产担保物之占有的动产担保物权类型的出现;另一种是在法典之外以特别动产担保物权立法的形式,确立的不移转动产担保物之占有的动产担保物权制度,如动产抵押权、信托占有、附条件买卖等。

首先,非典型担保物权再度出现在法典之外,这主要表现是让与担保制度的再现。民法法典化和物权法定化,使古已有之的让与担保制度被“圈出”了民法典。不移转动产占有的动产担保物权类型的制度缺失,促使人们不得不在民法典之外另谋出路。让与担保制度在法典之外由此再度进入经济社会生活中。对于法典之外催生出来的让与担保制度,目前大陆法系没有国家将让与担保制度纳入民法典之中,却因该制度在实践中存在巨大的适用空间及制度价值,使其不得不为一些国家和地区的司法实践和法学学说所承认,如德国、日本、瑞士等国家和我国台湾地区。关于让与担保的标的物范围,德国、瑞士将其框定在动产之内,而日本和我国台湾地区为将让与担保的灵活性、广泛性和综合性特点体现于法典之中,认为让与担保的标的物应包括动产、不动产以及正在形成中的财产和其他具有财产性质的权利。关于让与担保的性质,德国和我国台湾地区认为,让与担保是一种信托让与行为,其以所有权的让渡来担保债权,故所有权应已完全转给让与担保权人,并由此得出了进一步的结论——让与担保权人在债务履行期间届满前对担保物的处分有效。日本等一部分国家和地区则认为,让与担保就是一种担保的设定,担保权人在对外关系上虽取得担保物的所有权,但在内部关系上只是取得担保权人的资格,其只能在担保的目的范围内行使权利,并由此得出进一步的结论——担保权人在债务履行期届满前不得处分让与物。关于让与担保的公示,在德国认为不需要登记,因而其让与担保不具有公示性,不具有对抗性,因而对交易安全构成威胁;在日本和我国台湾地区则认为,让与担保需要公示,否则不具有对抗第三人的效力。关于让与担保的实现,在其初期,许多国家和地区的司法实践和学说都认为,债务人不履行到期债务的,让与担保权人可以直接取得担保物的完全所有权。这一做法可以使让与担保权人获得暴利,对让与担保人极为不利。在其后期,在司法实践中采取了以下两种做法平息了前者的弊端:一是以处分清算实现担保权,即让与担保权人出售担保物,以所得价款优先实现自己的债权,剩余价款退化让与人;二是以归属清算实现担保权,即让与担保权人将担保物折价以获得担保物所有权的方式实现自己的债权,折价超出债权数额的部分返还让与担保人。以上两种做法照顾了让与担保人和让与担保权人的利益。[1]

其次,是在民法典之外以特别民事立法的方式,规定不转移动产占有的动产担保物权类型,以解民法典关于抵押权即不动产抵押权的制度供给不足。如我国台湾地区在"民法典"之外于 1963 年另行颁布的"动产担保交易法"。规定了"动产抵押、附条件买卖、信托占有"等 3 种不移转动产之占有的动产担保物权。我国台湾地区之所以在"民法典"之外,另行颁布"动产担保交易法",完全是起因于"民法典"关于动产之上担保物物权制度资源的供给不足。我国台湾地区"民法典"所规定的动产担保制度,主要规定有民事的动产质权、权利质权和动产留置权。我国台湾地区"民法典"关于抵押权仅限于不动产抵押权,动产之上的担保物权又仅限于移转占有为生效要件的动产质权,不移转动产之占有的担保物权制度则立法失之缺无。动产质权的特色在于债务人需将动产移转占有与债权人,如我国台湾地区"民法典"第 884 条、第 928 条的规定。究其本意,系为了确保债权人之权利。然而如此一来,不仅债务人将无法再为标的物的使用、收益,在债权人一方而言也未必愿

---

〔1〕 参见全国人大常委会法制工作委员民法室编著:《物权法(草案)参考》,中国民主法制出版社 2005 年版,第 420 页。

意负起保管之责。相对于今日现代人讲究先使用后付款的生活方式，传统动产担保交易制度显然已不能符合时代的需要。[1] 其中，所谓动产抵押权，即系指抵押权人不移转占有前提下就债务人或第三人供担保债权人之动产设定动产抵押权，于债务人不履行契约时，抵押权人得占有并出卖抵押物，就出卖所得价金优先于其他债权而受清偿之交易；所谓附条件买卖，系指买受人先对动产标的物实现占有，约定支付一部分或全部价金，或完成特定条件时，始取得标的物所有权之交易；所谓信托占有，系指信托人供给受托人资金或信用，并以原供信托之动产标的物所有权为债权之担保，而受托人以信托收据占有处分标的物之交易。

正是借助于我国台湾地区“民法典”之外的特别规定，或者借助于法学学说和判例推动的判例法等，建立起了“民法典”之外的在动产上可以设立的不移转占有的动产担保物权制度，由此也就形成了以“民法典”确立的占有型动产担保物权类型为主和中心，以特别规定和判例法确立的非占有型动产担保物权类型为辅和外围的动产担保物权法制体系。在这一“解法典”式的动产担保物权制度发展进程中，“民法典”确立的抵押权即不动产抵押权制度得到了维护，“民法典”之外生发出来的不移转动产占有的动产担保物制度得以发展，其重要形式就是“让与担保”这一古老的制度得以在法典之外再度获得重生，并显现了蓬勃的生机和活力。民法法典化，使原有的让与担保物权制度在法典之内被人为地建构性消失；同样是民法法典化，又使让与担保物权制度在法典之外自然的演进性重生。一句话，让与担保法律制度的消灭又重生，都是“民法典”“惹的祸”。

二、抵押权即不动产与有限动产抵押权及其体系效应

（一）抵押权即不动产与有限动产可抵押权

如前所述，抵押权即不动产抵押权将可抵押财产的范围限缩在不动产担保物之上。此一立法模式严重地阻碍了抵押权制度在经济社会发展中的制

---

〔1〕 参见郑正忠、吴展旭：《动产担保交易法》，书泉出版社 1998 年版，自叙部分。

度价值贡献。于是乎,为了充分利用抵押权担保物权类型的制度优势,各国担保物权立法逐步将抵押权担保物权类型的适用范围予以扩张。上述"民法典"之外关于动产抵押权的特别担保物权规定以及关于动产之上不移转占有的担保物权判例法的发展,是两种基本的动产之上不移转占有担保物权制度适用外延夸张的道路模式。此外,我国在担保物权立法模上走出了一条解决同一问题的不同的特殊道路。这就是我国于1995年颁布的《担保法》在动产之上不移转占有的担保物权类型的立法模式,该法于第34条第2项、第4项、第6项分别规定了以下动产可以抵押:一是抵押人所有的机器、交通运输工具和其他财产;二是抵押人依法有权处分的国有的机器、交通运输工具和其他财产;三是依法可以抵押的其他财产。从我国《担保法》关于可抵押财产范围的规定来看,一是《担保法》并未将抵押权的担保物权类型制度局限在不动产抵押物的狭小范围之内,而是将抵押权担保物权类型制度扩展到"机器和交通运输工具"以及"依法可以抵押的其他财产"上;[1]二是我国《担保法》关于可抵押动产财产的范围相较于后来颁布的《物权法》之担保物权编的抵押权概念所涉可抵押动产财产的范围要小,还是属于"有限的"动产抵押权范畴——除所列举的几项可抵押动产财产外,立法用抽象的方式规定依法可以抵押的其他财产。相较于我国《物权法》担保物权编所适用的"法律、行政法规为禁止抵押的其他财产"可以抵押的规定,可抵押财产范围明显缩小。即使我国《担保法》规定的可抵押动产财产的范围相对有限,但其还是将"抵押权"这一概念,从传统的抵押权即不动产抵押权的狭小外延中"突围"出来,拓展到动产财产的领域。由此开始,在动产上的意定动产担保物权,就有了动产抵押权、动产质权和权利质权的分类并依序排列。但担保物权立法因抵押权概念向动产担保物领域的扩张所引致的担保物权法体

---

〔1〕 从我国《担保法》的规定来看,这里也适用了"财产"这一概念,但因为该法在兜底条款中适用了"依法可以抵押的其他财产",由此该法与《物权法》关于"法律、行政法规未禁止抵押的其他财产"显有不同。

系效应，却从来没有引起过法学界的注意并加以认证研究。[1]

（二）抵押权即不动产与有限动产可抵押权的法体系效应

当抵押权开始出现动产抵押权时，首先引起的法体系效应就是担保物权分类标准的紊乱。原有的担保物权分类以担保物的不动产与动产之类分为分类标准：不动产上的担保物权称为抵押权，动产上的担保物权称为质权包括动产质权和权利质权。当抵押权概念的外延扩展到包括动产抵押权的时候，动产抵押权与动产质权之间如何分类；动产抵押权与权利质权之间又如何分类？这就成了问题，在同一动产上设定的担保物权，何谓动产抵押权；又何谓动产质权或权利质权？担保物分类不再起作用了，因为有可能是同一个担保物如同一设备上设定了动产抵押权或者动产质权。此时，人们才开始注意到，是担保物权的公示方式——担保物占有是否移转，可以把动产上的抵押权与质权区分开来——非移转占有而以登记为公示方式的担保物权为动产抵押权，移转占有即以占有为公示方式的担保物权为动产质权；但对于通常多以登记为其公示方式的权利质权来说，何为权利上的权利抵押权以及何谓权利上的权利质权，则无有什么分类标准再予区分了。[2]

我国《担保法》在规定了抵押权包括动产抵押权的情况下，没有将这一变化引致的担保物权法体系效应贯彻到底。也就是说，在抵押权之概念和外延扩展到动产的时候，立法者应当将由此引致的法体系效应及时准确地作出回应——鉴于抵押权与动产质权和权利质权之间的界限全无，鉴于抵押权制

〔1〕 笔者认为，我国对此等问题没有引起注意并加以研究，与我国担保物权法学术研究缺少对国外尤其是美国《统一商法典》第九编即动产担保交易法的研究，存在一定关系。比较法的见识和研究，对于一国法制的发展至关重要。在民法典分则编纂之际，笔者深感对动产担保物权一元化立法的研究和借鉴，对我国动产担保物权法制现代化的重大意义。

〔2〕 这一问题的根源在于对法律条款文义的解释，以及对物权法定的理解。我国《物权法》第180条第(7)项规定“法律、行政法规未禁止抵押权的财产”可以抵押。此“财产”之措辞，是否包含该法第223条规定的可设质权利？按照物权法定原则的理解，似乎在法律已经明示于其上设定的担保物权为权利质权的情况下，不应再为抵押权的标的。但“财产”一词，在中国的法制语境下，以文义解释，当包括权利无疑。所以，按照物权法不断扩大可抵押财产范围的体系解释，将“财产”一词作广义解释并包括权利质权的标的，应无不可。唯此时，权利质权就没有独立存在的基础和价值了。

度的周细祥致，随之规定动产质权和权利质权准用（动产）抵押权的规定。[1]

此外，当抵押权的概念与外延扩展到动产之时，有鉴于动产抵押权与动产质权和权利质权的界限模糊性，就要特别谨慎对同一层面制度的不必要的重复、应该一致的不一致甚或不应有的矛盾等。[2] 在这一点上，我国《担保法》在扩展抵押权概念的内涵与外延的同时，确实存在疏于对同一层面制度的科学规制。关于“不必要的重复”，如我国《担保法》第40条规定了（动产）流押禁止条款，该法在第66条又规定动产流质禁止条款。在动产抵押权与动产质权仅限于公示方式的不同以及因公示方式的不同而产生的不同而没有其他不同的前提下，立法既然已近规定了流押禁止条款，流质禁止条款则可以无须再重复规定，只要立法规定动产质权制度没有规定的可准用动产抵押权的规定即完事大吉了；[3] 关于“应该一致的不一致”，如我国《担保法》第43条第1款规定了“当事人以其他财产抵押的，可以自愿办理抵押物登记，抵押合同自签订之日起生效”。而该法第64条第2款规定：“质押合同自质物移交于质权人占有时生效。”同为担保物权，立法却没有同样的规制：动产抵押合同自签订之日起生效，而动产质押合同则自质物移交于质权人占有时生效，[4] 立法对相同问题施以不同的规制，但却对此没有令人信服的理由；关于“不应有的矛盾”，如在抵押权概念扩展方面有过之而无不及的我国《物权法》担保物权编在规制可担保财产方面，关于可抵押物立法适用了“法律、行政法规未禁止抵押的财产”可以抵押的规定，而在质权方面则适用了“法律、政策法规规定可以质押的”动产可以质押的规定，由此造成了关于担保物范围在立法政策上的矛盾——前者为“法不禁止即自由”的立法政策，后者

---

〔1〕 理性建构的法律制度，由于缺失自然的成长过程，人的理性无法强大到穷尽事理的所有方面，因而常常出现捉襟见肘的情况。在我国《担保法》突然改变担保权概念的内涵与外延之后，立法者难以以理性穷尽由此引致的法体系效应，就是其例。

〔2〕 作为意定动产担保物，无论是抵押权，还是动产质权和权利质权，都有其定义、设立合同、设立、公示、效力、次序、实现和消灭等依次出现的一个制度“从生到死”的全过程层分规则。由此，处于同位阶的制度之间就有该重复而没有重复的漏洞，应该一致为未一致的缺陷等。

〔3〕 如我国《担保法》第73条对第52条的重复，第73条对第58条的重复，第67条对第46条的重复，第72条对第57条的重复，以及第65条对第39条的重复等。

〔4〕 此处之所谓“合同”生效，是立法的失误，应该为抵押权或者质权生效。

是“法有授权才有权”的立法政策，这样矛盾的场面足实令人费解。[1]

三、抵押权即不动产抵押与极限动产抵押权及其法体系效应

（一）抵押权即不动产抵押权与极限动产抵押权

我国于2007年颁布的《物权法》于第四编之“担保物权”第180条之第4项至第7项分别作出了“生产设备、原材料、半成品、产品”，“正在建造的船舶、航空器”，“交通运输工具”，以及“法律、行政法规未禁止抵押的其他财产”都可以抵押的规定。到了我国《物权法》时代，可抵押财产的范围就走到了可抵押财产的极限地步——《物权法》不仅明示列举了可以抵押的“现有动产”，如“生产设备、原材料、半成品、产品”，而且“正在建造的建筑物、船舶、航空器”，“交通运输工具”等“未来财产”也可以抵押；而且利用“法律、行政法规未禁止的抵押权的其他财产”的规定，将可抵押动产的范围推向了极致——形成了“法不禁止即自由”的可抵押财产局面。基于担保物权的权属通性，一般来说，可以于其上设定动产质权和权利质权的财产，当属于“法不禁止抵押的财产”范围，但未必是“法律规定可以抵押的财产”。由此，可设定动产质权者，于其上则必可设定动产抵押权；可设定权利质权者，与其上也必可设定动产抵押权者。这一结论在我国《担保法》圈定的可抵押财产范畴下，当不可得出——证伪易、证成难。原因在于我国《担保法》第34条第6项规定了“依法可以抵押的其他财产”。从逻辑上分析，“依法可以抵押的其他财产”是一个有限财产的范围，而“法不禁止的可以抵押的财产”范围是一个无限的范围。一收一放之间，两者形成的差异大矣。由此，笔者认为，我国通过《物权法》之“担保物权”编第180条第7项的规定，即将抵押权制度的适用范围扩展到极致——法律、行政法规不禁止抵押权的财产都可以于其上设定抵押权。如此一来，我国民事立法关于抵押权制度的规定就大异于其他国

---

〔1〕关于对同一位阶制度的不必要的重复、应该一致的不一致甚或不应有的矛盾等，在我国《物权法》担保物权编中同样存在，之所以在“有限动产”这里述说这一问题，是想在“极限”动产那边腾出空间述说其他问题如动产抵押权制度对动产质权和权利质权的消灭性吸收即动产担保物的一元化问题。

家和地区关于抵押权制度的规定,亦显然不同于我国前期《担保法》的规定。由此我国抵押权制度适用外延的“泛化”,将不可避免地引致整个担保物权法的制度体系效应。但同样地,这一点并没有引起国内法学界和司法实践界的注意。[1]

(二)抵押权即不动产与极限动产抵押权的法体系效应

当“法律、行政法规不禁止抵押的财产”都可以抵押的时候,抵押权概念与外延的无限扩展会引致担保物权法体系的何样法体系效应?从动产担保物权的体系规模来看,在不动产之外的财产上创设的动产担保物权,在实定法上被立法切分为“动产抵押权、动产质权和权利质权”。如前所述,从担保物的角度观察,凡是能作为动产质权和权利质权之质押财产的,均可以作为抵押的财产。由此,可抵押财产的极限化在担保物权法体系方面将引发两个问题:一是在理论上,动产担保物权的分类标准及类型问题;二是在实践中动产质权和权利质权的“虚化”问题。

先说动产担保物权在理论上的分类标准和类型问题。因为在同一财产上既可以设定动产抵押权,也可以设定动产质权或权利质权,那么何为动产抵押权,以及何为动产质权或权利质权?传统担保物权分类的标准是担保物的类型,即不动产上设定的担保物权为抵押权,动产上设定的担保物权为质权,以及有形动产上设定的担保物权为动产质权,无形动产上设定的不完全为权利质权。但在法不禁止的财产均可以抵押的法制环境下,担保物之分为不动产和动产的类型划分,不能再作为担保物权类型划分的标准了,因为同一财产既可以抵押又可以质押了。由此,带来了担保物权类型划分标准的再确认问题。从动产抵押权与动产质权的区别来看,似乎公示的方式是两者可以区别的标准——不移转占有而借助登记公示的动产担保物权为动产抵押权,移转占有并以占有为其公示方式的动产担保物权为动产质权。但如果将

---

〔1〕 最高人民法院民二庭曾做过一段时间的物权法担保物权编的司法解释,担保物权编的体系结构、一些问题如新类型担保的性质认定等方面尚需进一步明确。参见陈本寒:《新类型担保的法律定位》,载《清华法学》2014 年第 2 期;董学立:《也论“新类型担保的法律定位”——兼与陈本寒教授商榷》,载《法治研究》2015 年第 4 期。

这一动产担保物权分类标准适用于动产抵押权与权利质权，则又失灵了。因为从权利质权的实定法规定来看，绝大多数权利质权都是以登记为其公示方式的。所以，当权利上设定担保物权时，是称其为权利抵押权还是为权利质权，无有区分标准因而也就无从称呼之——似乎两者已经合二为一了。

再议动产质权和权利质权的“虚化”问题。尽管立法确立了动产质权和权利质权的法律地位，但在抵押权极限化的法制环境下，在同一有形动产既可以设定抵押又可设定质押的选择中，人们将很自然地基于制度之便宜之利益考量而择取动产抵押制度而予以适用；同理，在权利上的担保物权，在权利抵押权与权利质权区分无界的法制环境下，是否还有必要在立法上区别两者，以及将权利质权作为一个担保物权类型独立出来？尤其在建立起动产担保物权统一登记公示制度之后，是否还需要予权利质权以专章另节的规定？或许到底谓权利上的担保物权是抵押权还是权利质权为宜？笔者倒觉得直接在立法上将其编入抵押权并称其为抵押权更好，加之我国现有的立法没有关于权利质权准用动产抵押权的规定，所以，权利质权在理论上和实践中归入动产抵押权制度，将是其宿命版的归依。因为抵押权制度历经时间的积累和实践的检验，其制度设计较完善、科学。[1] 总而言之，所谓动产质权和权利质权的“虚化”问题，究其实质，就是因抵押权概念与外延的扩展以至于极限化，使动产质权和权利质权失去了在实践中独立存在基础和价值。“抵押权”这一概念，已经在可抵押权财产极限化的基础上，演变成了一个与“动产担保物权”概念居于同一层次的概念。在抵押权“泛化”的法制环境下，当谈论抵押权概念的时候，其所指其实就是在一切不动产与动产上创设的担保物权。因为现在的抵押权这一概念的外延，已经实质性地等同于原先的不动产抵押权、动产抵押权和动产质权、权利质权概念的外延之和。这一系列概念

---

〔1〕 只要看一看我国《担保法》第三章关于抵押的规定，就知晓了：该章分 5 节，即第一节“抵押和抵押物”，第二节“抵押合同和抵押物登记”，第三节“抵押的效力”，第四节“抵押权的实现”，第五节“最高额抵押”。与其相比，第四章质押，分动产质权计 16 条规定与权利质权计 7 条规定，并且均不再分节。特别值得注意的是，我国《担保法》第三章关于抵押的分节结构，具备了一元化动产担保物权立法的层分结构模式。在其因抵押权的泛化而得以在理论上以及在实践中消灭性吸收动产质权和权利质权的结局下，实质性地迈向了动产担保物权的一元化立法模式。

的外延之和,原先是在担保物权这一概念的统摄之下的。所以,现在的抵押权概念等同于担保物权概念。因此,在抵押权概念泛化的法制环境下,让与担保作为一种担保物权类型,也没有独立存在的基础和价值,其外延也包含在抵押权概念之下。所谓让与担保,究其实就是抵押权的一种变形。这就是让与担保最终不能进入物权法担保物权编的原委。

四、抵押权概念演变的实质及其体系效应趋向

(一)抵押权概念演变的实质

抵押权概念演变的实质,是抵押权概念外延的不断扩张,即从抵押权即不动产抵押权,过渡到抵押权即不动产抵押权与有限动产抵押权,最后极限化为法不禁止抵押的所有财产都可以抵押的泛抵押权终局。其演变的方式,有先法典化国家关于或者非移转占有动产担保物权的法典外特别立法,或者在法制实践中通过法学学说与司法判例推动的非典型动产担保如让与担保等习惯法的形成;也有后法典化国家通过不断扩展可抵押财产范围的法典化形式,吸收性消灭其他动产担保物类型。概言之,先法典化国家是通过不断增加动产担保物权类型的方式,来解决抵押权即不动产抵押权的制度供给不足问题;后法典化国家则是通过扩展抵押权概念的外延,并由此实质性地将动产质权和权利质权吸收性消灭的方式,来解决抵押权即不动产抵押权的立法缺陷。仅从让与担保的角度观察,是一个让与担保制度因法典化而消失,又因法典化而非典型法典外存在,以及又因法典化而被抵押权制度吸收性消灭的发展过程;从动产担保物的法定类型来看,有一个不断增加后又不断合并的过程,并呈现出了趋于一元化的立法走向。[1]

从法律制度得以产生和存续的经济、社会基础来分析。传统担保物权结构类型体系主要建立在两种社会背景之上:一是经济社会基础,即后农业社会经济基础或者初步的自由经济社会基础,这一社会基础对交易安全的要求

---

〔1〕 在美国《统一商法典》的编纂过程中,起草人发现原先名称各异的动产担保物权类型之间的共性大于个性。为避免规范重复和因重复导致的立法缺陷,他们决定起草统一动产担保交易法。

相对于现代自由经济的社会基础的要求,显然要低得多;二是哲学社会基础,即理性哲学基础上的对法典的崇拜和对法典逻辑形式上演绎的崇拜,因而又少有了对社会实际需求的把控。在这两种社会基础上建立的近代民法典,关于担保物权就不能满足现代经济社会的发展对融资安全和效率的要求。反映在法律制度层面,就是抵押权制度外延的狭隘和制度贡献无力。与此相比,现代担保物权制度,即以抵押权制度的外延扩张为表象的现代担保物权制度,落基于高度发达的市场经济社会,着眼于解决现实经济活动中关于融资担保的各种问题,不拘泥于法律的形式逻辑而倾力于以透明、高效的制度设计,为融资安全和融资效率提供一整套法律方案。

(二)抵押权概念演变导致的法体系效应趋向

抵押权概念外延的扩张,使各种可抵押的动产甚或法律、行政法规不禁止抵押的"财产"得以进入可抵押财产的范畴。先法典化国家与后法典化国家的不同则在于,前者一般只能在法典之外以特别立法的方式,或者以判例法的方式,实现抵押权概念外延的扩张;而后者则完全可以通过可抵押财产范围的立法扩张,在法典内部实现抵押权概念外延的扩张。由此,对于后法典化国家来说,在担保物权类型体系上就有了前述不动产抵押权与动产抵押权、动产质权、权利质权的分类体系问题。当我们这样来分析和看待整个担保物权体系的时候,在不动产担保物权与动产担保物权的基本分类路径下,就有了动产担保物权进一步被分为以登记公示、以占有公示的动产担保物权类型。但这种以公示方式的不同而对动产担保物权的分类,不足以在立法层面予以单独成章的表达,而只能是在动产担保物权概念项下,在区分动产担保物权设立合同、动产担保物权的设立以及动产担保物的公示的基础上,再对动产担保物权的公示方式的不同进行立法分野。动产担保物权多样化形式的公示方式,一是承继延续原有的动产担保物公示方式如"占有",二是创新另立原无的动产担保物公示方式如"登记"或者"控制"。

由此,可以在参考国外动产担保物权立法模式的基础上,对我国未来动产担保物权的立法模式作出如下设想:在动产担保物权概念项下,整个动产担保物权法制设计次第分别规制为动产担保物权的概念、担保物的范围和类型、担保物权的设立合同、担保物权的设立、担保物权的公示（登记、占有、控制等）、动产担保物权的效力、动产担保物去的优先受偿次序、动产担保物权的实现、动产担保物权的消灭等事关动产担保物权“从生到死”的全过程细节问题。这一立法模式，即学界所谓的“一元化”动产担保物权立法模式。动产担保物权的“一元化”立法模式，是相对于我国现有的动产担保物权多元化立法模式来说的。如此，我国现有的动产担保物权立法模式可以称为“多元化”立法模式。“多元化”动产担保物权立法模式恰是依据动产担保物权公示方式的不同，而对其进行立法分类并分别规制。但各种动产担保物权又不可能不对其概念、合同、设立、公示、效力、次序、实现、消灭等基本问题逐一规制。[1] 鉴于“多元化”动产担保物权立法模式的种种结构性弊端，动产担保物权的一元化立法趋向势不可挡。[2]

作为债权实现的法制保障措施，担保物权法制自民法法典化以来，已经走过了近200年的历史。奠基于近代资本主义初级阶段或者农业经济发展后期的法典化担保物权法制，定有其形成理由并作出了历史贡献。但抵押权即不动产抵押权的法典化模式，随着时代的变迁和市场经济的发展，却日显捉襟见肘。在民法法典化与物权法定化的双重框架“夹击”之下，为满足市场经济发展对法制资源的需求，则只能在法典之外以特别立法的方式或者以判例法（习惯法）的方式，实现对抵押权即不动产抵押权立法不足的突破——不移转动产之占有的动产抵押权制度得以在法典之外建立。作为另一条道路，我国现有担保物权立法确立的抵押权即“法律、行政法规不禁止抵押的财产”均可以抵押的立法选择，实质上是把抵押权即不动产抵押权传统制度的适用范围推向了极致。此制之下，动产担保物权再延续现有的法制分类，已缺乏充分的理由。将动产抵押权、动产质权、权利质权法制中的概念、合同、设立、公示、效力、次序、实现、消灭等制度进行类项合并，只是在“公示”部分，再细分为登记公示、占有公示和控制公示等。至此，由抵押权概念

---

〔1〕 这一立法架构在我国《担保法》之第三章“抵押制度”中初有表现。

〔2〕 参见董学立：《我国意定动产担保物权法的一元化》，载《法学研究》2014年第6期。

的演变所导致的法体系效应，推动着我国动产担保物权法制的一元化趋向。当我们对这一趋向有一个自觉认知的时候，我们就会主动迎合并顺从这一趋向的走势，并在法制完善和司法实践中，不断将其推动向前，我们的理论研究和法制实践在其中才能获得自由——对必然的认识是获得自由的前提。

第二章　我国动产担保物权法的缺陷

第一节　横向结构缺陷

一、什么是动产担保物权法的横向结构

在传统的不动产抵押权概念扩展到动产抵押权的情势下，意定动产担保物权法制的结构，呈现出来多元化结构模式——包括动产抵押权、动产质权和权利质权。意定动产担保物权多元化结构模式可用表1予以展示。[1]

表1　意定动产担保物权多元化结构模式

多元结构层级内容	动产抵押权	动产质权	权利质权	动产留置权
定义	第179条	第208条	第229条	第230条
担保物	第180条、第181条、第183条、第184条	第209条	第213条	第231条、第232条、第233条
担保合同	第185条、第186条	第210条、第210条	第229条（准用规范）	第232条（约定不得留置）

〔1〕留置权虽非为意定动产担保物权，但其公式的方式、优先受偿次序、一般消灭原因等规则，必然与意定动产担保物权相联系。故此，为便于学习和研究，在意定动产担保物权的表格中，也顺便把留置权这一法定动产担保物权"列席旁听"。

续表

多元结构层级内容	动产抵押权	动产质权	权利质权	动产留置权
担保权设定	第185条、第186条、第188条、第189条第1款	第211条	第224条第1句、第226条第1句、第227条第1句、第228条第1句	第231条、第232条、第233条
担保权公示	第188条第2句、第189条第1款第3句	第212条	第224条第2、3句、第226条第2、3句、第227条第2句、第228条第2句	第230条、第240条
担保权效力	第191条、第192条、第193条、第194条、第197条、第198条、第200条、第201条	第213条、第214条、第215条、第216条、第217条、第218条、第220条、第221条	第225条、第226条第2款、第227条第2款、第228条第2款	第235条、第237条、第238条
担保权顺序	第189条第2款、第190条、第191条、第194条、第199条	第217条	第229条(准用规范)	第239条
担保权实现	第195条	第219条	第229条(准用规范)	第236条
担保权消灭	第177条、第202条	第177条、第219条第1款	第177条、第229条	第177条、第240条

从表1关于动产担保物权法的结构体系可以看出,各类意定动产担保物权的类型和具体内容,在横向上以及在竖向上,编织出一个纵横交叉的网格状结构。所谓横向结构,是指“动产担保物权”在横向上被立法“竖切”类分

为一般动产抵押权、动产质权、权利质权和动产留置权四者并依次排开。四者间最显著差异在于,其产生的方式有别:前三者为意定产生,即意定动产担保物权;后一者为法定生成,即法定动产担保物权。[1] 动产担保物权的此种分类,除传承了动产担保物权分类的历史惯性外,其实找不出其分类的依据何在。我们看到的反而是在这一状态中出现了动产担保物权分类的标准混乱。

首先,正如这些动产担保物权的定义所显现的那样,在动产抵押权与动产质权之间,不移转有形动产担保物占有,以登记为公示方式的担保物权为“动产抵押权”;[2]移转有形动产担保物占有,以占有为公示方式的担保物权为“动产质权”。而这一点所谓的区别,究其实质为有形动产担保物上设立的担保物权的公示方式的不同。所以,在动产抵押权与动产质权之间,是依据同一动产之上担保物权的不同公示方式进行分类的。[3] 但这一分类依据已经远离了传统担保物权分类的担保物之不动产、动产分类依据。

其次,动产质权与权利质权虽并列于“质权”一章,但将设置在权利上的意定担保物权即所谓的“权利质权”放在“质权”一章,只能在担保物权制度体系设计的历史惯性中去寻找依据——传统担保物权法制将抵押物限定在不动产,[4]而“权利”在民法理论上与立法实践中向来被“视为动产”,因而在形式上与动产作一体化的处理。故此,将权利上的意定担保物权与动产上的意定担保物权并列于一章,其分类依据就从动产抵押权与动产质权的公示方

[1] 本书之研究内容主要是“意定动产担保物权体系结构问题”,但基于同一动产之上也会有包括留置权在内的数个动产担保物权之间优先受偿次序规则问题等,因此,本书也会涉及留置权制度。如留置权的适用范围、消灭原因和超级优先权等问题。有关留置权问题的研究参见本书第五章。

[2] 在我国《物权法》第179条关于抵押权的定义以及第180条关于可抵押对象的规定中,使用了“财产”一词。“财产”一词在包括我国在内的大陆法系国家的法律体系中,其外延甚广,但两个条文中的“财产”概念是否包括无形动产如权利,值得探讨。下文对此将有专门论述。

[3] 动产担保物权公示方式的不同,虽可以作为动产担保物权分类的标准,但却不是其本质的区别。所以,在一元的动产担保物权法律制度体系下,公示方式的不同只是以动产担保物类型的不同为基础,以动产担保物权的优先受偿次序为目的而进行的一项制度安排,其目的在于保障交易安全的实现。

[4] 我国台湾地区“民法典”严格以担保物分类作为区分担保物权的依据,如其所谓抵押权,即仅限于不动产抵押权。但我国《担保法》中的抵押权包含有限的动产抵押;而物权法中的抵押权,则是“法不禁止的财产”都可以抵押。

式之不同,又转回到动产质权与权利质权的担保物类型之不同为分类依据——前者为有形动产(物),后者为无形动产(视为物)。

最后,在动产抵押权与权利质权之间,权利作为无形动产,将其作为担保物不能通过移转其占有来表达其上担保物权的意定存在,只能多以"登记"(有些也可以通过移转"占有"如舱单、提单,或通过"控制"如贷记款账号公示)方式来表达,而"登记"也是动产抵押权的公示方式。所以,依据动产担保物之有形与无形之分类而身处"质权"一章的权利质权,却又在公示方式这一方面,找到了与其栖身两处的动产抵押权的共同之点——无论是基于交易安全的考量,还是源于交易效率的追求——它们应该以及最好在同一个登记机构办理担保物权登记公示手续,尽管我国在动产担保物权统一登记机构和制度的建设等方面与此愿景仍相去甚远。[1]

所以,尽管传统民法理论和民事立法依据担保物类型的不同,有不动产担保物权和动产担保物权之分,但若承继这一思路,则意定动产担保物权划分的依据以及划分的结果就会变得前后不一甚至由此开始混乱起来。[2] 基于此,当我们将视角基准于动产担保物权的产生方式时,则意定动产担保物权就有了担保物的有形与无形之别,以及动产担保物权公示方式的登记与占有(控制)之分。[3] 而动产担保物的有形与无形之别,直接决定动产担保物权的公示方式——所有财产上的动产担保物权都可以"登记"方式公示,但只有有形动产上的担保物权才可以"占有"方式公示,仅有个别无形财产可以"控制"方式公示。因此,动产担保物本身的分类在动产担保物权的分类中虽然依旧起基础性作用,但已经不是动产担保物权分类的显现性依据,而

〔1〕 本书写作之际,尽管民法典分则担保物权法的几个专家意见稿都有关于动产担保物权统一登记机构的规定,但全国人大法工委的草案中却没有这样一项规定。这在今日看来,未来民法典担保物权法关于能否规定动产担保物权统一登记机构,变得缥缈不定。

〔2〕 这种混乱是由我国担保物权立法对可抵押物范围的不断扩大引起的。我国 2007 年颁布的《物权法》将可抵押物的范围进行了抽象式扩大,抵押物不仅包括不动产、动产,甚至可以扩展到了"财产"。此一变化引发的体系效应是,担保物权分类的标准混乱了起来。因此,动产担保物权的新分类必须以新视野、新方法才能得出新结论。

〔3〕 就性质而言,美国法上的"控制"公示方式,实质上是"占有"公示方式的抽象表达形式,其适用于某些特殊的无形动产。

与动产担保物类型密切相关或者受动产担保物类型决定的动产担保物权的公示方式，或将成为划分意定动产担保物权的显现性分类依据。[1] 据此，不应再把经登记方式公示的担保物权称为抵押权，因为“权利质权”也是以登记方式公示的；而占有也仅仅是对有形动产的占有，也包括对部分无形动产如权利上的担保物权的占有（“控制”——无形之“占有”）。

另外，在公示对抗主义法制下，意定动产担保物权可以被分为“未经公示”的意定动产担保物权和“已经公示”的意定动产担保物权。[2] “已经公示”的意定动产担保物权又可以再分为“经登记公示”“经占有公示”“经控制公示”的意定动产担保物权。在上述各种意定动产担保物权之间，同一动产之上经同一公示方式或者不同公示方式表达的多个动产担保物权之间的优先受偿次序规则，又最终将它们牵连规制在一起。而在意定动产担保物权之间，其区别也就只剩下了公示方式的不同以及基于公示方式的不同而产生的一些不同而已，如以不同公示方式表达的动产担保物权之间的优先受偿次序的不同等。[3]

正是看到了这一点，美国《统一商法典》第九编将其调整范围限定在了“由契约所创设之担保利益”的范围之内，并将经各种公示方式表现的动产担保物权的优先受偿次序规则和动产担保物权最主要的公示方式即登记公示制度，分别作为该编结构中独立的一章加以规制。以此，该法典形成了一元化动产担保物权法制最具特色的结构：以“动产担保物权统一公示制度”为基础，以“动产担保物权统一优先受偿次序规则”为制度核心。而这样的制度在多元化动产担保物权法结构体系中，势必被“肢解”，以及因此常常被忽视、被遗漏等。

---

〔1〕 美国《统一商法典》第九编即“动产担保交易法”开篇就是关于动产担保物的分类，其分类的意义在于，不同种类的动产担保物其担保物权的成立与公示有别，其效力有别，其优先受偿次序有别，其实现方式也有别。这些“有别”均以担保物的分类为基础。

〔2〕 当然，只有在公示对抗主义法制下，才有这一分类。笔者的观点正是以动产担保物权的公示对抗主义为未来立法的唯一选项。

〔3〕 如美国法规定了以“控制”公示方式表达的动产担保物权要优先于以其他公示方式表达的动产担保物权。这一立法规则我国立法可以参考。

二、动产担保物权法的横向结构缺陷

我国意定动产担保物权既然被区分为动产抵押权、动产质权、权利质权,则各类型动产担保物权之间的优先受偿顺序规则,以及作为优先受偿顺序规则之基础的公示制度尤其是登记公示制度,就是动产担保物权法的基础性、核心性制度,其重要性不言而喻。但由于我国动产担保物权法采取了多元化立法模式,致使"统一优先受偿顺序规则"和"统一登记公示制度"等,因立法者过度关注各类动产担保物权的个性制度安排而被忽视或遗漏。这两项"统一"制度在我国立法中的缺失,致使我国动产担保领域的安全和效率大打折扣。[1] 同时,在将动产担保物权类分为动产抵押权、动产质权和权利质权的情况下,却没有意识到动产抵押权的规则对动产质权和权利质权的可准用性,造成了后者对前者可准用性规范的立法漏洞。

1. "统一登记公示制度"的结构缺失

我国物权法担保物权编不乏规定动产担保物权的登记制度,却未将动产担保物权的登记制度进行规整统一。在物权本身对世效力以及对交易安全的追求下,统一是一国的物权登记制度包括动产担保物权登记制度的必然要求。此所谓"统一",一般的理解为由一个登记机构统一负责有关登记事务,并在登记范围、登记规则和登记程序等方面实现统一。[2] 为此,我国物权法在促进和规制不动产物权的统一登记制度方面迈出了坚实的一步。我国《物权法》第10条第2款规定:"国家对不动产实行统一登记制度。统一登记的范围、登记机构和登记办法,由法律、行政法规规定。"依此规定,国务院办公厅于2013年3月29日发布了关于实施《国务院机构改革和职能转变方案》任务分工的通知,要求出台并实施不动产统一登记制度即《不动产登记条例》。《不动产登记暂行条例》是为整合不动产登记职责,规范登记行为,方

---

〔1〕 动产担保交易制度的改革趋势是单一的动产担保物权概念、集中的登记公示系统、明确的优先权规则、简便的动产担保物实现。这些一元化改革方向,在国际上已被公认为尤其适用于那些寻求改革其动产担保法律体制的新兴和转型中的金融市场。参见中国人民银行研究局等编:《中国动产担保物权与信贷市场发展》,中信出版社2006年版,第204页。

〔2〕 参见王利明主编:《民法》,中国人民大学出版社2010年版,第168页。

便群众申请登记,保护权利人合法权益,根据我国《物权法》等法律制定的。由国务院于2014年11月24日发布,自2015年3月1日起施行。

与不动产统一登记制度相比,同样重要和同样必要的动产担保物权统一登记制度,却没有得到我国《物权法》的同等关注。其一,该法没有如同对不动产物权的统一登记规制那样,设专条确认和强调建立动产担保物权的统一登记制度;其二,该法对原有的各类动产担保物权的个别登记制度再度予以确认,以此沿袭并强化了动产担保物权的个别登记制度。如在我国《物权法》第十六章第188条、第189条,分别规定了动产抵押权的分别登记。依此,交通运输工具上设定的抵押权,要向交通运输工具管理部门进行登记;正在建造中的船舶、航空器上设定的抵押权去哪里登记,物权法没有言明;生产设备、原材料、半成品、产品上设定的抵押权去哪里登记,物权法也没有言明;而企业、个体工商户、农业生产经营者现有的以及将有的生产设备、原材料、半成品、产品上设定的抵押权,物权法则明文规定"向抵押人住所地的工商行政管理部门办理登记";〔1〕对于"法律、行政法规未禁止抵押的其他财产"上的抵押权到哪里去登记,该法更是空白。再如,在我国《物权法》第十七章第一节中,第224条、第226条、第270条、第280条分别规定了相关权利上设定的权利质权的登记。可以看出,权利质权的登记部门因质押权利的不同而不同,主要有"有关部门""工商行政管理部门""主管部门""信贷征信机构"等。据统计,我国《物权法》颁布前,我国动产上设定的担保物权的登记部门多达17个。〔2〕 从我国《物权法》的有关规定来看,该法颁布后动产担保物权登记部门似乎也没有减少。质言之,我国《物权法》没有规定动产担保物权

---

〔1〕 同为"生产设备、原材料、半成品、产品",我国《物权法》第189条第2款规定第181条所涉"生产设备、原材料、半成品、产品"上设立的抵押权,"应当向抵押人住所地的工商行政管理部门办理登记";但对第180条所涉"生产设备、原材料、半成品、产品"去哪里办理抵押权登记,《物权法》没有明文规定。经查2007年10月17日国家工商管理总局通过的《动产抵押登记办法》,其规定的登记范围也仅限于《物权法》第181条规定动产。如此一来,我国《物权法》第180条第4项规定的动产上的抵押权去哪里办理登记,就成了问题。或者,将两条所涉"生产设备、原材料、半成品、产品"解释为同一类物,因而都在"抵押权人住所地的工商行政管理部门办理登记"?

〔2〕 中国人民银行研究局等编:《中国动产担保物权与信贷市场发展》,中信出版社2006年版,第49页。

的“统一登记公示制度”，由此形成了制度缺陷。应该说，造成这一结构性制度缺失的原因有多个方面，但对动产担保物权进行多元化分类，造成立法者过分关注每一种动产担保物权的个性制度安排，因而忽视整体性、全局性的制度设计，应是导致这一结构性缺失的主要原因。因此，我国《物权法》对动产担保物权统一登记制度的缺失，主要是结构性的缺失。

2.“统一优先受偿次序规则”的结构缺失

同样缘于动产担保物权多元化分类的结构性缺陷，我国《物权法》担保物权编也没有形成动产担保物权的统一优先受偿次序规则。当然，这不是说我国物权法没有事关动产担保物权优先受偿次序的规则，而是说这些规则散落在各章之中而难成一体，以致形成一种“遇事说事、各说各事、遗漏大事、难成一事”的动产担保物权优先受偿次序规则混乱格局。

首先，所谓“遇事说事”，是指即使在一个独立章节，抵押权的次序规则也是散乱的，大有“跟着感觉走”的意味：在我国《物权法》第十六章“一般抵押权”一节，第 189 条第 2 款规定了浮动抵押权“不得对抗正常经营活动中已支付合理价款并取得抵押财产的买受人”。该法第 190 条规定了财产“先租后抵”以及“先抵后租”中抵押权与租赁权的优先次序关系。该法第 191 条规定了抵押权与抵押物受让人的所有权之间的优先次序。[1] 该法第 194 条规定了协议变更的抵押权与其他抵押权之间的优先次序等。该法第 199 条规定了同一财产上两个以上抵押权之间的优先受偿顺序，这是同一财产上数个抵押权之间优先受偿顺序的基本规则。[2] 夹杂其中的该法第 192 条、第

〔1〕 我国《物权法》第 191 条规定“未经抵押权人同意，不得转让抵押财产”，此所谓“不得”，究是指转让行为无效还是指受让人的所有权不能对抗抵押权，法学理论和各国及地区民事立法多有不同和争论。笔者认为，此所谓“不得”，在我国应解释为转让行为有效且受让人获得抵押物之所有权，但该所有权不得对抗转让前已经存在的抵押权。由此，笔者认为，该条所规范的法律关系的实质，是抵押权与所有权之间的优先次序关系。

〔2〕 该条来自我国《担保法》第 54 条。与我国《担保法》第 54 条规定不同的是，《物权法》第 199 条规定“抵押权已登记的先于未登记的受偿”，以及“抵押权未登记的，按照债权比例清偿”。这样规定是否合理，值得探讨。我国物权法关于动产担保物权，采行登记对抗主义，在登记对抗主义法制下，就有“已经登记”的抵押权和“未经登记”的抵押权之分。学界一般认为，“未经登记”的抵押权也是抵押权，也具有抵押权的一般效力，可以对抗“恶意”第三人。参见董学立：《如何理解〈物权法〉第 199 条》，载《政法论丛》2009 年第 2 期。

193 条,以及第 195 条、第 196 条、第 197 条、第 198 条等,都是与抵押权之间的优先受偿次序无关的规范。问题在于为何不将上述抵押权的优先次序规则予以集中规制?集中规制不是更加有利于法律的学习、理解和适用。

其次,所谓“各说各事”,即因动产担保物权采取了多元化立法模式,担保物权的优先次序规则随之被分散到动产担保物权的各个类型之中。除上述“一般抵押权”一节事关抵押权顺序的规则外,我国《物权法》又在第十七章“动产质权”一节第 217 条规定:“质权人在质权存续期间,未经出质人同意转质,造成质押财产毁损、灭失的,应当向出质人承担赔偿责任。”通常认为,这是一条关于“责任转质”的规定,但与此同时,该条也以隐晦的方式间接地表达了对转质制度的承认,并引发了在转质情况下前后两个质权之间的优先受偿次序问题。再进一步的学理解释应当是,在转质的情况下,质权不得对抗转质权。[1] 我国《物权法》还在第十七章“权利质权”一节第 229 条规定:“权利质权除适用本节规定外,适用本章第一节动产质权的规定”。该准用性规范的适用使“权利质权”的转质在制度空间上亦存在可能。同时,我国《物权法》第 239 条规定:“同一动产上已设立抵押权或者质权,该动产又被留置的,留置权人优先受偿。”

再次,所谓“遗漏大事”,即事关担保物权优先受偿次序的重大规则,我国《物权法》中缺失此规定。我国《物权法》第 189 条第 2 款规定了“流出去”的浮动抵押财产上的浮动抵押权与“正常经营活动中”买受人的所有权之间的优先受偿次序,“正常经营活动中”的买受人享有优先受偿权;但该法却没有对浮动抵押制度中“流进来”的财产在流进前存在的担保物权与流进后自动生成的浮动抵押权之间的优先受偿次序作出规定,造成了对“购买价金超级优先受偿权”的法律漏洞。[2] 再者,我国物权法也没有对同一财产的不同法律表现形式上分别设定的相竞担保物权之间的优先受偿次序作出规定,如

---

〔1〕 这一解释是基于转质,是依据当事人特别是质权人的意思自治完成的权利变动,质权人既然同意转质,其质权就须受到转质权的压制,除非当事人有相反的约定。

〔2〕 有关该问题的详尽论述,参见董学立:《浮动抵押的财产变动与效力限制》,载《法学研究》2010 年第 1 期。

对“库存”上设定的抵押权与对库存做成的“仓单”上设定的权利质权之间的优先受偿次序等，就没有专文规定，由此也形成了法律漏洞。更深层次的问题是，我国物权法对与担保物权优先受偿次序密切相关的动产担保物的种类的认知处于浅表层面，完全没有把担保物在商业社会中的商业气息计算进去，如对作为浮动担保物的“设备”的认知，就是一个彻头彻尾的错误：在商业领域，“设备”不是专事用于销售的物品，而是用于生产的设施，所以该“设备”上的浮动抵押权不适用于“正常经营活动”这一法律术语所圈定的调整范围。[1]

最后，所谓“难成一事”，即担保物权的优先受偿次序规则是担保物权法的核心制度，其现有制度所存在的前述“遇事说事、各说各事、遗漏大事”等，使动产担保物权间优先受偿顺序规则零散、错误甚而漏洞等。这一状况直接导致了无法形成动产担保物权优先次序统一规则。动产担保物权优先受偿次序统一规则的缺失，将直接影响我国动产担保领域的效率和安全。这也最终使担保物权制度的立法目的难以实现。

3. 可准用性规范的结构缺失

鉴于现有担保物权法制的多元化立法模式，以及担保物权法作为法典法所要求的逻辑性、体系性。在我国的担保物权立法中，有不少准用规范。综合我国《担保法》以及《物权法》担保物权编中的准用性规范，按照其在立法文本中出现的先后为序，大致有如下一些类型：一是关于“反担保”的准用性规范，即我国《担保法》第 4 条第 2 款关于“反担保适用本法担保的规定”，以及我国《物权法》第 171 条第 2 款关于“反担保适用本法和其他法律的规定”；二是关于“法律适用”的准用性规范，即我国《物权法》第 178 条规定的“担保法与本法的规定不一致的，适用本法”；三是关于“最高额抵押”的准用性规范，即我国《担保法》第 62 条规定的“最高额抵押除适用本节规定外，适用本章其他规定”，以及我国《物权法》第 207 条规定的“最高额抵押权除适

---

〔1〕 所谓“正常经营活动”，我国《物权法》颁布后的法律解释性著述对其解释均不甚准确。依据美国等相关立法的规定，“正常经营活动”是指专以某类财产的营销为业的商事行为。

用本节规定外，适用本章第一节一般抵押权的规定”；四是关于“最高额质权”的准用性规范，即我国《物权法》第 222 条第 2 款规定的“最高额质权除适用本节有关规定外，参照本法第十六章第二节最高额抵押权的规定”；五是关于“权利质权”的准用性规范，即我国《担保法》第 81 条规定的“权利质押除适用本节规定外，适用本章第一节的规定”，以及我国《物权法》第 229 条规定的“权利质权除适用本节规定外，适用本章第一节动产质权的规定”；六是关于“有限责任公司的股份出质”的准用性规范，即我国《担保法》第 78 条第 3 款规定的“以有限责任公司的股份出质的，适用公司法股份转让的有关规定”；七是关于“留置”的准用性规范，即我国《担保法》第 84 条第 2 款规定的“法律规定可以留置的其他合同，适用前款规定”。

我国担保物权法制的上述全部七类准用性规范，并非全纳入本书所要一一探讨的对象。例如，其中的“反担保”准用性规范，系因学理上将“反担保”作为一类不同于其他担保物权类型的新类型担保物权对待而产生的法律准用问题。而究其实质，所谓的“反担保”，仅是一个学术性概念，而非是一类不同于其他担保物权类型的新类种担保物权。所以，在立法中将“反担保”作为新类种担保物权对待并规定其法律准用问题，实属多此一举。[1] 再如，其中的“法律适用”准用性规范，系因我国《物权法》中的担保物权编与我国《担保法》中的担保物权制度的关系是并行适用关系，尽管在体系以及内容方面两者基本一致，但总有许多规定是不一致、内容是不一样的规范。依据法律适用之“新法优于旧法”的原则，在处理两法之间差异规范适用的问题上，我国《物权法》作为新法需要对此作出明确的表态。但严格来说，此处之规定不属于“准用性规范”，仅仅是新法优于旧法的法律适用问题。另如，其中的“有限责任公司的股份出质”的准用性规范，出现于我国《担保法》中的这一准用性规范，在我国《物权法》中并没有再现，其对“公司法股份转让的

〔1〕 虽然反担保在民事交易实践中体现出了明显的实用价值，但是罗马法系、近现代大陆法系及英美法系各个国家立法中有关反担保的明文规定并不多见，只有少数几个国家如中国、瑞士、埃塞俄比亚等极少数国家在立法上对反担保作出了明文规定。参见马海峰：《反担保制度研究》，山东大学 2013 年硕士学位论文，第 11 页。

有关规定”的法律准用,是要解决有限责任公司股份转让涉及有限公司的人合性问题。尽管其在我国《物权法》没有再现,但根据立法适用的规则,我国《担保法》中的这一规定现在仍有法律效力。还如,其中的“留置”准用性规范,这一出现在我国《担保法》中的规定,在我国《物权法》中也没有再现,原因就在于我国《物权法》中留置权的适用范围的扩大。[1] 所以,对这一“准用性规范”在这里也同样没有被继续探讨的意义。

与上述几种情况的准用性规范不同,我国《担保法》以及《物权法》中上述准用性规范之外的其他几种准用性规范,如“最高额抵押”对一般抵押的准用性规范、“最高额质权”对最高额抵押权的准用性规范,以及“权利质权”对动产质权的准用性规范等,却有共同的产生“基因”——都是基于“被准用”和“得准用”规范对象的权利属性的相似性或者一致性而被立法所设置;[2] 共同的准用范围——“被准用”的法律规范都是我国《担保法》或者《物权法》内部的法律规范,且在两部法律中大多皆有规定;[3] 共同的规范构造——各项准用规范都使用了“除适用……的规定外,适用……的规定”的准用性规范制度构造;[4] 共同的准用事项——“被准用”制度关于担保物权

---

〔1〕 我国《担保法》规定可以实施留置的范围限于“因保管合同、运输合同、加工承揽合同发生的债权”。我国《物权法》规定可以实施留置的范围扩展到“已经合法占有的债务人的动产”,且企业之间留置的动产与债权之间的关系不限于“与债权属于同一法律关系”。由此,我国留置权的适用范围的扩展有失过宽,形成了笔者认定的留置权的“显化”现象。参见董学立:《论我国留置权的适用范围》,载《山东大学学报》(哲学社会科学版)2004年第4期。

〔2〕 一般抵押权与最高额抵押之间的相似性或者一致性,最高额抵押权与最高额质权之间的相似性或者一致性,动产质权与权利质权之间的相似性或者一致性等。由此可以得出一个结论:不同担保物权之间的相似性或者一致性都属于担保物权,是立法设置准用性规范的法学理论基础。

〔3〕 本书写作的目的是要探讨我国担保物权多元化立法模式下,各种被切分的担保物权之间的相似性甚至一致性,就是这种相似性、一致性,才导致了准用性规范在担保物权法制中的大量存在,以及因此才可以能够被准用性规范这一“线条”串起来的一元化担保物物权立法。所以,这些准用性规范都是在本法范围内的“准用”以及“被准用”。

〔4〕 通常而言,准用性规范不适用这样的制度构造——其一般是直接说明适用的被准用规范而已;但担保物权法制中的准用性规范,因着规范对象的自成一体且力求独立存在,就形成了大量重复的规范,为避免过度反复赘述,才不得适用准用性规范。这也就是本书所说的多元化担保物权立法格局下独立存在的担保物权之间的相似性、一致性。不然,它们怎么会被立法者整合在一起并冠以“担保物权”的统摄之名称。

的设定、公示、效力、次序、实现和消灭等各个方面,都可以被准用。[1] 因此,它们都属于同一类型的准用性规范。在这里暂且定其名为"担保物权类型性准用规范"。相对而言,上述其他的准用性规范则因此可以被统称为"非担保物权类型性准用规范"。[2] 对"担保物权类型性准用规范"进行专门研究,可以进一步认清它们产生的共同基础,并可以共同基础为标准查找准用性规范立法中存在的问题,进而可以探索完善准用性规范立法的途径和方法。以下探讨担保物权类型性准用规范在我国担保物权法制中的立法缺陷。

我国《担保法》以及《物权法》中的担保物权类型性准用规范,缘起于我国《担保法》以及《物权法》担保物权编所采取的动产担保物权多元化立法模式,且我国《物权法》对《担保法》确立的多元化立法模式采取了几无变化的承继。在此基础上,我国上述担保物权立法中的意定担保物权又进一步把抵押权分为一般抵押权(不动产、动产)和最高额抵押权(不动产、动产),质权又分为动产质权和权利质权。因此,我国《物权法》中的某些担保物权类型性准用规范就直接移植了《担保法》中的某些同类型准用性规范。但因我国《物权法》又在"质权"一节中增加了"最高额质权"的立法规定,与《担保法》相比,《物权法》中就因此增加了"最高额质权"对"最高额抵押权"的准用。所以,现在呈现在大家面前的,就有了我国《物权法》中因一般抵押权对最高额抵押的母体性、相似性甚至某些方面的一致性,而形成的后者对前者的准用性规范;最高额抵押权对最高额质权的母体性、相似性甚至某些方面一致性,而形成的后者对前者的准用性规范;还有因动产质权与权利质权之间的貌似有母体性、相似性、一致性,而形成的后者对前者的准用性规范。

就我国担保物权法制中准用规范的立法缺陷而言,首先就是上文提到的因动产质权对权利质权的貌似母体性、相似性、一致性,而在立法中规定的后

[1] 在多元化动产担保物权立法模式之下,各类动产担保物权立法都需要有一个自己的完整体系,各种动产担保物权之间的近似性甚至一致性,使每一种动产担保物权立法在担保物种类,担保物权设定、公示,担保物权的效力、次序、实现和消灭等方面具有重复性。

[2] 本章初稿提交到了中国民法学研究会 2014 年年会交流过程中,担任评议人的华东政法大学金可可教授对"被准用性规范"与"准用规范"之间,是否需具有相似性或者一致性,有不同见解。笔者初步的理解是,或许是因为金可可教授只听到了我的口头发言,而尚没有来得及看论文使然。

者对前者的准用性规范问题。我国担保物权法制一直以来就有权利质权对动产质权的准用性规范,但殊不知,动产质权缺乏对权利质权的母体性基础。与一般抵押权对最高额抵押权具有母体性意义,以及最高额抵押权对最高额质权具有母体性意义相比,动产质权与权利质权之间的担保物类型不同——前者为有形动产,后者为无形动产;担保物权的公示方式不同——前者为占有,后者为登记等;担保物权实现方式的不同——前者无须法院参与,后者需要法院参与等。这些区别使动产质权制度在诸多方面较其他类型担保物权之间,难以被权利质权制度所准用。质言之,这是在不同担保物上设立的两种完全不同类型的担保物权。尽管传统民事立法基于不动产上只能设定抵押权、动产上可以设定质权的担保物权分类,而把动产质权和权利质权捆绑在"质权"这一概念之下。所以,动产质权与权利质权的貌似相似性,仅仅是形式上的相似性,是在一定立法模式下的看似相似性。基于这样的貌似相似性而拟定的准用性规范,在理论上有失偏颇,在实践中难有用武之地。或许这一准用性规范的诞生,只是一种形式逻辑演绎下的结局。虽然这并非是说动产质权与权利质权之间不可以设置准用性规范,但相比之下,还有一些担保物权之间更具有相似性、一致性,因而立法更应该在它们之间设置准用性规范,但最大的可能是因为立法者疏于思维懒惰,而没有在它们之间设置准用性规范,以至于使我国的担保物权立法在准用性规范设置上有了一些缺陷。

其次,我国担保物权法制中准用性规范立法缺陷的其他表现,就是在我国《物权法》的现有立法模式和法条规定之下,该法第180条第7项规定,"法律、行政法规未禁止抵押的其他财产"都可以抵押的规定,在文义解释以及体系解释上,"财产"这一用语,即足可以从中得出能够作为抵押物的动产亦应包括"权利"在内。[1] 如此,"财产"(包括有形动产和无形动产即"权利")抵

[1] 在中国的法学理论和立法实践中,"财产"一词并不是一个十足的法学概念。与人身权相对的财产权概念十分宽泛,包括物权、知识产权、债权、继承权等。所以,依此逻辑,"财产"一词,当包括债权、股权、证券等权利。若此,则权利质权就失去了其独立存在的基础。最初,权利质权被排挤出不动产抵押权、动产质权之外,现在,抵押权概念扩展到了"财产",而此"财产"又包括各项可质押的权利,所以,权利质权最初得以独立成章的基础不存在了。

押权对于动产质权以及权利质权来说,就都具有了母体性,以及因之而有的相似性和一致性。也就是说,事关“财产”抵押权的所有规范,除专属于不动产抵押权的一些规定外,包括动产担保物、动产担保物权的设立、公示、效力、优先受偿次序、实现、消灭等,都是可以被动产质权和权利质权准用的。这一现象在我国《担保法》中也应该规定但并没有被规定——因为《担保法》的抵押物也有许多是动产担保物——尽管数量有限。我国《担保法》中关于动产质权得以准用动产抵押权的准用性规范的立法缺位,由于立法者的懒惰而忽视了——轻松地借着我国《担保法》的体系模式和具体条款拟就《物权法》担保物权编,缺少对不变形式之下已变内容的思考,更缺失对变化了的内容是可能引致的法律体系效应的思考。事实上,再也没有谁比得上动产抵押权对动产质权的母体性制度价值了——它们之间的不同限于公示的方式和公示的效力方面——公示效力方面的不同缺乏应有的理由,在其他方面就难有不同了。尤其对于权利抵押权对权利质权的准用来说,其不同就少之又少——更是仅限于公示的效力不同——本可以相同。这些不足,多是由于我国《物权法》的立法者缺乏对《担保法》的体系化思考造成的。所以,尽管形式上我国《物权法》较《担保法》几无变化,但《物权法》在内容上确实有了一些新变化,并且这些新变化足以引致整个担保物权体系的多方面效应。由此视角看过去,仅就我国《物权法》担保物权编中的准用性规范而言,其有两方面的不足:相比之下,把最不该准用的给予准用了,又把最该准用的没有规定予以准用,形成立法不足。

再次,我国担保物权法制中准用性规范存在基础及可能的立法趋势。随着抵押权的制度优势的逐步被重视,可以抵押的动产的范围越来越宽泛,以至于在我国《物权法》中形成了“泛抵押权”。笔者依据抵押物范围的变化为依据,将抵押权的发展历程归结为三个阶段:一是抵押权即不动产抵押权阶段,如《中华民国民法典》即为其例;二是抵押即不动产抵押与有限动产抵押权阶段,如我国《担保法》确立的抵押权即为其例;三是抵押权即不动产抵押与泛动产抵押权阶段,如我国《物权法》担保物权编确立的抵押权即为其例。在抵押权即为不动产抵押权时期,没有关于动产质权对不动产抵押权的准用,因为两者基于担保物的不同在学理上以及实践中,准用和被准用的可能性不是没有但不大。[1] 到了我国《担保法》时期,因为抵押权中有了最高额抵押权,所以法律文本中就出现了最高额抵押权对一般抵押权的准用。但是,尽管此时可抵押物已经扩及动产,立法者并没有注意到动产质权与动产抵押权的相似性、一致性,因而没有对动产质权制度对动产抵押权制度的准用作出明文规定。以至于到了我国《物权法》时期,仍没有注意到此等问题。

动产抵押物的逐步扩大,就将本来只能质押的动产和权利都可以纳入抵押的范围,而动产抵押与动产质押的不同,主要在于担保物权的公示方式的不同而已,在其他方面的差异则微弱或可以被忽略不计;而权利抵押与权利质押的不同,在我国现有担保物权法制之下,除在公示效力方面存在理论上的不同意见外,已经没有其他任何区别,所以很多学者认为,权利质押其实可以被称为权利抵押。其他如一般抵押与最高额抵押之间,其差异在于所担保的债权的数目以及数额、担保期间之间,而这些差异并非担保物权的本质属性,所以不应构成对其进行分类的充分理由,充其量,最高额抵押权是一般抵押权的一种特殊类型而已;再如动产最高额抵押与动产最高额质押,其差异如同前述动产抵押权与动产质权之间的差异——仅限于在公示方式方面存在差异;而我国《担保法》确立并被《物权法》沿用的所谓权利质权对动产质权的准用,完全是在讲担保物权类分为不动产抵押和质权,而质权又类分为动产质权与权利质权,而使权利质权在形式上与动产质权并列,貌似类同而已。所以,在担保物权类型多元化立法体例之下,就在法律文本中出现了这样一种局面:一般抵押权与最高额抵押权之间,最高额抵押权与最高额质权(动产+权利)之间,一般动产抵押权与动产质权之间,一般权利抵押与权利质押之间,以及动产质权与权利质权之间等,都有了相互之间不同程度的相似性和一致性,在立法中也就出现了它们之间的准用与被准用的法律规范。当我们把这些被准用和准用的规范链接在一起的时候,一个有趣的现象出现

〔1〕 我国台湾地区“民法典”最初的版本无有最高额抵押权,也无最高额质权,在“抵押权”一章和“质权”一章无有准用规范。后来,增加最高额抵押权和最高质权,就修订文本,增加了最高额抵押权对一般抵押权的准用,最高额质权对最高额抵押权的准用,以及最高额质权对一般动产质权的准用。

了——它们“从头到尾”形成了一个“准用链”,以至于最后的担保物权类型如最高额动产质权与权利质权,也可以准用一般抵押权的规范。其结果是,各种担保物权之间的相似性、一致性,远大于它们之间的差别性、区别性。

正是源于这样的事实,美国《统一商法典》第九编的最初起草设计远不同于其最终形成的立法文本——动产担保物权的一元化立法模式。在抵押权与质权之间,只有公示方式的不同以及基于公示方式的不同形成的不同,在一般担保物权如动产抵押、动产质权、权利质权与最高额担保物权如最高额动产抵押权、最高额动产质权、最高额权利质权之间,其差异也仅限于非担保物权特性的方面。这一分析的最终结论是:动产之上的各种类型担保物权之间,共性大于个性,差异主要限于担保物权的公示方式。由此,基于多元化担保物权类型的局势,而不得不处处设置准用性规范的担保物权多元化立法模式,应该被一元化担保物权立法模式所替代。此即美国《统一商法典》第九编的立法模式:动产担保物权的适用范围、动产担保物权的设定、动产担保物权的公示(登记、占有、控制等)、动产担保物权的效力、动产担保物权的优先受偿次序、动产担保物权的实现、动产担保物权的消灭等。在这一立法模式之下,准用性规范没有了立足之地。

总而言之,准用性规范的大量存在,是担保物权多元化立法模式的结果。在这一模式下存在的准用性规范,要么是无处不在,形成赘述;要么是应该规定,却形成漏洞;要么是不该准用,却又张冠李戴。准用性规范的这些立法不足,在我国担保物权法制中都有表现,可谓弊端占尽。是“脚痛医脚、头痛医头”,予以局部式的立法完善,还是釜底抽薪、彻底改革,予以全局性的颠覆,是摆在担保物权法制如何往前走的一道必须作出抉择的选题。基于我国动产担保物权尚大量存在的其他不足,笔者建议对动产担保物权进行一元化立法,以实现动产担保物权法制的现代化、国际化,适应社会发展对动产物权法制的要求。

第二节　纵向结构缺陷

一、什么是动产担保物权法的纵向结构

在抵押权从不动产抵押权扩展到动产抵押权的情况下,动产担保物权法

的类型和结构，在横向上，动产担保物权被类分为动产抵押权、动产质权和权利质权；[1]在纵向上，各类动产担保物权又都有一个依照某一顺序第次展开的自然展开结构。

各类意定动产担保物权在纵向结构体系上具有高度的同一性。这种高度同一性，一是来自分类而并立的各种动产担保物权自身，二是来自事物本身的逻辑，即各类意定动产担保物权作为一项民事权利，自然都有一个其静态之可被认知的权利本体的稳定性和动态之产生、存续、消灭的权利变动性。如此一来，被立法分类而并立的各种意定动产担保物权，就在其制度规范之第次展开上，有一个"从生到死"的渐续演变过程——各该类意定动产担保物权的定义、担保物的范围、担保合同，该类动产担保物权的设立、公示、效力、顺位、实现、消灭等前后连接的制度体系，被立法依次渐续呈现。各类动产担保物权即动产抵押权、动产质权和权利质权在上述九个方面分别规制，就直接导致了这九个方面规范制度之间的重复、不一致甚或矛盾。加之立法者没有意识到动产抵押权的担保物权之王地位，以及动产质权和权利质权对动产抵押权九个方面的规范可准用性，也没有在立法层面设置完整的"准用规范"予以体系化、逻辑化规整，形成了动产担保物权立法的严重缺陷。

从规范组的内在逻辑以及数量对比来看，各类动产担保物权都是以其效力以及与效力密切相关的担保物权公示以及优先受偿次序规则为制度核心，并围绕这一制度核心次第展开的结构体系：首先，各种动产担保物权类型的定义及该种动产担保物权所涉担保物的范围。这是各类动产担保物权得以被认知的本体稳定性方面，立法的用意是想借此将各类动产担保物权区别开来，尽管其结果之不尽如人意已如前述。此一部分仅意定动产担保物权就涉及 10 个条文。其次，各类动产担保物权的设立合同和设定与公示制度。此一部分仅意定动产担保物权就涉及 17 个条文。立法将动产担保物权设立合同与设定分开之后，又将动产担保物的设定与公示分开，体现了十分严谨的

〔1〕 本书圈定在意定动产担保物权范围，当不包括法定动产担保物权如留置权。之所以在此表中也将留置权也陈列其中，是考虑到在担保物权的优先次序规则设计中，当不能把也可能存在留置权的情况置之度外。

法学思维——担保合同与担保物权设立是两个紧密联系但又绝不相同的法律层面——担保合同生成担保债权,担保物权设定生成担保物权;担保物权设定与担保物权公示也是两个紧密联系但也绝不相同的法律层面——担保物权设定产生当是产生的担保物权,该担保物权“未经公示”也不失为担保物权,但只有“已经公示”的担保物权才具有对抗善意的交易的第三人的资格。再次,各类动产担保物权的实现和消灭。严格地讲,动产担保物权的实现是动产担保物权消灭的原因之一,但因动产担保物权的实现有独特的实质内容和动态过程,对其须有专门的规范,其故而具有独立性。此一部分仅意定动产担保物权就涉及 9 个条文。最后,在动产担保物权的合同、设立、公示与实现和消灭之间,是作为意定动产担保物权制度核心的动产担保物权的效力和优先受偿次序规则。动产担保物权依其物权属性所具有的支配力和排他力,是决定其优先受偿次序的基础;而动产担保物权的优先受偿次序又同时受制于动产担保物权的公示制度,以及受制于法律对优先受偿次序的法政策。此一部分仅意定动产担保物权就涉及 29 个条文。

各类意定动产担保物权制度在规范内容上具有实然上的高度重复性,以及在高度重复基础上的应然上的可叠加性。[1]

首先,就各类动产担保物权的定义和所涉担保物的范围而言,我国《物权法》在担保物权编的“一般规定”中开宗明义地规定了一般担保物权的定义,这一定义在适用于不动产担保物权的同时,也普适于各类动产担保物权。但鉴于动产担保物权的分类且并立,物权法又在各种动产担保物权部分专设定义予以规范,以此定型并区别各种动产担保物权。其实,各种动产担保物权作为物权或担保物权之一种,其本质要素应如同其他物权一样,不外乎“客体特定性”“现实支配性”“效力排他性”三者。由此,一元的动产担保物权概念体系得以因规范叠加而形成。[2]

---

〔1〕 意定动产担保物权制度的可叠加性已经表现于我国《物权法》担保物权编第十五章即“一般规定”中,只是我国选择的立法路径是在分类基础上的部分制度的有限抽象叠加。叠加程度之极致,就是一元的动产担保物权立法模式的选择。

〔2〕 从更高层次抽象的角度观察,我国《物权法》第 2 条第 3 款规定了物权的定义,而担保物权的定义以及动产担保物权的定义只不过是该物权定义的具体化。

其次,就各类动产担保物权的设立而言,我国《物权法》在担保物权编严格贯彻了该法在总则编确立的物权变动与其原因行为的"区分原则",具体表现为动产抵押权、动产质权和权利质权合同的订立规范与相关动产担保物权的设立规范前后有界并依次展开。当然,重复规范的可被叠加性,要求我们重新思考现有立法关于动产抵押权设立的公示对抗主义和质权设立的公示生效主义的对峙,必须将动产质权的"占有"置于与动产抵押权的登记以同一的法律地位来思考和规范——占有,其是且只应是已经设定的动产担保物权的公示方式而已。

再次,就各类动产担保物权的消灭而言,相比之下,其在我国物权法中的一元化程度已是最高,基本上已经集中规定于我国《物权法》担保物权编的"一般规定"之第177条中了。各种动产担保物权章、节中规定的动产担保物权的特别消灭原因,也只是该法第177条间接的或者延伸的表现形式,完全可以通过对第177条的解释获得确认。[1]

最后,就各类动产担保物权的效力与优先受偿顺序而言,我国《物权法》担保物权编关于动产担保物权效力的规范重复数量多、重复程度高,可被叠加者数量当然亦多、程度当然亦高。我国《物权法》担保物权编关于动产担保物权之优先受偿次序的规范,则主要不是因重复而可被叠加的问题,而是因分散而可以被集中的问题,即基于不同的或相同的公示方式,以及基于法律政策,形成统一的优先受偿次序规则。当这些实然法上被重复的法律条文被叠加之后,一元的动产担保物权体系即得以形成。

二、动产担保物权法的纵向结构缺陷

动产担保物权的竖切分类使本可为一体的动产担保物权法制分立,因而每一种分立而存在的意定动产担保物权又须对其定义、担保物、担保合同,担

---

〔1〕 如我国《物权法》第202条关于抵押权人不在主债权诉讼时效期间行使抵押权的,不予保护的规定,该法第219条关于"债务人履行债务或者出质人提前清偿所担保的债权的,质权人应当返还质押财产"的规定,以及该法第229条关于"权利质权除适用本节规定外,适用本章第一节动产质权的规定"等,都是该法第177条间接的或者延伸的表现形式。

保物权的设立、公示、效力、顺序、实现和消灭等有一个“从生至死”的全过程法律规制。由此，同一问题的法律规范在不同种类的意定动产担保物权法中存在制度重复。比如，对动产担保物权的设定，就有动产抵押权设定和动产质权设定之间的制度重复。凡此种种，重复累累。其结果是同一法律问题法律规范的结构性重复，以及在法律规范结构性重复基础上极易形成的制度之间的不一致甚或矛盾、漏洞等。鉴于权利质权对动产质权的准用，此处主要以动产抵押权与动产质权之间的制度重复、不一致甚或矛盾、漏洞等为例以详论。

1. 关于动产担保物及其范围重复的结构性缺陷

“动产质权”关于动产担保物及其范围的规制十分简明，我国《物权法》第 208 条规定，动产质权设定于“动产”之上；关于该“动产”的负面清单范围，该法第 209 条又规定：“法律、行政法规禁止转让的动产不得出质。”与此形成对照的是，我国《物权法》对动产抵押权的担保物及其范围的规定要复杂得多，该法第 180 条第 4 项至第 6 项将可以抵押的动产进行了分类式列举规定，第 7 项又以开放式兜底条款规定“法律、行政法规未禁止抵押的其他财产”可以抵押；紧接着该法第 181 条又规定“现有的以及将有的生产设备、原材料、半成品、产品”可以设定抵押即所谓的浮动抵押，继而又以列举加兜底款项规定不得抵押的担保物的范围。上述正反两方面圈定的可抵押动产担保物，可以进行学理上的再分类：以抵押物“特定化”的时间为依据，可以将抵押物分为现有抵押物和未来抵押物；以抵押物“特定化”的空间为依据，可以将抵押物分为单一抵押物和集合抵押物。其中，“未来抵押物”包括该法规定的“正在建造中的船舶、航空器”以及“将有的生产设备、原材料、半成品、产品”，“集合抵押物”包括该法第 180 条第 2 款所规定的“抵押人可以将前款所列财产一并抵押”中所涉及的动产担保物部分。两相对比，动产质权的担保物只是可设抵押动产担保物中“现有”且“单一”的那一部分。形成两者差异的直接原因在于：从动产抵押权方面来看，对抵押权效率的偏好压倒了对担保物权客体特定性的法制内在逻辑要求——可在“未来物”和“集合物”上设定，甚至可在“未来”且“集合”的物即“浮动抵押物”上设定。从动产质权方面来说,我国立法要求动产质权的设立以动产担保物之占有移转为生效要件,“占有移转”就需要质权担保物以“时间上的现实性”和“空间上的个别性”为条件,即所谓“特定物”。所以,动产质押物是对动产抵押权可抵押物的小量部分重复。如果不是多元化分类的体系结构,立法只需在公示制度中反映两者之间的差异即可。

动产质权与动产抵押权之间关于担保物及其范围规定的重复、不一致甚或矛盾、漏洞,还表现在对“不得”设定担保物权的担保物的规定上。我国《物权法》第 184 条第 6 项规定“法律、行政法规规定不得抵押的其他财产”不得抵押,与此同时,该法第 209 条规定:“法律、行政法规禁止转让的动产不得出质。”从两条法理规范之用辞的角度观察,两个条文的本意是相同的,属于规范重复。因此,两者完全可以规定于“一般规定”中;对于重复规范,如果使用相同的法律用语,就能最大限度地减少法律理解和法律适用上的歧义。但这两个条文使用的法律用语却有不同,从逻辑角度分析,“不得抵押”属于直接的限制性规定,“禁止转让”则属于间接的限制性规定——禁止转让者,当不能作为担保物,因为担保物权之实现,以对担保物的法律处分即变价为实现方式。如果不是采取多元化分类的体系结构,就不会出现这些重复规范,也不会出现因规范重复所导致的不一致。

2. 关于动产担保物权的设立与公示重复的结构性缺陷

动产抵押权与动产质权都属于意定动产担保物权,其设立贯彻了我国《物权法》第 15 条确立的物权变动与其原因行为相区分的所谓“区分原则”,该法第 185 条规定了抵押权合同及其一般条款,该法第 210 条规定了质权合同及其一般条款。从两条规范的内容来看,其绝大部分是完全相同因而也是完全重复的。其不同仅限于以下两方面:一是抵押合同的“一般条款”之第 3 项特别要求写明抵押财产的“所在地、所有权归属或者使用权归属”,二是质权合同的“一般条款”之第 5 项特别要求写明“质押财产交付的时间”。内容的相同来自规制对象的属性相同——都是动产担保合同;内容的不同则是立法者注意到了两者的差异:抵押合同规制的标的不限于动产,还包括不动产。不动产之“所在地、所有权归属或者使用权归属”,对于锁定不动产担保物,满足担保物权之“客体特定性”要求，具有不可或缺的意义；质权合同则涉及质押财产的交付，其交付时间对于明确合同双方的权利义务以及质权的设定具有关键意义，因此，在合同中也应予以明确。

但与此同时也应该注意，不动产“所在地、所有权归属或者使用权归属”所涉及问题的实质，是担保物的“可识别性”问题。只要合同对担保物的描述足以使人们能够识别该担保物，其描述就是充分的。毕竟，担保物权对担保物的特定性要求，要比所有权和用益物权对客体特定性的要求低得多。对此，美国《统一商法典》第九编第 9-108 条规定：“不论对动产或不动产的描述是否特别明确，如果其能够合理识别其所描述者，该描述就是充分的；如果担保物描述之识别是通过对担保物特别明晰的列表、种类、《统一商法典》所定义的担保物的类型、数量、计算和分配的规则和程序以及其他客观上能够识别担保物的方式进行，该描述就是合理的识别了担保物。”[1] 比较而言，我国《物权法》第 185 条第 3 项与第 210 条第 3 项均可抽象概括为“担保财产在担保物权实行时，具有可识别性”的要求。再者，质权合同一般条款中包括“质押财产交付的时间”，而抵押合同的一般条款却没有包括“抵押财产登记的时间”，原因可能在于动产抵押权采行登记对抗主义，存有“未经登记”的动产抵押权，抵押合同一般条款中就无须规定“抵押权登记的时间”。但是，我国《物权法》第 185 条的“一般条款”不仅适用于动产抵押，也适用于不动产抵押，而不动产抵押权之设定均采行登记生效主义，所以其一般条款应该包括“抵押财产登记的时间”；另外，即使动产抵押权采行登记对抗主义，基于对交易安全的追求，抵押权人通常也是在动产抵押权设立后随即去办理抵押权登记，以达到对抗善意的交易的第三人目的。基于这一理解，其一般条款中也应包括“抵押权登记的时间”。[2]

区分原则使担保合同成立与担保物权设定相分离。从物权法的规定来

---

〔1〕 董学立：《美国动产担保交易制度研究》，法律出版社 2007 年版，第 74 页。

〔2〕 在登记生效主义立法体例下，未办理登记前是没有什么抵押权被登记的。但如果行文为“抵押财产”等，也是错误的。因为，财产本身是不需要登记的，所谓“财产”实为“财产权”。所以，这里的行文只是为了方便，请读者明辨。

看,动产抵押权采行公示(登记)对抗主义,动产质权采行公示(占有)生效主义。对质押物的占有到底是一项动产担保物权的公示方式,还是一项动产担保物权的生效要件,从法制史以及比较法的角度而论,存在差异。但从逻辑分析来看,应将占有作为动产担保物权的公示方式,并以实现对交易安全价值的关怀为限。我国《物权法》将动产抵押权规定为公示对抗,又将动产质权规定为公示生效,造成了强烈的错位反差,不利于法律的解释和适用。笔者坚定地认为,应将二者统一规定为“公示对抗主义”为妥。

3. 关于动产担保物权的实现重复的结构性缺陷

该问题涉及我国《物权法》关于动产抵押权实现的第 195 条和关于动产质权实现的第 219 条。从两条规范规定的内容来看,其完全相同之处因而也是完全可以重复之处有:担保物权实现的条件,即“债务人不履行到期债务或者发生当事人约定的实现抵押权(质权)的情形”;担保物权实现的第一性程序,即当事人应当首先以协商方式实现变价权和优先受偿权;担保物权的变价方式,即折价、拍卖、变卖;对担保物变价权的限制内容,即抵押财产(质押财产)折价或者变卖的,应当参照市场价格。

但两条规定在以下两个方面也存在差异甚至矛盾:一是关于担保物权实现的第二性程序的不同。我国《物权法》第 195 条第 3 款规定,“抵押权人与抵押人未就抵押权实现方式达成协议的,抵押权人可以请求人民法院拍卖、变卖抵押财产”。该法第 219 条第 2 款规定:“债务人不履行到期债务或者发生当事人约定的实现质权的情形,质权人可以与出质人协议以质押财产折价,也可以就拍卖、变卖质押财产所得的价款优先受偿。”两相比较,发现两条规范之间的差异——担保物权的实现是否有公权力的介入。当然,这一差异有其合理性——抵押物不在抵押权人手里,其实现有可能破坏和平安宁;而质物在质权人手里,其实现一般不会破坏和平安宁。此差异就造成了是否需要人民法院介入的问题。但这个理由充分与否,以及这个做法是否遮蔽了抵押权作为物权所具有的实现上的直接支配效力等,从比较法的视角观察,仍有追问的余地。二是关于“协议损害其他债权人利益”的规定不同。我国《物权法》第 195 条规定,抵押权人与抵押人协议损害其他债权人利益的,其他债权人可以在知道或者应当知道撤销事由之日起1年内请求人民法院撤销该协议。但同样的内容在该法第219条却没有出现,也没有在该条所处章节的其他地方出现,且该法担保物权编在"动产质权"一节没有"动产质权准用抵押权"的规定。由此形成了立法对同样问题的不同处理,可能导致法律解释和法律适用的困难或矛盾。

4. 关于动产担保物权的消灭重复的结构性缺陷

我国《物权法》担保物权编在第十五章设有"一般规定",对某些事关各种担保物权的全局性、统一性问题作了抽象化的集中规定——一定程度上反映了动产担保物权的可一元化属性。其中,就有关于担保物权消灭的一般规定,即该法第177条规定,有下列情形之一的,担保物权消灭:(1)主债权消灭;(2)担保物权实现;(3)债权人放弃担保物权;(4)法律规定担保物权消灭的其他情形。基于此,除我国《物权法》第240条又规定了作为法定动产担保物权的留置权的特殊消灭原因外,在抵押权、动产质权和权利质权的章、节中,不再有关于担保物权消灭的直接规定。这是法典立法之抽象性、体系性、逻辑性的要求和表现,更是对动产担保物权可以进行一元化体系设计的有力佐证。

但与担保物权消灭密切相关的另一问题需要在此提及,即担保物权与其所担保的债权的诉讼时效之间的关系问题。[1] 我国《物权法》第202条规定:"抵押权人应当在主债权诉讼时效期间行使抵押权;未行使的,人民法院不予保护。"同样的问题在"质权"章节并未有直接明文规定,也未有准用规范。那么,质权人未在主债权诉讼时效期间内行使权利的,其担保物权的效力又将如何?[2] 我国《物权法》在这一问题上的不一致或者说是立法漏洞,

---

〔1〕 诉讼时效所限制者,是债权请求权而非物权支配权,尽管担保物权附随于其所担保的债权,但在债权请求权因时效制度的适用不受法律保护的时候,担保该债权的担保物权是否也受时效制度或者担保物权的附随性影响,学界有深入探讨。参见徐洁:《担保物权与时效的关联性研究》,载《法学研究》2012年第5期。

〔2〕 有学者指出:"若作肯定回答,将违反物权法定原则;若作否定解释,则发生'抵押权适用诉讼时效,而质权、留置权不适用诉讼时效'的解释结果,必将构成内部体系的违反。"参见王闯:《冲突与创新——以物权法与担保物权法及其解释的比较为中心而展开》,载梁慧星主编:《民商法论丛》(第40卷),法律出版社2008年版,第286页。

给法律的解释和适用又制造了“麻烦”。

第三节　静态规范缺陷

一、什么是动产担保物权法的静态规范

所谓“动产担保物权法的静态规范”,其定义可以借用下一节论述的“动产担保物权法的动态规范”之概念来间接说明。动产担保物权的动态规范即担保物权法规范中事关动产担保物权变动的法律规范体系,包括依据法律行为的动产担保物权变动规范和非依据法律行为的动产担保物权变动规范。除动产担保物权的动态规范外,担保物权法其余的法律规范则均可以归入动产担保物权法的静态规范中来。但在这里,根据研究的范围预设和研究的目的需要,仅就动产担保物权的静态规范物权法进行研究。如上所述,动产担保物权法制有九个方面规范群,即动产担保物权的概念、动产担保物范围、动产担保物权合同,动产担保物权设立、公示、效力、优先受偿次序、实现、消灭等。在动产担保物权法制的这九个方面规范群中,一般认为动产担保物权合同、动产担保物权设立、公示和动产担保物权的实现、消灭等为动产担保物权的动态规范,其他则为动产担保物权的静态规范。在过去对物权法的研究中,笔者认为,我国《物权法》第 2 条规定:本法所称物,包括不动产和动产。法律规定权利为物权客体的,依照法律的规定。本法所称物权,是指对特定的物的直接支配和排除他人干涉的权利,包括所有权、用益物权和担保物权。据此,笔者从该条规定中析理出关于静态物权法的三个基本概念:物、物权、物权法。我国《物权法》第 2 条的规定当然也适用于作为该法部分的担保物权法。由此静态物权法的三个基本概念,结合动产担保物权法的静态规范体系,构成我们对动产担保物权法静态规范之缺陷进行研究的主要方面。

二、动产担保物权法的静态规范缺陷

1. 关于“担保物”的静态规范缺陷

物权法包括担保物权法当是以“物”为权利客体的法律规范体系。此所谓“物”,在抽象层面,即具有价值、具有支配可能性的客观存在和观念存在,

客观存在"物"即有体物,如桌、椅、板、凳等客观物,以及观念存在的无体物,如知识产权、债权等主观物;在具象层面,"物"可以分为不动产和动产,特定物和非特定物(包括未来物和种类物等),主物和从物,原物和孳息等关于物之分类。哪一些"物"可以作为抵押权的客体?我国《物权法》担保物权编第180条在第1项至第6项列举了可以抵押的财产类型后,于该条第7项规定:法律、行政法规未禁止抵押的其他财产可以抵押。何为禁止抵押的财产?该法第184条进行了列举:(1)土地所有权;(2)耕地、宅基地、自留地、自留山等集体所有的土地使用权,但法律规定可以抵押的除外;(3)学校、幼儿园、医院等以公益为目的的事业单位、社会团体的教育设施、医疗卫生设施和其他社会公益设施;(4)所有权、使用权不明或者有争议的财产;(5)依法被查封、扣押、监管的财产;(6)法律、行政法规规定不得抵押的其他财产。也就是说,除我国《物权法》第184条规定的不得抵押的财产外的其他所有可以被认定为"财产"的存在,都是可以作为抵押物的。我国《物权法》关于何种财产可以被抵押的规则,体现了"法不禁止即自由"的私法精神,值得肯定。但与此同时,我国《物权法》关于可以出质的动产的范围又规定为:"法律、行政法规禁止转让的动产不得出质。""禁止转让的动产不得出质"本身没有问题,但是反过来问,不得出质的动产是否就限于"禁止转让的动产"?则不无疑问。因为除"禁止转让的动产"不得出质外,那些界定为"不得抵押的动产"如"所有权、使用权不明或者有争议的财产"以及"依法被查封、扣押、监管的财产"是否也属于不得出质的动产范围;或者"禁止转让的动产"就已经涵盖了"所有权、使用权不明或者有争议的财产",以及"依法背查封、扣押、监管的财产"?颇值得深入研究。但我国《物权法》关于可担保财产的范围,并没有一以贯之地秉持"法不禁止即自由"的私法精神,在关于何种权利可以设定权利质权的问题上,该法于第223条第1项至第7项规定了何种权利可以被质押后,于第7项作了如下规定,"法律、行政法规规定可以出质的其他权利"可以出质。"规定可以出质的"才可以出质,体现的是"法无授权即无权",这与私法的价值理念即"法不禁止即自由"完全相反、相悖。而且,"规定可以出质的"才可以出质,其立法缺陷已经显现:在司法实践中有不少新类型担保案例，比如，我国南方大量出现的店铺租赁权抵押或者质押、出租车营运资格抵押或质押、理财产品质押、排污权质押等。都因为这些权利不属于“规定可以质押”的权利，而严重影响了交易的安全和经济活动的有效开展。应将我国《物权法》第223条第7项关于权利质权客体的封闭性的兜底条款修改为开放性的兜底规定，即“法律、法规不禁止质押的财产权都可以质押”。这一改进可以说是对金融实践活动的强烈呼声的回应。近年来的许多相关会议以及由世界银行提出的示范法律文本，都反映出金融机构的一致呼声，即只要能变现的东西都应允许作为担保物。风险由金融系统控制，法律只需加以认可并规定公示方法即可，其他无须过问、多虑。在国际金融界也是这样把握的，只要不违反法律的强制性规定，除绝对禁止交易的财产外，不妨都允许其作为担保财产。[1]

物之不动产、动产的分类，不仅对整个物权法的体系建构具有基础意义，而且对于担保物权法的体系建构，无论是过去、现在还是将来也同样具有基础意义。如前述传统担保物权法关于担保物权基本分类的不动产担保物权即抵押权和动产担保物权即质权，后来抵押权也可以在动产上设定，并由此带来了动产抵押权的机械植入所引起的担保物权法律体系效应等问题，以及本书最终导向的动产担保物权的一元化立法模式择取，并由此终成的对担保物权体系的不动产担保物权和担保物权基本分类的立法回归等。物之特定物与非特定物之分，在担保物权不失物权基本属性的前提下，担保物权的成立、存续和实现，也须以特定物为基础和条件。所以，在“未来物”以及“种类物”这些非特定物上，尤其在“未来物”上不可能成立担保物权。由此，我国《物权法》第187条、第188条，以及第189条第1款等，都是在非特定物——前两条规定的是“未来物”上的担保物权，后一条规定的是“种类物”的担保物权——因为此类担保物皆为非特定物，故此于其上不可成立抵押权。但立法者并没有注意到这一点，直接规定于其上成立抵押权，当然是缺乏法理依

〔1〕 参见刘保玉：《刘保玉谈担保物权的几个疑难问题》（上），载《山东审判》2017年第3期。

据的,也是事实上不可能的;[1]关于担保物之原物、孳息的分类中,因为担保物权是对担保物价值的支配权,担保物尤其是动产担保物,其自身常常处于不断的形态变化之中,如最初的农作物如原生葡萄作为担保物,原生葡萄后来成了葡萄汁、葡萄酒,葡萄酒后来又经交易换回了货币。如此一来,从农作物原生葡萄到货币,就是一个不断地由原物成为各种孳息的过程。最初设定在农作物原生葡萄上的抵押权,依次追及并附着在了作为农作物原生葡萄之孳息的葡萄汁、葡萄酒和货币上来。但我国《物权法》仅在第174条第1款规定:担保期间,担保财产毁损、灭失或者被征收等,担保物权人可以就获得的保险金、赔偿金或者补偿金等优先受偿。将原物的孳息限定在担保物毁损、灭失或者被征收后担保人获得保险金、赔偿金或者补偿金上,远不能反映原物与孳息的现实关系,会使担保物权人的利益不能得到有效的保护。由于我国立法对原物与孳息的关系的范围认识过窄,致使对我国《物权法》担保物权编的个别条款的理解成为问题,我国《物权法》第189条第2款有如下规定:依照本法第181条规定抵押的,不得对抗正常经营活动中已支付合理价款并取得抵押财产的买受人。一些初识该条的人士常常要问,如若浮动抵押权人不得对抗正常经营活动中已支付合理价款并取得抵押财产的买受人,那他的浮动抵押权又如何能够得到保护?从该条的规定来看,当然是无法受到保护的。但如果担保物权法详细规定了原物与孳息制度,且规定担保物权可以追及到原物的孳息之上,且此孳息不是如现有的担保物权法规定的那样限定于保险金、赔偿金或者补偿金的狭小范围内,就可以使浮动抵押权自动地附着在出售浮动抵押物的回收价款之上,则浮动抵押权人的利益就不会受到过多的损害。再进一步而言,在司法实践中,为了更加有效地保护浮动抵押权人的利益,浮动抵押权人通常要求浮动抵押人在办理了浮动抵押之后,再附加办理浮动抵押人的账户抵押并及时办理该账户抵押的登记公示手续,以此“双保险”措施互助共济,以切实确保抵押权人债权的实现。

---

[1] 参见董学立:《论“在建物”上的抵押权》,载《政法论丛》2009年第2期。

2. 关于“担保物权”的静态规范缺陷

从我国《物权法》第2条关于物权的定义中，同样可以析理出关于物权乃至担保物权在权利属性方面的三个特性：担保物权客体的特定性、担保物权实现上的支配性和担保物权效力上的排他性。关于担保物权客体上的特定性，包括作为物权客体在“空间上个别性”和在“时间上的现在性”两个方面：与物权客体的“特定性”问题相关的是“未来物和种类物”上不成立物权，一如前述。关于物权实现上的支配性，即担保物权人可以凭借一己之力，在债务人不履行到期债务或者发生当事人约定的可以实现担保物权的时候，变卖、拍卖担保物并以卖得价金优先受偿以实现担保物权所担保的债权。我国《担保法》第53条第1款关于“协议不成的，抵押权人可以向人民法院提起诉讼”的规定，以及《物权法》第195条第2款关于“抵押权人与抵押人未就抵押权实现方式达成协议的，抵押权人可以请求人民法院拍卖、变卖抵押财产”的规定，皆属未能体现出抵押权人对抵押物的支配效力；未来民法典之担保物权法应该对担保物权实现上的直接支配性规定得更加彻底、直接，以担保物权人实现担保物权不破坏社会和平安宁为底线，即在债务人不履行债务或者出现当事人约定的实现抵押权的情形时，可以在不造成当事人身体接触性争执以致破坏了社会和平与安宁的前提下，自行将抵押物按照商业上合理的方式拍卖变价，并就此变价所得在未受清偿债权数额范围内优先受偿。

关于担保物权效力上排他性，担保物权就其权利属性而言，当然具有效力上的排他性。但担保物权又可依据经公示与否，分为“未经公示”的担保物权和“已经公示”的担保物权，尤其对“未经公示”的担保物权有没有排他效力，学界一直有争论。[1] 从逻辑上来讲，担保物权是否经公示，都不失其为担保物权。故此，其作为担保物权所应有的排他效力当属无疑。但如果担

---

〔1〕 一些学者认为，物权具有排他效力，未经公示的担保物权因为不能对抗其他人亦即不具有对抗第三人的效力，所以不是物权。这一主张忽视了公示对抗主义立法体例下，未经公示的物权当然是物权的立法现实。以及事实物权与法律物权概念区分的价值：不占有自己动产的所有权人当是物权人，错误登记下的享有所有权的非登记名义人也是物权人。

保物权是否经过公示没有差异,则公示制度本身也就失去了制度价值,且有执行制度之精力付出而无执行制度之收益的嫌疑。因此,担保物权是否经过公示,其排他效力必定也有其不同。在笔者看来,这也正是为什么在公示对抗主义法制下,已经成立的担保物权还需要办理公示手续的缘故。笔者认为,未经公示的担保物权和已经公示的担保物权,其共同点都可以对抗担保人以及侵权人(静态法秩序第三人)——在债务人不履行债务或者出现当事人约定的实现担保物权的情形时,对担保物行使支配权以变价并优先受偿;在第三人对担保物有侵权行为时,担保物权人可以对侵权人主张物权请求权以及债权请求权。其不同点在于,未经公示的担保物权没有对抗善意的交易的当事人(动态法秩序第三人)的权利,而已经公示的担保物权具有对抗善意的交易的当事人的权利。所以,物权包括担保物权的公示,其法律意义在于强化或者扩大取得对抗第三人的范围以保障交易安全,而非是成就物权——使不是物权的权利经公示后而变成物权(包括担保物权)。物权的存在与物权的公示之间,不存在因果关系,是两个独立又有联系的法律制度。

在静态担保物权法中,与担保物权的排他效力相关联的,是担保物权优先受偿顺序的问题。由于担保物权法的效益追求,使在同一物上复数担保物权的存在为法律所鼓励。又因担保物权的优先受偿次序规则是担保物权法的核心规则,这就使担保物权的优先受偿次序规则变得十分重要、十分复杂又十分精致。但我国现有的担保物权法制,在动产担保物权的优先受偿次序规则设计方面,缘于动产担保物权法制采多元化立法模式,以及对现代担保物权法制的研究不够深入等,致使立法在担保物权优先受偿次序规制方面缺陷众多,一如前述。在“公示在先、权利在先”这一原则前提下,公示在先的担保物权有无劣后于公示在后的担保物权的制度需要?以及担保物权法还要对均未经公示的担保物之间,均已经公示的担保物权之间,以及不同公示方式公示的担保物权之间,他们的排他效力如何进行规制等。我国现有的担保物权法制在这些方面有一些缺陷和不足,需要在未来的民法典担保物法编纂中一并弥补。未来我国民法典分则担保物物权法的编纂,可考虑对动产之上的担保物权之间以及动产担保物权与该担保物上的其权利之间的优先受偿次序规则作出统一、全面、明晰的规定，以为当事人提供安全清晰的法律生活预期。

3. 关于“担保物权法”的静态规范缺陷

物权法之概念本身，对于我们研究意义不大；此所言“担保物权法”概念，意在以此概念牵涉出物权法的基本原则，以及物权法的基本原则在担保物权法领域的表现。物权法的基本原则在担保物权法领域的具体表现，对研究、认识和把握担保物权法极具价值。物权法的基本原则有哪些？笔者认为，可以从以下几个方面来确立物权法的基本原则：物权法定原则、物权变动与其原因行为的区分原则、物权公示的公信原则、物权法制效益原则等。

（1）关于物权包括担保物权的法定原则

我国《物权法》第5条规定：物权的种类和内容，由法律规定。此即物权法定原则，是指设立哪些种类的物权，只能由法律规定，当事人之间不能合约创立；设立物权的方式以及物权的具体内容，一般也只能由法律规定，当事人之间的约定和法律规定不一致时不发生效力。物权法定原则有其必要性，这一必要性来自物权包括担保物权本身的权利属性——物权包括担保物权具有支配性、排他性，其存在和变动不仅在当事人之间具有效力，也会对其他人产生效力，进而影响其他人的利益或者交易安全。所以，债权遵循自由原则，物权遵循法定原则。按照物权法定原则，担保物权内容和种类也需要由法律规定。因此，可以参考我国《物权法》对担保物权内容和种类的规定。

我国《物权法》第170条规定：担保物权人在债务人不履行到期债务或者发生当事人约定的实现担保物权的情形，依法享有就担保财产优先受偿的权利，但法律另有规定的除外。该法第171条第1款规定：债权人在借贷、买卖等民事活动中，为保障实现其债权，需要担保的，可以依照本法和其他法律的规定设立担保物权。前一条是关于什么是“担保物权”的规定，后一条是关于在什么情况下可以需要设定担保物权。该法第170条和第171条是担保物权法“一般规定”中的条款，适用于具体章节中的特定担保物权类型。依照我国《物权法》担保物权编有关具体担保物权类型的规定，法定的担保物权类型有抵押权（一般抵押权、最高额抵押权）、质权（动产质权、权利质权）

和留置权。其他具有担保物权属性的担保物权非法定类型如让与担保、所有权保留和融资租赁等,因为在我国《物权法》中没有规定,所以不是法定的担保物权类型。当事人之间有关这类担保物权的约定,不具有担保物权的法律效力。这是对物权法定原则通常理解得出的结论。

但从内容方面理解,让与担保、所有权保留以及融资租赁,其内容都是符合我国《物权法》第170条规定的。也就是说,在内容方面,让与担保、所有权保留以及融资租赁,与法定担保物权类型如抵押权、质权等没有任何区别,只是在类型名称上不一。所以在司法实践中出现非法定担保物权类型的时候,这些非法定担保物权类型的约定和使用,能否有担保物权的效力?就时常纠结在案:要说其不是法定的担保物权,他们在内容上符合担保物权法一般规范中关于担保物权的定义;要说他们是法定的担保物权,它们没有被冠以法定担保物权类型的名称。但如果判它们无效,不仅有违我国《物权法》关于何为担保物权的一般规定,更是有违当事人之间的意思自治。更何况在很多情况下,非法定担保物权的使用,在现实生活中并没有出现法律制度设计者头脑中不可缺少的善意的交易的第三人问题。所以,我们就时常困惑,物权法定原则的适用和贯彻在担保物权法领域到底如何理解?这需要法学研究从关于物权法定基本原则的宏观叙事,转入关于物权法定基本原则的微观求证上来。

笔者认为,担保物权法定不同于用益物权法定,我国法定的用益物权内容和种类,有其内容与种类之间的一一对应关系:不同的用益物权内容对应不同的用益物权种类,反之亦然,不同的用益物权种类对应不同的用益物权内容,如建设用地使用权对应的内容是对国有土地的建设用地的使用,而宅基地使用权,虽有其与建设用地使用权在内容上的相似性,但其所使用的土地是农村集体所有的土地;土地承包经营权是对国有、集体所有的土地的农业耕作的权利,地役权是对他人土地的其他使用的权利。两相对比,担保物权,法定的应是其内容,不能法定的则是其种类。也就是说,物权法法定之物权种类和内容的法定,在担保物权领域须矫正:各类法定的以及非法定的担保物权的种类,没有与其种类所代表的担保物权内容之间形成内容与种类分别的一一对应关系——所有不同种类的担保物权所指向的担保物权内容是唯一的、单一的,此即我国《物权法》第170条规定的何为担保物权。另外,动产抵押权的“机械植入”在我国担保物权法律制度体系中所形成的动产抵押权与动产质权之间,动产抵押权与权利质权之间虽尚有分类的不同,但却没有了分类的依据,以及未来动产担保物权统一登记制度的建立对担保物权种类自由的基础支撑,担保物权种类自由应该获得学界理论和立法实践的一致认可。有关“担保物权种类缘何可以自由”的详细论证请参阅本章第五节。

(2)关于物权包括担保物权的区分原则

区分原则的全称应该是物权变动的原因行为与物权变动的结果相区分的原则。区分原则算不算是一项物权法的基本原则,已经不那么重要。有人甚至认为区分原则应是我国私法的一般原则。[1] 重要的是,区分原则在我国法律制度中首次出现在《物权法》中。我国《物权法》第15条规定:“当事人之间订立的设立、变更、转让和消灭不动产物权的合同,除法律另有规定或者合同另有约定外,自合同成立时生效;未办理物权登记的,不影响合同的效力。”此即所谓的“区分原则”。所以,在这里将“区分原则”作为物权法的一项基本原则来对待,以便于对其予以专论。区分原则的确立具有重大的意义:在学理上讲物权变动的过程区分为物权变动的原因行为和物权变动的结果行为,且物权变动结果行为是否有效,不影响物权变动原因行为的效力;尽管法律本身没有言明物权变动的原因行为是否会影响物权变动的结果行为,但“区分”一词适用的客观基础应是在法律上有两个不同的被区分对象,然后它们才可以被区分。由此,既然可以认为有两个不同的法律区分对象,在理论上不仅可以认定结果行为不影响原因行为,而且亦可进一步认定原因行为也应该不会影响结果行为——物权行为的独立性得以确立;[2] 区分原则

---

[1] 参见刘保玉:《担保物权制度:理解适用与规则完善》(上),载《山东审判》2017年第3期。

[2] 我国《物权法》第15条存在立法缺陷:该区分原则只区分了1/4,即只限于“物权变动如何,不影响债权行为的效力”;对于“合同效力如何,是否影响物权变动的结果”,该条未涉及。只限于不动产物权变动的区分,未涉及动产物权变动的区分;只限于公示生效主义下的物权变动区分,未涉及公示对抗主义下的物权变动区分。

被我国《物权法》各个章节贯彻,如该法担保物权编中就分别规定了抵押合同与抵押权的成立与生效;质押合同与质权的生效等。但区分原则在我国民法立法进程中的发展较曲折,其在我国《物权法》中的表达和理解也需进一步研究。

第一,我国《担保法》及其司法解释中存在的问题。我国《担保法》因对区分原则的误解而存在不少错误规定,如该法第 41 条规定:抵押合同自依法办理抵押登记时生效。该规定从表述上就并未明晰抵押合同生效和抵押权设立的区别,并将“抵押权登记”或“抵押登记”不当表述为“抵押物登记”。在该法“质押”一章的第 64 条、第 76 条、第 78 条、第 79 条等的规定中,同样并未区分质押合同生效与质押权设立。最高人民法院《关于适用〈中华人民共和国担保法〉若干问题的解释》(以下简称《担保法解释》)对此有所改进,其第 56 条第 2 款与第 86 条规定表明抵押权、质押权未能依法设立的,抵押合同、质押合同并未受到影响而成废纸一张,为抵押权人办理抵押登记是为抵押人之义务,违反合同约定未能办理登记的应负赔偿责任。该规定肯定了抵押合同的效力,表明抵押权登记与否并不影响抵押合同的效力。而依我国《担保法》规定的文义解释,未按合同约定进行登记的抵押人并不负任何合同责任,这显然是不妥当的。但该解释规定中仍存在误解和表述上的问题:(1)在第三人提供抵押、质押担保而担保物权未成立的情况下,抵押人、出质人所应承担的责任是否一概是违约赔偿责任,值得斟酌;(2)“法律规定登记生效的抵押合同”之表述,以及该法第 87 条关于“出质人代质权人占有质物的,质押合同不生效”的规定,仍存在将担保物权是否成立与合同的效力混为一谈的问题。直到我国《物权法》制定时,物权变动的基础关系与物权成立的效力才真正区分开来,并最终体现在了立法上。

第二,我国《物权法》的规定及其理解与适用。我国《物权法》匡正了以往立法中基于模糊认识和错误表述,于该法第 15 条规定了区分原则。但我国《物权法》第 15 条在该法中所处的位置是第二章“物权变动”之第一节“不动产登记”中。动产物权的变动,是否也适用区分原则随成疑问。但通常认为动产物权变动也应当适用区分原则。但该法第 15 条规定的区分原则,在文字使用上是否也存在问题——不动产物权变动,也并非全是公示生效主义,尚有一些不动产物权如土地承包经营权、地役权等,适用的是公示对抗主义。区分原则适用于动产物权变动,也遇到了动产物权变动多有采行公示对抗主义的如动产抵押权的设定即采行公示对抗主义。所以,无论是在不动产物权变动,还是在动产物权变动,都有不经公示程序即可实现物权变动的公示对抗主义的立法主义。若如此,则我国《物权法》第 15 条的文字表述就存在不足。若将我国《物权法》第 15 条置于整部法律全部条文的背景之下,该法第 15 条中所言的“未办理物权登记的”,实质是指“未发生物权变动的”。因为在某些不动产物权、动产物权的变动采行的是公示对抗主义,登记与物权变动本身没有关系。在采行公示对抗主义的法制下,合同的成立与物权的变动之间缺少了可以识别的外观形式;这与在公示生效主义的法制下,物权变动以登记或占有为生效要件以及以此为外观形式显有不同。所以,在公示对抗主义的法制下,合同的成立与物权的变动,就不存在公示生效主义法制下的以登记、占有等作为物权变动的外观形式。那么在法学理论上以及在法律制度设计上,如何区分公示对抗主义法制下的物权变动结果与其变动原因行为的区分原则?

我们知道,债权与物权是两种不同的权利类型。债权是对特定人的请求权,物权是对所有人的排他权。成就一个债权关系不需要有“特定物”,只要债权法律关系的客体在法律上定性为可能,就足矣;而物权法律关系的形成,需要有“特定物”。但在物权变动公示对抗主义的立法模式下,没有了权利生成的外观形式,什么是物权变动的原因行为,什么是物权变动的结果?在外观形式上无从区别。但如上所述,债权与物权是两种不同的权利,有不同的权利属性和权利存在基础。所以,在法学理论以及法律制度上,是可以区别开来的。我国《物权法》担保物权编在各章节中贯彻区分原则,分别设置有抵押合同条款和质押合同条款,随其后又有抵押权的设定和动产质权的设定等条款。尽管我国《物权法》明文规定了区分原则以及有合同行为和物权行为的前因后果实质链接,但是不是在该法的各种依法律行为的物权变动中都设置合同条款?从比较法的立法经验和法典法的逻辑性、体系性原理来看,在未来民法分则编纂中可以不具体规定各种物权变动的合同条款。若具体规定各种物权包括担保物权的合同,有法典法的制度重复之嫌,但这样做也并非一无是处——有便利法规范适用之益——且合同法中也没有一种合同类型是担保物权合同,所以在物权法中规定有担保物权合同也并无不可。在担保物权法规制中有担保物权合同条款的情况下,担保合同自合同成立时生效,那担保物权何时生效?如果一种担保物权类型如动产抵押权的设立采行公示对抗主义,则抵押权一般自合同成立时生效;如果一种担保物权类型如动产质权自动产担保物移转占有时生效,则担保物权自担保物移转占有时生效。但是,动产质权之设立,能够移转质物者一定是"特定物",即满足了物权客体的时间现在性和空间个别性。而对于动产抵押权的设立,是不是只要抵押合同成立了,就一定有抵押权的设定?要区分两种情况,在抵押物为特定物的情况下,抵押权在合同成立的时候一般就会设定了,之所以说"一般"是因为担保合同没有附条件,若附条件则需等条件成就时抵押权才能设立;但在抵押物是非特定物时,抵押权在客观条件上是无法在抵押合同成立时设立的。但我国《物权法》没有明确规定这一问题,该法于第 188 条规定:"以本法第一百八十条第一款第四项、第六项规定的财产或者第五项规定的正在建造的船舶、航空器抵押的,抵押权自抵押合同生效时设立;未经登记,不得对抗善意第三人。"该法第 188 条规定的担保物,既有特定物也有未来物即非特定物,在未来物即非特定物上设立的担保物权,即使担保合同成立的时候,也终因担保物的非特定化存在而不得成立担保物权。但立法者没有意识到担保物权成立的担保物的特定性这一客观物质基础要求,未来担保物权法的编纂需要对此作出修正。

(3)关于物权包括担保物权的公示公信原则

物权是否一定要经过公示才得以为物权?无论是从法制史的角度观察(先有物权后有物权公示),还是从比较法的方面证明(有的国家采行物权变动的公示对抗主义,即承认未经公示的物权也是物权;有的国家采行物权变动的公示生效主义,即物权非经公示非为物权),乃至从我国现有的担保物权立法关于物权变动的立法模式来看,我国担保物权法关于担保物权变动,有的须经公示方得为的担保物权如不动产抵押权的设立，有的未经公示也得为担保物权如动产抵押权的设立。[1] 由上述论证可以得出如下结论：物权本身无须公示。质言之，即未经公示不影响物权的成立和存续。所以，笔者认为，尽管物权法包括担保物权编并以公示生效为其原则，但仍在许多方面采行物权变动的公示对抗主义。物权公示不应确立为物权法的一项原则，也是有一定道理的。

物权公示不应确立为物权法包括担保物权法的一项原则，为物权包括担保物权变动公示对抗主义的确立奠定理论基础。从比较法的观察来看，大多数国家的动产担保物权立法，都是采行动产担保物权变动的公示对抗主义；从我国《物权法》担保物权编关于动产抵押权的变动规则来看，也是采行动产抵押权变动的公示对抗主义，但动产质权和权利质权两种动产担保物权却又采行担保物权变动的公示生效主义。由此造成了在动产上的担保物权，既有公示对抗主义也有公示生效主义的矛盾局面，这一局面不利于对法律的理解和适用。在动产抵押权扩延到"法不禁止的财产都可以抵押"的法制背景下，以及在未来建立起了动产担保物权统一登记制度的基础上，动产抵押权、动产质权和权利质权的制度规范体系必有一元化的趋势以及结果，在一元化制度体系的分层展开上，仅剩下公示方式一个层面存在公示方式多元化——所有动产上的担保物权都可以"登记"为其公示方式，有形动产上的担保物权可以移转有形动产的"占有"为其公示方式，某些无形动产上的担保物权可以"控制"为其公示方式。

但与物权公示不应确立为一项原则形成反差的是，物权公示的公信力则应当被确立为物权法的一项基本原则，即凡是经法定公示方式公示了的物权，社会应该信其为真，此即物权公示的公信原则。无此原则，则无以建立起社会公众对物权公示制度的信赖，则无以形成便宜的交易安全秩序。[2] 具

---

〔1〕 我国《物权法》第 180 条、第 181 条规定了可以抵押的动产财产。该法第 188 条、第 189 条规定了可以抵押的部分动产财产上的抵押权实施公示对抗主义。但该法并没有对第 180 条第 7 项规定的可以抵押的其他财产，其上的抵押权实施什么公示立法主义？因此形成了法律漏洞。

〔2〕 参见肖厚国：《物权变动研究》，法律出版社 2002 年版，第 19 ~ 20 页。

体到担保物权法，公示既不是一项原则，则对于特定物上的担保物权之设定，仅任凭当事人之间设立担保物权的意思即可完成。由此，担保物权合同、担保物设定和担保物权公示三者之间，各自独立且依次并立展开，共同构成担保物权乃至物权变动的“三部曲”。在我国法学理论界以及立法实践方面，对于担保合同、担保物权设定和担保物权公示之间的分立和理论阐述还不够清晰。对三者的详细研究参见本章第四节。

(4)关于物权法包括担保物权法的效益原则

物权法的效益原则即物权法的各项制度设计，应有充分发挥物尽其用的法制目标。如在所有权制度中，应当设计尽可能完善的规则以明晰每一项“物”都有得以明确其主的规则。物有其主，则得以充分适用，其效用自然得以发挥。物归无主，则要么被限制弃用，要么造成争夺纷争，更是扰乱社会安宁。在用益物权制度中，要尽可能设置与社会现实需要和社会发展要求相适应的用益物权类型和制度安排，尤其在所有权不能发生变动的情况下，通过扩大用益物权制度的适用，发挥物尽其用的目的；在担保物权制度中，则可以通过放大担保物权主体的范围、担保物权客体的范围，通过可重复抵押权、可超额抵押、可浮动的要求、可集合抵押，通过建立统一的担保物权登记制度、明晰统一的担保物权优先受偿次序规则等，实现物尽其用的法制目的。可以说，我国现有的担保物权立法，在上述各个方面都存在不足，需要下功夫予以改革完善。

第四节　动态规范缺陷

一、什么是动产担保物权法的动态规范

动产担保物权法的动态规范，即事关动产担保物权变动的法律规范。动产担保物权变动，即动产担保物权的取得、变更和消灭。此动产担保物权的取得包括依法律行为的担保物权变动和非依法律行为的担保物权变动。依法律行为的担保物权变动包括动产担保物权的创设和动产担保物权的移转。关于动产担保物权的变更，限指担保物权狭义的变更，即担保物权客体和内容的变更。担保物权客体的变更，如抵押权客体因部分毁损而减少；担保物

权内容的变更则为质的变更，如抵押权设定后，抵押权人受偿顺序的升降，抑或是动产抵押权开始因没有办理抵押权登记而不具有对抗善意第三人的效力，后抵押权因登记而取得对抗第三人的效力等，均属于担保物权内容的变更。动产担保物权的消灭，一般是指担保物权的绝对消灭，如我国《物权法》第177条的规定：有下列情形之一的，担保物权消灭：(1)主债权消灭；(2)担保物权实现；(3)债权人放弃担保物权；(4)法律规定担保物权消灭的其他情形。就前述动产担保物权法制的九个方面：担保物权定义、担保物范围，设立担保物权的合同，担保物权的设立、公示、效力、优先次序、实现和消灭等，动产担保物权法的动态规范主要包括上述九个方面的五个方面：担保合同，担保物权设立、公示，担保物权实现和消灭等。

二、担保物权法动态规范的缺陷

关于担保合同和担保物权的设立。

(一)主债权合同与担保合同的关系

主债权债务合同与担保合同的关系如何？我国《物权法》第172条规定：担保合同是主债权债务合同的从合同。主债权债务合同无效，担保合同无效，但法律另有规定的除外。我国《物权法》的这一规定，将主债权债务作为担保合同的主合同，将担保合同作为主债权债务合同的从合同，且主合同的效力状况直接决定了从合同的效力状况。这一似是而非的规定存在久矣，并没有引起人们的质疑。如梁慧星、陈华彬所著《物权法》就有这样的论述：对于担保物权的从属性，我国《物权法》第172条第2款和第3款规定：担保合同是主债权债务合同的从合同。主债权债务合同无效，担保合同无效，但法律另有规定的除外。混同于受担保债权与担保物权之间的从属关系。[1] 在这里，笔者发现，到底是担保物权对受担保债权具有从属性，还是担保合同对主债权债务合同具有从属性？

在区分原则之下，担保物权的设立需要有一个原因行为即担保合同的订

---

〔1〕 参见梁慧星、陈华彬：《物权法》(第6版)，法律出版社2016年版，第268页。

立。担保合同的目的在于谋取担保物权。此一所要谋取的担保物权,目的又在于担保主债权;而主债权是主债权债务合同的产物。也就是说,主债权债务合同产生主债权,担保合同产生担保债权,担保物权的设立是另一个法律行为的结果且其目的在于担保主债权。所以才有了担保物权从属于主债权,主债权无效,担保物权无效的规定。此即担保物权的从属性——此从属性是两个权利之间的关系。但是,主债权债务合同与担保合同,从合同行为即法律行为的角度分析,主债权债务合同与担保合同是两个不同的法律行为,有不同的意思目的——前者在于设定债权,后者在于设立担保债权以最终推动的担保物权的设立。换言之,主债权债务合同与担保合同是两个独立存在,因而是没有什么从属关系的法律行为。由此,主债权债务合同的效力如何,不能影响担保合同的效力。[1]

(二)担保合同成立与担保物权设定

我国现有的担保物权立法,虽有担保物权合同制度以及担保物权的生效制度,但因为法学理论研究上没有清晰地分清担保权合同与担保物权设立的联系与区别,所以在立法条文设计上看不出两者的区别,如我国《物权法》第185条规定,抵押合同一般包括下列条款:(1)被担保债权的种类和数额;(2)债务人履行债务的期限;(3)抵押财产的名称、数量、质量、状况、所在地、所有权归属或者使用权归属;(4)担保的范围。担保合同的成立与生效当然要依据合同法的规则,我国《合同法》关于合同成立与生效的基本规则是:该条关于担保财产的规定,究是指特定物还是非特定物,不得而知。这一点虽不至于影响担保合同的成立,但却直接影响担保物权的设定。如果是非特定物,则担保物权无以设立。但我国《物权法》的有关条款如第187条、[2]第

〔1〕 即使担保物权对受担保债权的从属性,也不是不变的戒律,毕竟担保物权有自己独立存在的价值。这一点在最高额担保中显而易见。

〔2〕 我国《物权法》第187条,有关于“正在建造的建筑物”上的抵押权设立的规定。“正在建造的建筑物”当属于“未来物”。依据物权客体的特定性,“正在建造的建筑物”上不成立抵押权。

188 条、[1]第 189 条,[2]此三条均属于非特定物的担保物设立,其上的担保合同之成立以及生效虽无不可,但担保物权的生效则因物的非特定化,而不能与上成立担保物权。尤其该法第 187 条、第 188 条关于"未来物"上的担保物权的设立,全然是错误的规定。我国《物权法》第 187 条规定:以正在建造的建筑物抵押的,应当办理抵押登记,抵押权自登记时设立。随即,该法第 188 条又规定:以正在建造的船舶、航空器抵押的,抵押权自抵押合同生效时设立,未经登记,不得对抗善意第三人。立法区分了正在建造的不动产和正在建造的动产并区别对待:于身属不动产的正在建造的建筑物上,施以登记生效主义;于位列动产的正在建造的船舶、航空器上,处以登记对抗主义。从该法所确立的登记立法主义来说,这是完全可以理解也是可以接受的。但与此同时,不无遗憾的是,立法却在这一问题上没有延续我国《物权法》文本关于"物权"这一概念的本质属性的规定:从上述两条规定可以推断,立法者于正在建造中的物亦即现实社会中尚不存在的"物"上,设立了抵押权。[3] 抵押权当属物权之一种,一般应遵从物权设立和存续的客观条件——属于"物"并已现实的存在即"特定物",是包括抵押权在内的各种物权设立和存续的基础。[4] 显然,我国《物权法》于正在建造中的所谓"物"上设立抵押权的规定,有违物权法的基本原理并导致了物权法体系内的混乱。关于这一点,就不能被理解亦不能被接受了。

1. 物权(抵押权)设立和存续的客观条件——学理上的探求

一言以蔽之,物权设立和存续的客观条件,即我国《物权法》关于物权的

---

〔1〕 我国《物权法》第 188 条,有关于"正在建造的船舶、航空器"上的抵押权设立的规定。"正在建造的船舶、航空器"也当属于"未来物"。依据物权客体的特定性,"正在建造的船舶、航空器"上不成立抵押权。

〔2〕 我国《物权法》第 189 条,有关于"现有的以及将有的生产设备、原材料、半成品、产品"上的抵押权设立的规定。"现有的以及将有的生产设备、原材料、半成品、产品"当属于"未来物"。依据物权客体的特定性,"未来物"上不成立物权。

〔3〕 我国《物权法》第 2 条第 3 款规定:"本法所称物权,是指权利人依法对特定物享有直接支配和排他的权利,包括所有权、用益物权和担保物权。"

〔4〕 作为权利的物权有 3 个特性:权利客体上的特定性、权利实现上的支配性和权利效力上的排他性。但物权上述 3 个特性的地位不同:权利客体的特定性是物权设立和存续的物质基础,权利实现上的支配性和权利效力上的排他性则是物权的表现形式。

概念中所认定的“特定物”的存在。何为特定物？笔者认为，欲成为“特定物”，需具备以下三个条件：一是“物”的现实性，即“物”在时间上已经客观化存在。基于此，那些尚不存在的所谓“未来物”，当不能属于特定物；二是“物”的独立性，即“物”在空间上与其同类作了切割。基于此，那些尚未个别化的“种类物”，也不能属于特定物；第三，“物”的功能性，即“物”必须在功能上满足某种特殊的需要。基于此，物理属性上独立而法律属性未能独立的“物”如作为“物之成分”的物，亦不能称其为特定物，与此相反，“从物”则因其在功能上能够满足某种特样需要而属于特定物。

物只有成为“特定物”，才可以算得上是物权法上的“物”并得以与其上设立物权。正在建造中的物如上述正在建造中的建筑物、船舶和航空器，其应属于“未来物”，于其上虽可以成立债权，但绝无有成立物权的客观物质基础。〔1〕所以，无论是登记生效主义还是登记对抗主义，扬言要在“未来物”上设立抵押权这一物权类型，不仅是酿造了弥足的法学学理错误，也足以导致了物权法体系上的前后矛盾。

所谓“法学学理错误”，即笔者认定的依据物权的概念所确认的没有“特定物”即不能设立物权的论断；而所谓“物权法体系上的前后矛盾”，在笔者看来是这样的：我国《物权法》第一编第二章第20条第1款前段规定：“当事人签订买卖房屋或其他不动产物权的协议，为保障将来实现物权，按照约定可以向登记机构申请预告登记。”此即不动产物权的预告登记制度。学界通说认为，预告登记是为保全一项以将来发生不动产物权变动为目的的请求权的登记。预告登记所登记的不是现实的不动产物权，而是将来发生不动产物权变动的请求权，它是在确定的财产权登记条件还不具备时，为了保全将来财产权变动能够顺利进行，而就相关的请求权进行的登记。〔2〕简而言之，预

〔1〕物权与债权的主要区别之一在于：物权是以特定物的存在为权利存续前提的，而债权的存在是观念性的存在，其不需要有“物”的存在。关于这一点，道理浅显易懂，但我们又不能在问题的分析与解决中予以一一贯彻，关于物权行为理论的争论就恰好地表明了这一点：债权合同的成立是一个与特定物的存在与否没有联系的问题，只有物权行为，其成立则需要以特定物的存在为前提。

〔2〕参见最高人民法院物权法研究小组编著：《〈中华人民共和国物权法〉条文理解与适用》（第1版），人民法院出版社2007年版，第103页。

告登记所登记者,非物权也,实物权变动之原因即债权也。其原委就在于如商品房的预售,其实并没有建设完毕的房屋可售,当事人所约定者,就其主观意思和客观可能而言,无非是设定一个债权——没有房屋即无关于房屋的物权,继而,既然无有关于房屋的物权,哪里会有关于房屋物权的变动。这是一个再朴素不过但又是经常被搞混了的道理。[1] 从不动产预告登记制度所处的位置来看,其对于我国《物权法》担保物权编的不动产抵押制度尤其是正在建造的建筑物上的抵押权设定,应具有指导意义。[2] 也就是说,以正在建造的建筑物为抵押物的抵押权设定,因其受到抵押物的"未来性"即"非特定性"所决定,当事人所能够设定者无非就是一个关于设定抵押权的合同债权。若此一判断无误,则我国《物权法》第 187 条、第 188 条所规定的于正在建造中的建筑物、船舶以及航空器上得设立抵押权的立法判断,则与前述不动产预告登记制度所确立的物权法原理相违背,由此就造成了我国《物权法》内部体系上的前后矛盾。[3]

既然于正在建造中的物上不能设立抵押权,那么办理抵押登记还具有什

---

〔1〕 依法律行为物权变动的客观条件,就是客观世界中需有一个先期存在的物权。而先期物权的存在,又须以"特定物"的存在为前提。因此,一般说来,依法律行为物权变动的客观条件,就因此转化成了"特定物"的存在。在民事立法中,以什么样的立法技术反映"特定物"的存在?各国民事立法颇有不同,主要有以下两种方式:一是以"直接前提式"表现"特定物"的立法技术,此以《法国民法典》为代表。《法国民法典》是在作为客观方面的"特定物"要件得以满足的前提下,再以当事人的"合意"决定物权何时发生变动。如此一来,当事人间达成合意之时——此"合意"在《法国民法典》被认定为债权合意——物权变动因主、客观条件的兼备,而完成其在主体之间的变动;作为例外,在"特定物"条件得不到满足的时候,如关于种类物、未来物的交易,其立法技术就是将其特定化之时,加之当事人先前已经达成的合意,而完成物权在主体之间的变动。因此,《法国民法典》关于物权变动客观条件满足的立法技术,是以"特定物"为一般交易前提,以"非特定物"为交易例外的方式。二是以"间接折射式"表现"客体物"的立法技术,此以《德国民法典》为代表。《德国民法典》关于"登记"或"交付"之物权变动生效要件所要成就的不是别的,而是以此"间接折射式"立法技术来表达"光源"之所在——物权的客体已经特定化了——如果没有特定化的物权客体,哪里能够办理物权变动的"登记"或"交付"。也就是说,不动产之"登记"或动产之"交付",其"折射"出的是物权的客体已经特定化了,而这就是对物权变动客观要件——"特定物"条件的"折射式"表达。参见董学立:《论物权变动的主客观条件》,载《法学论坛》2008 年第 3 期。

〔2〕 我国《物权法》没有就动产抵押权建立统一的登记制度,致使该法关于动产抵押的规定难以落到实,也使预告登记制度似乎仅限于不动产预告登记。

〔3〕 拙文写作其间,笔者将此问题说与从事律师职业的妹妹,她质疑我讨论这一问题有什么意义吗?吾竟被问得一时语塞——对于法律实践层面来说,或许意义不大,但对于以法典化国度为背景的法学理论研究和立法实践来说,其意义就非同小可。

么意义？其实,我国《物权法》第187条和第188条的所谓抵押权登记,非是什么抵押权登记,实为抵押权预告登记。不恢复这一问题的应有原貌,终将无法回答与此相关的法学理论和法律实践问题。正如我国《物权法》第一编第二章第20条第1款后段所规定:“预告登记后,未经预告登记的权利人同意,处分该不动产的,不发生物权效力。”此所谓“不发生物权效力”,应包括两方面的含义:一是处分该不动产的合同有效,即其可以发生债权效力;二是虽然处分该不动产的合同有效,但该合同实际上无法履行,不能产生不动产物权设立或者变动的结果。[1] 显然,这一结论在我国《物权法》之担保物权编中没有得到贯彻,[2]该法第187条关于“抵押权自登记时设立”,以及该法第188条关于“抵押权自抵押合同生效时设立”的规定,不仅有违抵押权设立的客体特定性要求,也使在重复抵押的情形,足以造成在建物特定化后设立的抵押权得以对抗先期抵押权的谬误。

其实,就预告登记的法律意义而言,其可有三个方面的效力:一是保全效力,即保全未来发生不动产物权变动的请求权,使其具有排斥后来的其他物权变动的效力,现实生活中的商品房预售预告登记即其实例;二是保存顺位的效力,即通过预告登记,被保全的权利与其顺位同时登记——不动产权利的顺位以预告登记的日期为准加以登记,我国《物权法》第187条、第188条所规定的所谓抵押权登记即其实例,只不过立法把这一问题给弄错了——将本应为抵押合同债权的登记错误地变成了抵押权登记;三是破产保护的效力,即在相对人破产,但请求权的履行期尚未届满或者履行条件并未成就时,权利人可以将作为请求权标的的不动产不列入破产财产,使请求权发生指定的效果——预告登记制度在破产法领域的表现。仅就上述其中的第二项而言,抵押权设定合同债权的预告登记制度,其所要解决的法律问题非是如立法所说的什么抵押权设立,而是以对设立抵押权合同债权的登记时间为序,

---

〔1〕 参见杨永清:《〈物权法〉总则与民事审判》,载《法律适用》2007年第6期。

〔2〕 我国《物权法》第15条确立的“区分原则”。将法律行为区分为债权行为和物权行为,这是对的。但两者区分的标准是什么？在学界和立法实践中相当模糊。客观上缺失“特定物”的法律行为是永远也不会产生物权变动的,因为事先压根就不存在一物权,谈何有物权变动。

确定将来待抵押权成就时的抵押权顺位。如此一来，在同一未来物上设立的多个未来抵押权就可以登记的顺位确定其受偿顺位。

2. 在建物上抵押权的设立——比较法上的考察

在"在建物"即"未来物"上设立抵押权，是经济生活的法律制度需求，各国法制多有规定。例如，加拿大《魁北克民法典》第2670条规定："在他人财产或者未来财产上设立的担保权益，仅在设立人获得该担保财产的权利之时，方可生效。"[1]《美洲间组织担保交易示范法》第6条第2款规定：在未来或嗣后取得的财产上设定的担保物权，仅在担保债务人取得该财产上的权利时，才可成为该权利之上的担保物权。美国《统一商法典》在其第9－203条规定："(a)〔有效成立〕担保物权就担保物对债务人可执行时，担保物权即在担保物上有效成立，除非合同明示推迟有效成立的时间。(b)〔可执行性〕除(c)至(i)另有规定外，担保物权只有在以下情形，才能就担保物对债务人或者第三人执行：(1)已给付对价；(2)债务人对担保物有权利，或者债务人有权力将担保物上的权利转让给担保物权人；并且(3)当事人之间有一个担保协议"；并且，美国《统一商法典》第九编第9－102条对待开采的担保物如石油、天然气以及其他矿物作了规定："该担保物权由对该被开采之前的矿物享有权利的债务人所设定；该矿物一旦开采出来，该担保物权即在其上有效成立"；以及该法第9－204条(a)嗣后取得的担保物上的担保物权益："除(b)另有规定外，担保合同可以在嗣后获得的担保物上设定或者规定担保物权。"[2]那权益何时附着于嗣后获得财产上？上述担保权益附着的3个条件中，只有担保协议这一个条件具备，其他两个条件即对价的支付和担保人对担保物有权利或者处分的权力尚不具备。如果担保权人先期给予的对价足以支付担保权益对嗣后获得财产的扩张，则担保权益对担保人嗣后获得担保

〔1〕《魁北克民法典》，孙建江、郭占红、朱亚芬译，中国人民大学出版社2005年版，第324页。译者对该条文的翻译是："在他人财产或将来财产上设立抵押，仅在设立人成为抵押权人时开始生效。"原文是："A hypothec on the property of another or on the future property begins to affect it only when the grantor acquires title to the hypothecated right."译文与原文两相对照，笔者认为译者的翻译不是很恰当。

〔2〕See *Selected Commercial Statutes*, 2005 Abridged Edition, Thomson West, pp. 788, 750, 791.

物权利的附着,就会在该权利获得的时刻发生。[1] 此所谓“权利获得的时刻”,即担保物特定化的时刻。对此,有关该条的“正式评论”指出:它对于债务人以现有的和将来的资产(一旦取得)所设定的担保物权均认为有效。[2] 此所谓“一旦取得”,即担保物特定化的时刻。

从上述国外有关动产担保物权立法的实践来看,关于担保物的设立,有两个特点:一是都采取了公示对抗主义,即公示不是担保物权设立的生效要件;二是在担保物是“非特定物”的情形,受担保物“非特定化”的客观限制,作为物权属类型之一的担保物权如抵押权,无以设立的基础。所以,这些国家的立法均明智地放缓了抵押权设立的时间步伐——须待“未来财产”或“嗣后财产”特定化或现实化时,方可于其上设立抵押权。美国《统一商法典》对其间的区别更是泾渭分明:其关于担保权益的设立用了“Attachment”一词,即担保权益的“附着”并规定了担保物权附着的3项条件:已给付对价,债务人对担保物有权利或权力以及当事人之间有担保协议。此番情形一如前述;其关于担保权益的公示如登记、占有、控制等用了“Perfection”一词,即担保权益的“完善”。[3] 从该法的体系结构中可以看出,担保物权的设立和存续与担保物权的公示制度如登记公示制度没有任何因果关系,担保物的特定化以及非特定化,才是担保物权设立与否的客观条件。没有特定化的物,担保物权是无以“附着”的。当事人之间关于设立担保物权的协议仅具有产生设立担保物权之请求权的债权法律效果。[4] 在这一立法背景之下,担保物权的登记,所彰显的就只能是当事人设立担保物权的合意的时间位序罢了——没有办理登记的担保物权或者担保物权设立合意并非就不存在,办理

---

〔1〕 参见董学立:《美国动产担保交易制度研究》,法律出版社2007年版,第89页。

〔2〕 See *Selected Commercial Statutes*, 2005 Abridged Edition, Thomson West, p. 792.

〔3〕 美国《统一商法典》第九编关于附着的条款规定在该编第二部分并以“attachment”为题,关于完善的条款规定在第三部分并以“perfection”为题。参见董学立:《美国动产担保交易制度研究》,法律出版社2007年版,目录第2页。

〔4〕 当事人间的意思表示是债权意思表示还是物权意思表示?这是一个长期以来争论不休的问题。从其法律效果来看,因其仅产生债权请求权之法效,可以认定其为债权意思;从其意思表示的目的指向——设立担保物权来看,则可以认定其为物权意思——只不过是附条件的物权意思——待担保物得以特定化时,因所附条件的成就而产生担保物权。

了登记的担保物权或者担保物权设立合意只是以登记的时间为序确定现有的或将有的担保物权从何时起计算其存在。所以，尽管担保物权的附着与担保物权的登记完善没有直接关系，其却与担保物权之间的优先受偿次序息息相关——某一担保物上数个相冲突的担保权益没有采用登记以外的担保权益完善方法，则相冲突的担保权益之间的优先受偿顺位排列如下：[1] 如各担保权益均已登记完善，则按各担保权益登记时间之先后决定其受偿次序，登记在先者优先于登记在后者受偿；如果相冲突的动产担保权益并非全部办理登记完善手续，则已经登记完善者优先于未办理登记完善者；如果各动产担保权益均未办理登记完善手续，则按照担保权益附着时间的先后决定其优先次序，先附着之担保权益优先于后附着之担保权益。[2] 国外立法的上述规定所展示的，正是担保物权预告登记制度的法律意义。

3. 权利登记的法律意义——立法修改建议

我国《物权法》确立了物权登记生效主义为原则，物权登记对抗主义为例外的物权登记立法主义。[3] 就物权登记制度的本意而言，其所能够表彰的，仅仅是业已存在的物权或者旨在设立物权的债权。[4] 物权登记对抗主义立法体例是以“特定物”交易为前提的物权变动立法技术。[5] 在这一立法技术下，因物权登记制度与物权变动要件的技术切割，使其法律意义有了清晰和直白的表达——记载物权变动的时间顺位利益。我国《物权法》第 187 条和第 188 条的立法规定，显然违背了这一物权法学原理，而且也与该法第

---

〔1〕 参见董学立：《美国动产担保交易制度研究》，法律出版社 2007 年版，第 140 页。

〔2〕 与美国《统一商法典》关于登记担保权益间的优先收受偿次序规则对照，我国《物权法》第 199 条第 3 项之“抵押权未登记的，按照债权比例清偿”的科学性也颇值怀疑：既然该法关于动产抵押权的设立不采登记生效主义，则非经登记的动产抵押权也是抵押权。既为抵押权，则前一未经登记的抵押权就有对抗后一未经登记的抵押权的物权效力，除非后一未经登记的抵押权人在设立此一抵押权是不知情的即善意。

〔3〕 我国《物权法》第 9 条第 1 款规定：“不动产物权的设立、变更、转让和消灭，经依法登记，发生效力；未经登记。不发生效力，但法律另有规定的除外。”该法就动产担保物权没有建立统一动产担保物权登记制度，成为这一立法的一大缺憾。参见董学立：《形在而神异：论〈物权法〉担保物权编的新发展》，载《法令月刊》2008 年第 6 期。

〔4〕 参见董学立：《物权公示，公示什么？》，载《比较法研究》2005 年第 5 期。

〔5〕 参见董学立：《物权变动的主客观条件》，载《法学论坛》2008 年第 3 期。

20条确立的物权预告登记制度相冲突,导致了法律体系的内在混乱。参照国外担保物权立法关于该制度的立法规制,应对上述条款予以适时纠正。[1]

（三）关于担保物的设立和担保物的公示

物权以及担保物权的变动和存在与其公示与否无关,一如前述。既如此,物权的变动立法主义就应该一体化地采行公示对抗主义。但我国担保物权法制关于担保物权的公示立法主义采行的可谓是二元主义:抵押权在不动产抵押权采行公示生效主义,在动产抵押权采行公示对抗主义;质权在动产质权和权利质权采行公示生效主义。矛盾在于:在抵押权内部存在不动产抵押权的公示生效主义与动产抵押权的公示对抗主义之间的对立,在动产担保物权内部存在动产抵押权的公示对抗主义与动产质权和权利质权的公示生效主义之间的对立。笔者认为,在动产担保物权法内部实现担保物权公示立法主义的一元化:改造动产质权,使占有为动产质权变动的对抗要件;改造权利质权,使登记等公示手段为权利质权变动的对抗要件。

（四）关于担保物权的消灭

就担保物权消灭的原因而言,在担保物权的一般事由中,有一条是"主债权消灭"担保物权消灭。这一条规定来自这样的逻辑:担保物权是主债权的从权利,主债权不存在,担保物权当没有存在的必要。但是,担保物权作为所担保债权的从权利,是以其为一项独立的权利为前提的。所谓一项独立的权利,担保物当有自己独立的消灭原因。让担保物随着债权的消灭而消灭,有悖于担保物权的独立性。况且,我国担保物立法向来规定有最高额抵押权,最高额抵押权的从属性大为缓和:最高额抵押权既不会随着债权的产生而产生,也不会随着债权的消灭而消灭,其独立的产生和消灭。更有甚

---

[1] 笔者认为,我国《物权法》第187条应修改为:"以正在建造的建筑物抵押的,应当办理抵押登记,抵押权自建筑物建成时(或自建筑物所有权登记时)设立,抵押权的优先受偿顺位按登记时间为序确立。"我国《物权法》第188条应修改为:"以正在建造的船舶、航空器抵押的,抵押权自抵押人取得在建物的所有权时设立,抵押权的优先受偿顺位按登记时间为序确立。抵押权未经登记,不得对抗善意第三人。"我国《物权法》第189条应修改为:"以将有的生产设备、原材料、半成品、产品抵押的,抵押权自抵押人取得该抵押物的所有权是设立,抵押权的优先受偿顺位按登记时间为序确立。抵押权未经登记,不得对抗善意第三人。"

者,如前述土地债务,作为一种担保物权,其与所担保的债权之间更是互无关联。所以,担保物权从根本上来讲,不应该因“主债权消灭”而消灭。当然,其他的担保物的消灭原因,如担保物实现、债权人放弃担保物权等,是正确的。

第五节　担保物权缘何就可以自由
——对“物权法定”古老神话的颠覆

一、问题的提出

在民事财产法领域,信奉两个法原则:在合同法领域,信奉合同自由原则;在物权法领域,信奉物权法定原则。通说认为,民事财产法领域的上述两个法原则之得以确立且并立,与其所调处的民法法律关系(民事权利)属性攸关:合同法作为债权法律制度之重,其调处的合同关系是存在于特定当事人之间的权利义务关系,原则上仅在合同当事人之间发生效力,并不及于第三人。[1] 故此,当事人如何约定,仅关涉当事人之间的私法益,一般无关乎他人私法益以及社会公法益,因而实无施加外部限制之必要——合同自由原则遂告成立。[2] 物权法恰与合同法相反,其调处的物权法律关系是一种对财产的排他性的关系,恒涉及第三人和国家、社会的公共利益。[3] 故当事人关于物权的内容和种类,物权的公示方式和公示效力等,[4]若准许其自由安排,虽未必有害于甚至时常有利于当事人双方的私法益,但定会使他人因不知情此不公开的物权样态,而处于无所适从的境地——不知道如何行为以尊

---

〔1〕 参见韩世远:《合同法总论》(第4版),法律出版社2018年版,第13页。

〔2〕 合同的本质是当事人通过自由协商,决定其相互间权利义务关系。合同自由主要包括缔约自由、选择相对人自由、决定合同内容自由、变更和解除合同自由、选择合同形式自由等。合同自由的核心内容即“约定优先适用原则”。也有理论认为,合同自由是内容上的设权自由。参见[德]维尔纳·弗尹梅:《法律行为论》,迟颖译,法律出版社2013年版,第13页。

〔3〕 参见梁慧星、陈华彬:《物权法》(第6版),法律出版社2016年版,第22页。

〔4〕 物权的公示方式、公示效力,是不是与物权内容、种类并列的物权法定对象,一向有争议:原因之一就是我国《物权法》第5条并未涉及物权的公示方式、公示效力,以文义解释,当不是物权法定的对象;原因之二是有学者认为,物权的公示方法、公示效力由同属物权法基本原则的物权公示原则调整。因此,将物权的公示方法、公示效力作为物权法定的内容便缺乏意义。参见高圣平:《物权法定主义及其当代命运》,载《社会科学研究》2008年第3期。

重他人的物权归属——确保物权归属之安全;也不知道应付多少价款以公平的受让一种不得而知其质与量的所谓的物权——实现物权之交易安全。最终,也直接或间接地危害社会利益和经济发展。由是之故,物权的种类和内容,物权的公示方式和公示效力等方面,不应允许当事人自由约定,而须由法律作出强制规定。以便于维护物权的归属安全和物权的交易安全——物权法定原则亦遂告成立。[1]

物权法定主义系物权法构造的重要基住,源始于罗马法,其后为继受罗马法之大陆法系国家和地区所采用。日本、韩国及我国台湾地区均以明文规定(《日本民法典》第175条、《韩国民法典》第185条、我国台湾地区“民法”第757条)。瑞士、奥地利、德国等国民法虽无明文,但解释上均认为有此原则之适用。[2] 英美法虽对物权法定原则亦无明文规定,但判例上同样认可该原则的存在。[3] 由此可以认定,物权法定原则是一个世界范围内普适性的财产法原则。我国2007年颁布的《物权法》第5条规定:物权的种类和内容,由法律规定;我国2017年颁布的《民法总则》第116条规定:物权的种类和内容,由法律规定。所以,物权法定也是我国《物权法》的一项基本原则。但在我国《物权法》以及《民法总则》颁布前后,民法学界关于要不要在物权法中规定物权法定原则,以及在何等程度上规定物权法定原则,曾有过激烈的争论。且学界主张“物权法定缓和说”和“物权自由说”者亦不乏其人。[4] 各学说针锋相对,谁也不能说服谁,也未能说服学界同仁。有关物权法定的

---

〔1〕 物的归属的安全,即物权人与其他人之间的法律关系,此种法律关系以其他所有人知晓一种物权的内容而得以确定自己行为界限为要;物权的交易安全,即受让人与除出让人外的其他人之间的一种法律关系,此种关系以受让人受让的物权因内容确定而受到其他人对受让结果的尊重为要。

〔2〕 参见谢在全:《民法物权论》,中国政法大学出版社2011年版,第32页。

〔3〕 关于英美法中为何也采纳物权法定原则,主要有两种观点:一是为了防止财产的“细化”或“泛化”理论,二是为减少审查费用理论。前者认为,财产的流转性是财产权最重要的特征,是财产权的核心。因此,财产权的一个功效就在于杜绝阻碍财产流转情况的发生。若财产上存在多个权利人的权益,则对财产进行有效的利用和流转时,必然牵涉许多当事人的利益,其结果就是必然危害财产的利用和流转。所以,不能允许随意创设新型的财产权类型,以保证财产的有效利用和流转。后者则认为,物权法定并非是为了防止在财产上出现过多的财产利用方式,以致损害债权人的财产利用,而是为了防止设立新型的财产利用方式而给其他社会成员造成市场交易时审查费用的增加。

〔4〕 参见常鹏翱:《物权法定原则的法律适用——中国法律经验的总结与评析》,载《浙江工商大学学报》2008年第3期。

争论伴随民法典分则的编纂仍在继续。以至于物权法定理论提出和司法实践历经近 2000 年之后,笔者对此一问题不得不重拾再议,穷究其理。特别值得注意的是,我国 2017 年 3 月通过《民法总则》第 10 条规定:处理民事纠纷,应当依照法律规定;法律没有规定的,可以适用习惯,但是不得违背公序良俗。从境外的立法和司法经验来看,这一规定使物权法定原则经由习惯确立了物权法定之缓和原则。〔1〕

至此,或许可以认为问题已经解决,争论也该暂告段落。但学界似乎并没因此善罢甘休。有关物权法定、物权缓和以及物权自由的争论依然甚嚣尘上,至今尚看不到终结。〔2〕 于此,学界必须提出新思路、新见解、新方法以回应老问题。笔者认为,"物权法定"一词,从语词构造上来讲,属主谓结构,主语是"物权",谓语是"法定"。此所谓"物权",在物权法概念体系中是一级概念;其下属二级概念是所有权、用益物权和担保物权;三级概念如土地用益物权、动产担保物权等;四级概念如建设用地使用权、动产抵押权等。所有权在实质上没有三级、四级概念,其在形式上可以比照用益物权、担保物权的模式,想象着所有权有三级、四级概念,但其仍然是也只能是"所有权"用词;与本身作为二级概念的用益物权、担保物权,以及其三级概念如土地用益物权、动产担保物权等皆属于抽象化、体系化的物权概念的不同,所有权因没有三级、四级概念而身兼数职:所有权既是二级概念,也是三级、四级概念;既是抽象化、体系化概念,也是现实具体制度概念。沿着这一思维路径再续追问:此所谓"法定",究是指物权哪一级概念的法定;是物权一级概念的法定;还是物权二级概念抑或是物权三级概念、四级概念的法定;以及,物权法定、物权缓和并物权自由,是皆可适用于物权一级概念的法原则,还是仅可适用于物权次级不同概念的法原则?笔者认为,对于物权法定及有关的上述问题此一向度的研究和回答,可以实现物权法定等相关各理论从以往宏观叙事式向微

〔1〕 2009 年我国台湾地区"民法"修订,增列"习惯"为物权之法源。参见谢在全:《民法物权论》(上册),中国政法大学出版社 2011 年版,第 37 页。

〔2〕 物权法定与物权缓和因立法的确认,在理论上的争论逐渐平息;但物权自由的争论,因着担保物权法的编纂而渐趋激烈。参见董学立:《建立动产担保物权统一登记制度的担保物权法编纂意义》,载《法治研究》2018 年第 1 期。

观求证式的研究转向,最终可以完好地释解物权法定各理论一直以来遇到的理论"迷雾"和实践困境。当然,这一设想成立的前提是,不同层级物权概念之间具有实质区别。若不同层级物权概念之间没有实质区别,则需同等对待、一体适用,即统一适用或物权法定原则,或者物权法定缓和原则,或物权自由原则等。

二、物权法定之宏观叙事

(一)物权法定,法定什么

关于物权法定,首要的问题是:物权法定,法定什么?有学者认为,物权法定的内容主要包括两点:一是"当事人不得创设法律所不认可的新类型的物权,学说称为'类型强制'";二是"当事人不得创设与物权法定内容相悖的物权,学说称为'类型固定'"。[1] 还有学者认为,物权不得创设。所谓不得创设,具有两种意义:一是指不得创设法律所不认许之新种类物权,如当事人不得设定民法所无之不动产质权;二是指不得创设与物权法定内容相异之物权,如当事人不得设定不移转占有之动产质权。[2] 教科书当是以解释现有立法为主要目的,笔墨非着力于阐释著者个人学术见解。从我国现有立法的规定来看,我国《民法总则》《物权法》对物权法定皆有明文:"物权的种类和内容,由法律规定。"据此,学者认定需要物权法定,且物权法定的是物权的种类和内容。此论以现有立法为论证依据,当算是有充分的实证法基础。但与此同时,关于"物权法定,法定什么?"的学术观点依然层出。有学者认为,物权法定原则的内涵是指物权的种类、内容、效力以及公示方法由法律规定,原则上不能由法律之外的规范性文件进行规定,也不能允许当事人自由创设物权的种类以及确定物权的内容、效力和公示方法。[3] 也有学者对此持反对观点,根据我国《物权法》第5条的规定,物权法定的是,并且只是物权的种类和内容。物权法定并不包括、也无须包括设立方式、效力、公示方法、保护方

[1] 梁慧星、陈华彬:《物权法》(第6版),法律出版社2016年版,第59页。

[2] 参见谢在全:《民法物权论》,中国政法大学出版社2011年版,第35页。

[3] 参见王利明:《物权法定原则》,载《北方法学》2007年第1期。

法的法定。[1] 可以看出，对于物权法定之法定物权种类和物权内容，学界没有异议；但对于是否也法定物权的公示方式和法定物权公示的效力等，学界主张则有较大分歧，甚至截然对立。

从我国《物权法》规定以及物权法原理来看，物权法定，当不限于物权种类和物权内容的法定，还应当包括物权公示方式和物权公示效力的法定。这是因为，从我国《物权法》的条文来看，该法第 6 条规定：不动产物权的设立、变更、转让和消灭，应当依照法律规定登记。动产物权的设立和转让，应当依照法律规定交付。这是我国《物权法》关于物权公示方式的法律规定，即该法规定不动产物权以登记为公示方式，动产物权以占有为公示方式。随后，该法第 9 条又规定：不动产物权的设立、变更、转让和消灭，经依法登记，发生效力；未经登记，不发生效力，但法律另有规定的除外。[2] 依法属于国家所有的自然资源，所有权可以不登记。我国《物权法》第 23 条规定：动产物权的设立和转让，自交付时发生效力，但法律另有规定的除外。[3] 我国《物权法》第 24 条规定：船舶、航空器和机动车等物权的设立、变更、转让和消灭，未经登记，不得对抗善意第三人。这是我国《物权法》关于物权公示效力的规定，即除法律另有规定外，一般来说，不动产物权以登记公示为生效要件，动产物权以占有公示为生效要件。从我国《物权法》的上述规定来看，除法律另有规定外，不动产物权以登记为其公示方式，动产物权以占有为其公示方式；以及，除法律另有规定外，不动产物权变动实施登记公示生效主义，动产物权变动实施占有公示生效主义。也就是说，物权的公示方式和物权的公示效力，虽多有例外，但无论是一般的还是例外的，法律对各种具体物权的公示方式和公示效力，都以明文规定，没有留给私人以自治的间隙。事实上，法律不允许当事人自由约定物权的公示方式和公示效力。试想为例，虽然公证在法律上具有一定的证明作用和一定的公示效果，但因为我国《物权法》等法律并

〔1〕 参见张志坡：《物权法定，定什么？定到哪？》，载《比较法研究》2018 年第 1 期。

〔2〕 此“法律另有规定的除外”，当是指我国《物权法》第 127 条、第 129 条规定的土地承包经营权变动的公示对抗主义，该法第 158 条规定的地役权不动产物权变动的公示对抗主义。

〔3〕 此“法律另有规定的除外”，当是指我国《物权法》第 25 条、第 26 条、第 27 条规定的“简易交付、指使交付和占有改定”。参见徐涤宇：《物权法定主义和物权立法》，载《法商研究》2002 年第 5 期。

没有规定公证是物权变动的公示方式以及经公证即可发生物权变动的效力等,所以,尽管社会上有些人对公证施以信赖,但因为在我国没有法律规定公证是物权变动的公示方式,以及没有法律规定经公证即可发生物权变动的效力等。所以当事人之间关于以公证作为物权变动的公示方式,以及意图经公证即完成物权变动的约定,是没有法律根据以及也不可能产生法律效力的。笔者认为,尽管立法关于物权法定,有专属条文限指物权的种类和内容法定,但从我国《物权法》其他有关条文的明文规定和规范意旨来看,以及从物权法的原理来看,物权的公示方式和公示效力,也是由不得当事人自由约定的,即必须由法律规定。〔1〕 而且,既然物权法定在宏观上是指物权内容和种类,公示方式和公示效力的法定,则物权法定、物权缓和与物权自由等理论,虽可为论述、论证之方便,得适用于物权一级、二级、三级概念领域,但它们当须最终落脚适用于物权四级概念领域。因为物权一级、二级、三级概念皆是抽象化、体系化的概念,唯物权四级概念是现实化物权制度概念。

据此,笔者认为,为调和学界对物权法定"法定什么"的认识不一,宜将"物权法定,法定什么?"的问题,置于不同的视野下予以回答:从我国《物权法》关于物权法定的专属条文来看,物权法定乃法定物权种类和物权内容;从我国《物权法》的整体规范来看,物权法定除法定物权种类和物权内容外,还要法定物权公示方式和物权公示效力。也可以说,物权法定有狭义物权法定和广义物权法定之别。笔者关于物权法定的主张,当是广义物权法定说:物权法定,法定物权的种类、内容;法定物权公示方式和公示效力。此所谓广义物权法定,尚有概括意义韵味:从一级物权概念层面来说,当包括上述四个方面的法定;从物权次级概念层面来说,其法定内容不一、并非在上述四个方面全部法定,应有所不同。此留待后文详论。

---

〔1〕 有学者以物权法定原则之外还有物权公示原则为由,否定物权法定除定物权的内容和种类外,还要定物权的公示方式和公示效力。参见张志坡:《物权法定,定什么? 定到哪?》,载《比较法研究》2018年第1期。但笔者认为,物权公示原则的本意是物权需要公示或物权必须公示等,而物权需要以及需要公示与物权以什么方式公示以及物权公示的效力如何等,则不是物权需要公示原则所能含摄的问题。因此,物权的公示方式和物权的公示效力,应属于物权法定原则的范畴,起码不应是物权公示原则的问题。

(二)物权法定,何须法定

物权缘何须要法定,法学著述可谓汗牛充栋,此举代表两例。有学者认为,物权法定的立法理由大体有三:一是物权具有排他性,是民事权利中效力最强的权利,因此,必须是社会公认的权利而不是当事人私自约定的权利;二是财产支配关系是一个社会存在和发展的基础,由于各国的政治制度、经济制度等有所差异,各国对物权的类型、内容以及取得方式的规定当然会有不同,采纳物权法定原则,只认可和保护本国法律规定的物权,是各国立法发展的必要要求;三是物权是人们交易、交换的前提和结果,因此各种物权的内容的含义,在一国法律领域内必须统一。[1] 另有学者认为,物权法定之所以存在,理由亦数有三:一是确保物权之特定,建立物权体系;二是整理旧物权,防护封建制物权之复活;三是便于物权之共识,确保交易之安全与迅速。[2] 两相比较,两位学者的上述所陈主张差异不大且皆在情理之中:要么是缘于物权之特性并交易之安全,要么是缘于物权在特定时空下的社会需求和法定效果。笔者在基本赞同上述主张的同时,亦颇感其因缺乏应有的逻辑推演而说服力不足。对于物权缘何须要法定,笔者认为,物权法是关于物权归属之静态规范法和物权变动之动态规范法之总和,物权法定原则应当来之于并适之于上述两套法规范。由此,笔者进一步认为,物权之所以须要法定,应当是或者只能是缘起于物权归属之静态安全和物权交易之动态安全的法律诉求。[3] 只有能够确保物权归属之静态安全和物权交易之动态安全的物权法律制度,才是我们所需要的物权法律制度。作为物权法构造重要基柱的物权法定原则,应当服从和服务于上述物权法意旨。

---

〔1〕 参见梁慧星:《中国民法典草案建议稿附理由:物权编》,法律出版社 2013 年版,第 11 ~ 12 页。

〔2〕 参见谢在全:《民法物权论》,中国政法大学出版社 2011 年版,第 32 ~ 33 页。

〔3〕 我国《物权法》第 1 条规定,为了明确物的归属,发挥物的效用,保护权利人的物权,根据宪法制定本法。该法第 2 条规定,因物的归属和利用而产生的民事关系,适用本法。依此,物权归属和物权交易是物权法的全部内容。作为物权法核心原则的物权法定原则,若不能从物权归属和物权交易两个方面找到其存在和适用的理由,就不能称其为物权法的基本原则。

1. 何须物权法定原则之一:物权归属之静态安全的需要[1]

物权法首先当是物权归属之法,物权有对特定物的用益价值和交换价值的直接支配属性和排他属性。所有权系对标的物之用益价值和交换价值的全面支配和全面排除他人干涉的权利,用益物权和担保物权是对物之或用益价值或交换价值的支配和排除人干涉的权利。到目前为止的人类文明社会里,物资供给与物资需求之间一直呈供不应求的紧张关系状态。为维系生存以及为了更好生存,人类对生活物资须据为己有,为实力支配,以满足填腹充饥、遮体避寒、居住耕作之生存和发展需要。于是,此为"我之物",唯有"我方能自由用益,他人不得侵犯,否则得加以排除"成为法制必需。由此可知,所有权不仅系随社会之发展而兴起,在权利发展史上可谓系最早之产物,且为实现个人对自己之物得自由用益,对他人之侵害得加以排除之功能而发生。易言之,所有权之社会作用乃在于保护所有权人对物之支配关系,且此种静态支配关系在时间上具有永续性。[2] 在自给自足的社会生活中,所有权着重在个人对标的物之直接支配,以享受其利益,此即为"所有";在分工合作之社会生活中,所有权系以商品之交换为其特质,然为使商品交换得以顺利进行,对于特定商品亦有直接支配也就是"所有"之必要,此类所有观念,经法律之承认即为所有权之故。[3] 所有权人基于对物的用益价值和交换价值的全面支配地位,除得享用所有权和处分所有权外,还可得将标的物之一定期限内的用益价值设供他人享用以收取对价,此种仅以支配标的物一定期限内用益价值为限的支配权利独立成为物权时,即系以建设用地使用权为代表之用益物权;所有权人亦可得将标的物交换价值为限之支配权利设供他人享有,以获取信用,此种仅以支配标的物之交换价值为限的支配权利独立成为物权时,即是以抵押权为典型之担保物权。[4] 由此,所有权、用益物权和担保物权之二级物权概念体系,三者共同

---

〔1〕 笔者在物权法的研究中注重从静态物权法和动态物权法两个方面入手研究物权法的有关问题,参见董学立:《物权法研究——以静态和动态的视角》,中国人民大学出版社 2007 年版,第 15 ~ 148 页。

〔2〕 参见谢在全:《民法物权论》(上册),中国政法大学出版社 2011 年版,第 22 页。

〔3〕 同上。

〔4〕 同上。

构成一级物权法律制度。由此可见,物权制度系以所有权制度为基本典型的对物之直接支配权,随着社会生活需要和经济发展,又孕育成型内容并种类不同的对物之支配形态,以济社会生活多种需要。[1]

对所有权概念所标示的对标的物的"所有",人们感同身受。所有权的"所有",是一种对物的用益价值和交换价值的全面支配和全面排他权利。也可以这样认为,对物的用益价值的一定期限内的支配和排他权利内容,对物的交换价值附条件的支配和排他权利内容,也都是权利人对物的部分价值的"所有":所有权是对物的全部价值的"所有",用益物权是对物的有期限用益价值的"所有",担保物权是对物(物权)的交换价值附条件"所有"。对物之价值归属性"所有"的法律地位,是这些权利的共同特点,其不同点则在于"所有"的内容不一样。也可以说是所有的"量"的方面不一样,所有的"质"的方面是一样的。正是基于这些权利在质的方面的共同特点,"物权"一词在表达"所有"这一共同点之时,而其前缀如"所有"(物)权、"用益"物权、"担保"物权,则表述这些"物权"之间的内容差异。[2] 这些物权概念经法定化之后,以种类名称概念之极简符号的方式,向社会传达这些物权概念背后经法定型化的权利内容。[3] 再加之这些不同的物权因物权种类的不同以及物权标的不同等,法律对其公示方式究是登记公示方式,还是占有公示方式,以及各种公示方式的效力是公示生效还是公示对抗等,均作出了一一对应的法律规定。此即物权法定原则。质言之,各种物权的内容,与各种物权内容相对应的各种物权的名称,以及与各种物权一一对应的物权的公示方式和公示效力等,均须由法律规定,当事人不得自由约定。由此,法律以其公开性、权威性、统一性,为权利人和权利人之外的其他人,划定了因物的存在所产生

---

〔1〕 也就是说,所有权之外的各种物权尤其是用益物权,其内容和种类是由社会需要拉动的。社会需要多种多样、永恒变化,故而用益物权的种类和内容也就随之处于不断变化之中。

〔2〕 "物权"一词就其法律意义而言,述说的是一种法律关系模式,但相对于债权之两个人之间关系模式,物权属于相对于物的三人之间的关系模式:一个人对物有自由,其他两个人所代表的其他所有人就都有不妨碍、不侵犯的义务。

〔3〕 物权种类名称作为极简符号标志着一定的物权内容。而实质上是物权的不同内容衍生出物权不同的概念。

的用益价值和交换价值归属，以及因此形成的不同法律主体之间的行为边界：物权人对其物在物权概念称谓所涵指的权利内容范围内有自由使用和处分的权利，完全物权人即所有权人需依照约定尊重用益物权人、担保物权人对物的用益和处分等的自由；其他人可以不知道此物之利益在多大范围和程度上归属于谁，但其应该知道"此物不属于我，我有不侵犯义务"。[1] 以此"不侵犯义务"的履行来共同维护物权人的利益。也就是说，根据物权内容的不同，法律为不同内容的物权类型取了不同的名称，并对不同的物权实施不同的法定公示方式，以及安排了不同的法定公示效力。反之，社会公众借助于物权之法定名称、法定公示方式和法定公示效力，来确认不同的物权内容，并按照法定物权内容划定各自的行为边界。终此，因物权的存在而产生的物权归属之静态安全，凭因物权内容的法定化、物权法定内容的法定名称化，以及物权归属的外观化法定公示形式和法定公示效力而得以塑成。[2]

总而言之，物权法定原则所包含的物权内容、种类法定，物权公示方式和公示效力法定，为物权概念路径下各具体物权类型划定了稳定的、清晰的以及可识别的权利边界，并以此权利边界划定和限制相关人的行动范围。物权边界范围内的人，可以在法律允许的范围内"为所欲为"；物权边界范围外的人，则不得以自己的行为妨碍或妨害物权人受到法律保护的"为所欲为"的自由。以此，物权归属之静态安全得以实现。

2. 何须物权法定原则之二：物权交易之动态安全的需要[3]

如果允许物权自由，则物权的内容、种类，物权的公示方式和公示效力等，就会因人而异、千姿百态。各种各样的物权的质是什么；量又是什么；各种物权市场交易的价格与物权的价值如何确定；以什么样的方式来推定和确

---

[1] 董学立：《物权法研究——以静态与动态的视角》，中国人民大学出版社 2007 年版，第 220 页。

[2] 物权归属之静态安全秩序的形成，有赖于"非我之物，我不侵害"的义务遵守。至于此物之所有权、用益物权和担保物权归属于谁，对于义务人来说，没有获得此些信息的激励机制。当然，在所有权人和用益物权人以及担保物权人之间，法定物权类型的权利内容和权利名称对于形成"非我之物，我不侵害"的物权归属秩序，应具有显性价值。

[3] 有趣的是，物权法并没有将物权的变动作为其明示的调整对象。这应该成为未来民法典分则编纂予以补充或完善的方面。

定物权的存在和归属等？交易相对人因处于信息不对称一方，要确定物权的归属，以及确定物权的质与量等，则需要花费大量的资讯获取费用。这些资讯获取费用额之高，实足以抑制交易的有效进行。形象一点说就是，物权法定就是把交易中的物权以物权法的方式，明文昭示形塑成如同商品一样的“标准件”。有关这一“标准件”名称之下作为交易对象的物权的归属和“质与量”，全部交由物权法规定并以物权法方式公开，当事人不得自由约定。如此一来，交易相对人物权资讯获取费用将极大降低。如作为用益物权类型之一的“建设用地使用权”，这一概念形塑的“标准件”的“质和量”就是建设用地使用权人依法对国有土地在一定期限内享有占有、使用和收益的权利，有权利用该土地建造建筑物、构筑物及其附属设施，有权处分该建设用地使用权。尽管其在量方面有“期限”长短，但其在质方面的“占有、使用、收益和处分的权利，有权利用该土地建造建筑物、构筑物及其附属设施”等，则法律有明确具体规定。当事人只要“叫卖”的是“建设用地使用权”这一法定“标准件”，则“建设用地使用权”名下的上述质乃至量尤其是质方面，就全都由物权法明确规定清楚了。既如是，交易相对人则无须再就交易对象的质和量等资讯确定投入过多精力：物权法明文宣示了，所有的物权作为交易对象时，其质与量是什么，只能以物权法中确定的物权名称为准对照，当事人不能自由约定。当事人只要选择一个物权名称，关于该物权名称下的作为交易对象的物权的质与量即物权内容，以及该物权的公示方式和公示效力等，都是法定的。[1] 当然，我们心知肚明：各种物权的内容决定了不同物权的概念名称、公示方式和公示效力，而不是相反。至于其归属何人，则全凭法定的公示方式来推定。

物权为满足交易安全而须法定这一点，恰如商业交易中的工业产品。作为交易对象的工业产品，一般都是被设计成“标准件”的。以被交易的汽车为例，第一级概念“汽车”之下的“标准件”路径就是，如汽车品牌如“宝马汽车”，“宝马汽车”是下次于“汽车”的第二级概念，其第三级概念应是宝马汽

〔1〕 物权有公示制度，物权公示制度公示的一般是物权的种类；物权法也是一种公示制度，物权法公示的是物权的法定内容，以及由物权不同的法定内容而类别的名称。公示制度公示的物权种类的法定内容，皆有物权法予以法定并公示。所以，物权法是最有效、最基本的物权公示制度。

车的不同系列如宝马 X 系列,第四级概念就是因宝马 X 系列的配置不同而确立的不同名称如宝马 X5,第五级概念如宝马 X5 系列的不同款式如 2017 款 3.0T 自动 xDrive35i 典雅型。对应于宝马汽车的第五级概念,就是法定的一款具体类型的汽车——作为物权法上的“物”,这一款汽车的配置如何、性能如何、性价比如何等？同一时空之下,一般不会因出售主体不同而有差异。只要言明了是这一款型汽车,其质与量都是统一的、同一的。这款型汽车的质与量不得由当事人自由约定,而由汽车厂家根据行业标准、产品定位等因素设计而生产。商业交易中的工业产品为何多被类型定型化销售？因为类型定型化销售无论是对于生产者、销售者来说,还是对消费者来说,都是最经济有效的交易方式。尽管客观上有小众的个性化定制,但大众类型定型化销售是商业交易的主流。物权的法定化,与物权本身也是市场交易的客体休戚相关。作为市场交易的对象,若物权本身的质与量任由私人塑定,则它终究是什么就不得不在每一次的交易中需要被个别认定。个别认定成本之高,造成交易行为非为事实不能,实足以令市场“窒息”而为法律不能。所以,物权法定是物权市场交易的基础和要求,实为物权交易安全之所必需。

总而言之,物权法定原则所包含的物权内容、种类法定,物权公示方式和公示效力法定,完成了物权作为交易对象的“标准件”煅塑;以此各类物权“标准件”煅塑,为人们提供了作为交易对象的各类物权本身之权利享有识别外观(物权公示)和权利内容确认代码(物权种类)。以此物权“标准件”煅塑,实现了物权交易相对人对交易安全的诉求。

三、物权法定之微观求证

基于以上分析,笔者确认物权法定的原因,主要来自物权归属之静态安全和物权交易之动态安全的法制需求。笔者认为,所有权、用益物权和担保物权既是一种归属型物权,也是一种交易型物权,对归属安全和交易安全都有诉求,因而它们都需要法定。与此密切相关,因二级物权类型在物权法律制度体系中的法律地位和社会作用不同,其对归属安全和交易安全的需求程度有异。正是对物权归属安全和物权交易安全的需求程度有异,决定了各种物权之法定程度的高低、法定方面的不同。如所有权,其不仅是其本身,还是用益物权和担保物权得以产生的“母体”。所以,法律对其内容之确定性、类型之稳定性和公示之外观性,都有较用益物权和担保物权更高的要求,即所有权法定程度最高——所有权的内容、种类、公示方式和公示效力四个方面都须法定,且极少受时空变化影响;相比之下,用益物权的法定程度则次之。与所有权不同的是,用益物权因需而设,受时空变化影响较大:不同国家、不同地区的用益物权制度一般是不一样的;同一国家、同一地区之不同时期的用益物权制度体系也多是不一样的。这一点就充分说明了这样一个道理:用益物权之权利内容因需而设,既具有特定时空下的相对稳定性,也具有历史长河下的永恒变动性。因而,用益物权既需要法定也需要缓和,以此方能满足社会多方需求;担保物权实质上是一种一定程度上对所有权、用益物权作为担保标的之变价的在受担保债权数额内的优先受偿权。因担保物权变价交易的对象——所有权、用益物权是法定的,法律若在此基础上对担保物权的权利内容施以法定,则担保物权就会因其权利内容的单一性,而使其种类之别完全失去了意义。当然,无论是用益物权还是担保物权,其公示方式和公示效力则均须法定。[1] 传统物权法理论关于物权要不要法定、要不要缓和以及要不要自由的争论,在笔者看来完全归咎于理论上过于笼统而失去了针对性,因而也丧失了说服能力。

在法律形式上,所有权、用益物权和担保物权具有相同的法律形式,即都是因为物的存在而产生的一个人与其他所有人之间的法律关系。但既然是不同种类的物权,在其不同名称背后,定有因内容不同而导致的法制度体系效应。以形式逻辑之概括推理替代具体内容之实质分析,是造成当下物权法定原则各论调争不休、论不清的根源。也就是说,物权法理论关于物权法定、物权缓和以及物权自由的不同主张,若将其置于物权一级概念之宏观领域来

---

〔1〕 公示方式、公示效力的法定统一,是交易效率的要求。只有在公示方式和公示效力统一的情况下,才能获得最大的交易效率和交易安全。所以,公示方式和公示效力没有缓和与自由之说。

贯彻、落实,则是必因其或在所有权领域,或在用益物权领域,或在担保物权领域存在例外而不得贯彻落实、不得破题解惑。因为,物权法定、物权缓和以及物权自由,它们本就是不能被适用于物权一级概念宏观领域的理论。与此同时,它们也不能同时被置于物权次级概念的同一领域。但不无遗憾的是,一直以来,我们却始终将它们同时置于物权一级概念领域,或物权次级概念在同一概念领域。这一状况造成了理论上的重大混乱,实践中的深重漩涡。但如果将物权法定、物权缓和以及物权自由,分置适用于物权二级概念以下的不同领域,则上述各学说将因各得其所,而在立法、司法等领域显露身手。因此,物权法定、物权缓和以及物权自由各学说,并非全对或全错,其正确的表达方式应是各理论分别适用于物权次级概念的不同领域。但长期以来,我国民法学界关于物权法定、物权缓和以及物权自由各论调,因其被置于物权一级概念领域而不得其所;更不幸的是,各论调也同时被置于不该同在的物权次级概念领域,以致最后形成了各论调在物权同一次级概念领域互撕互殴、交织胶着的困局。这一状况,堪为物权法定原则确立以来,延续至今的混乱风景。是到了应该分别取景各自成像的时候了——这恰是中国民法典编纂提出的时代要求。[1]

(一)分别取景、微观求证之一:所有权的"物权法定"是严格法定[2]

此所谓所有权的物权法定是严格法定,是指所有权的内容、种类,所有权的公示方式和公示效力四个方面都要法定,且此四个方面没有所谓的缓和,更没有所谓的自由。也就是说,所有权法定既没有后文关于用益物权之内容、种类法定基础上的缓和说;更没有之后担保物权内容、公示方式、公示效力法定基础上的担保物权种类名称自由说。对所有权之所以实施最严格的法定,与其在整个物权法律制度体系中所处的地位和其权利属性密切相关。

---

〔1〕 我们的目标是"制定一部21世纪伟大的民法典",以与19世纪《法国民法典》,20世纪《德国民法典》并驱。但这一目标的实现,在笔者看来有点遥远。

〔2〕 笔者检索了知网以"物权法定"为题的论文发现,没有一篇文章对所有权法的物权法定提出过质疑、否定;如果对物权法定有质疑、否定,一定是落脚于用益物权法和担保物权法领域。这个现象值得认真思考。

就所有权在整个物权法律制度体系中所处的地位而言,所有权是用益物权法律制度和担保物权法律制度的基础和由来。将所有权中的用益价值剥离出来,成立的独立物权制度就是用益物权制度;将所有权等的交换价值独立出来,附条件地让渡给债权人,在一定条件成就时赋予债权人对所有权等之交换价值的有限且优先受偿权,即为担保物权制度。为了给不仅需要法定而且在法定的基础上也需要缓和的用益物权,以及在内容法定基础上种类名称可以自由的担保物权一个稳定的法制基础,所有权制度不仅没有如同用益物权和担保物权那样在次级概念领域种类名称多元,而且也没有如同它们那样在法定基础上还需有缓和以及自由的空间。两相比较,所有权首先是一个种类单一甚至单调的物权类型。从严格意义上来讲,所有权没有再分类。以所有权与用益物权和担保物权进行形式对比,也可以说“所有权”二级概念至四级概念只包括“所有权”一种物权类型。我国《物权法》关于所有权的分类,如基于物权主体的不同,有国家所有权、集体所有权和个人所有权之分;基于物权客体的不同,有不动产所有权和动产所有权之别;还有基于物权内部构造不同,有一般所有权和区分所有权之分。但若从所有权的权利内容来看,上述不同分类依据所形成的所有权类型,都没有实质的内容区别。相对于用益物权和担保物权而言,一般意义上的所有权,是指所有权人在法律限制的范围内,对于所有物为全面支配的物权。[1] 所有权又是一个一向严格法定的物权类型。就一般意义上称为所有权的物权类型而言,其内容和种类,其公示方式和公示的效力,过往当然没有,现在依然没有,将来定然也不会有物权法定基础上需要以及可以缓和乃至自由的可能。所有权之所以不需要乃至不可能缓和,是因为人们对所有权没有新内容、新类型的需求。假若新内容、新类型的所有权得以出现,则必然连环式地引起新类型所有权基础上的新类型用益物权体系和新类型担保物权体系的连锁随变。这无论是制度成本还是社会成本都是不能承受的;所有权之所以更不能自由,与所有权是一个浑然一体的权利有关。所有权不像担保物权那样,担保物权就像是

---

〔1〕 参见梁慧星、陈华彬:《物权法》(第6版),法律出版社2016年版,第105页。

一个立方体——从不同的角度观察或以不同的法律关系模式思考,它就会有不同的名称——虽然它的结构本体(权利内容)不会因此而发生改变。例如,对于附条件买卖来说,既可以从出卖人的角度观察,因而称为所有权保留;也可以从买受人的角度观察,因而称为抵押权设定。[1] 前者是一个所有权法律关系的结构模式,后者则是一个抵押权法律关系的结构模式。在这一方面,所有权就与担保物权有重大不同,所有权恰如同一个球圆体,无论从哪一个角度观察它,观察的结果都是一样的——它能且只能以一个名字即"所有权"冠称。所以,所有权因权利内容的浑然一体而使其名称无须多样或自由。

详言之,就所有权严格法定而言,横向比较,全世界各个国家的所有权,几乎是一样的——尽管在法律理论上有大陆法系所有权和英美法系所有权之别;尽管大陆法系所有权在历史上有罗马法所有权和日耳曼法所有权之异。[2] 但就上述各类所有权在今日之特质而言,各法系、各国家的所有权没有实质区别。上述各所有权都是所有人在事实的以及法律的范围内,对所有物行使的最完全、最绝对、最自由的权利。就积极方面而言,所有人不仅在所有物上有为行为之权,也有不为行为之权;就消极方面而言,所有权人则有禁止和排除他人对所有物为任何行为之权。[3] 所有权具有浑一性和完整性。由此出发,所有权遂被认为具有绝对性、排他性和永久性。[4] 所有权的这一属性,使同一时空下同一物上不可能有两个及以上的所有权。首先,所有权是一项完全物权、一种自物权,是所有人对所有物得以实施以占有为基础的对物的用益和处分的自由。当所有权人对其所有的物实施以占有为基础的用益和处分自由时,在空间维度上以及在时间向度上,其他人就不可能再有

---

〔1〕 购买人分文未支付可依约获得购买物的所有权,然后将其有所有权的购买物抵押给出售人。

〔2〕 参见梁慧星、陈华彬:《物权法》(第6版),法律出版社2016年版,第13页、第110~115页。

〔3〕 参见郑冠宇:《民法物权》(第5版),台北,新学林出版股份有限公司2015年版,第200页。

〔4〕 参见梁慧星、陈华彬:《物权法》(第6版),法律出版社2016年版,第103页。

一个同样的实施以占有为基础的用益和处分的自由。[1] 所有权本身既然在时间上和空间上无法与他人分享,其就只能独一无二地被享有和存在着。其次,就其效力而言,所有权是一个基于所有物的客观存在而产生的各种对现有的以及可能的全部利益的享有和支配。在所有权人与其他人之间,只能是所有权人得自由地"为所欲为",其他人则只能是"不得作为"。由此正反"两为"之行为编织起了所有权人独立自由的私权"王国"。最后,所有权就其内容所及范围而言,物权法只能在物权二级概念项下设置一个所有权类型。物权在所有权概念路径上的延伸不同于用益物权和担保物权,后两者均有其三级、四级概念层级延续。所有权概念不延伸的结局就是所有权类型的单一性、唯一性。[2] 理论一再证明且事实也不证自明的是,所有权概念项下只有一个所有权类型,此所有权在全世界各个法域几无二致,即自物权和完全物权。[3] 对此所有权之内容、概念,公示方式、公示效力,法律均不允许当事人自由约定,须按照法律规定的方式享有、享用。可以说,所有权的单一性、稳定性,是用益物权和担保物权的多样性、开放性的基础和前提。没有前者的单一、稳定,就没有后者的多样、开放。

另外,有必要叙述几个与所有权有关的特别所有权问题。一是所有权的法政策问题。所有权在历史发展进程中有绝对所有权和相对所有权之别。就问题的本质而言,所有权在任何时代都不是不受限制的绝对权利,只不过对其限制有"大而多"和"小而少"之别。[4] 因此,所谓所有权绝对,是近代民法以个人为本位的法权时代对所有权"小而少"的限制;所谓所有权相对,即现代民法以社会为本位的法权时代对所有权"大而多"的限制。但无论是何

---

〔1〕 所有权的享有虽不以对所有物的占有为条件,但所有权的实现则须要以对所有物的占有为基础。

〔2〕 "所有权概念不延伸"的意思是,所有权概念在学说和立法上没有再予以分类。

〔3〕 各国对所有权制度的不同,仅限于对所有权限制方面和限制程度的不同。此有所有权个人主义和所有权国家主义之分。但这些限制并不能改变所有权的固有属性,仅仅是对所有权自由产生的外部性的不得不予以制约而已,以求得在所有权制度基础上的私人之间以及私人与国家社会之间的利益平衡,并由此最大限度地实现所有权终极的制度价值。

〔4〕 《法国民法典》有所谓"所有权绝对、契约自由和过错责任"三大原则之说。长期以来,其中的"所有权绝对"单从字面理解,对法律初学者是一种误导,因为从来就没有绝对的所有权,所有权都是相对的,都是受到限制的。

种程度的所有权限制,都没有改变所有权的本质属性。恰如有学者所言:“所谓现代民法是指近代民法在20世纪的延续和发展,可以说是现代社会的近代民法。现代民法,是在近代民法的结构基础之上,对近代民法的原理、原则修正和发展的结果。”[1]笔者认为,法政策限制的所有权也是如此。二是建筑物区分所有权的问题。教科书将“建筑物区分所有权”置于“所有权”一章下规制,这说明建筑物区分所有权本质上就是一种所有权,但将其从一般所有权中独立出来专门论述,又说明其不是一般意义上的所有权。建筑物区分所有权的特殊之处在于,建筑物区分所有权的客体不同于一般意义上物权的客体。一般物权的客体是单体物,而建筑物区分所有权的客体是一个单元物。作为单元物,既有物理构造上的专有部分,又有共有部分。但无论是专有部分还是共有部分,都没有超出所有权概念涵摄的范围——只是区分所有权人不仅有一个专有物而且还有一个共有物,不仅享有一个专有所有权,而且还享有一个共有所有权。但无论是专有所有权还是共有所有权,都是一般意义上的所有权。三是分时度假所有权的问题。一般所有权是一个在时间上、空间上、内容上的对物的全面支配权。而分时度假所有权则是在时间上把所有权分为几个时间段。在某一时间段内,分时所有权人对物有除时间限制外的其他方面的全面支配权。所以,分时度假所有权各个时间段合起来,就是一个无时间缝隙的完整所有权。反过来,分时度假所有权本身就成了分时所有权人对同一个所有权的按份共有,其按份共有分量是以时间为计量单位的。按份共有是对所有权量的分割而非质的分割,这是学界共识。四是国家所有权、集体所有权和个人所有权问题。这种以主体不同为标准对所有权的分类,其实不是所有权本身的分类。因为不同主体所享有的所有权本身没有差异。尽管国家土地所有权、集体土地所有权在我国现有法律制度中尚缺失某些方面的处分权,但这仅仅属于法政策问题,而非是集体土地所有权本身的问题。因为,从法律制度来看,它们也是应该享有处分权的。而且,我们已经看到了集体土地所有权中的用益权能处分

---

〔1〕 梁慧星:《从近代民法到现代民法——二十世纪民法回顾》,载《中外法学》1997年第2期。

权的现实逐步承认。[1]

(二)分别取景、微观求证之二:用益物权的内容、种类法定与缓和[2]

所有权的严格法定,不仅是所有权制度本身的要求,也是在所有权基础上设置多种定限物权如用益物权和担保物权的要求。如果所有权本身多元化存在以及因地、因时、因人而异,则作为在所有权基础上创设的用益物权制度和担保物权制度也就无从确定和固定了。此境真可谓是“根基不牢,地动山摇”。与所有权是自物权和完全物权不同,用益物权是他物权和定限物权。用益物权是对他人所有的不动产或者动产,依法享有占有、使用和收益的权利。[3] 自1804年《法国民法典》颁布以来,近代民法法典化国家,均规定了相应的用益物权制度。但各国依据对他人之物使用的对象以及使用的方式的不同,其用益物权的内容和种类,在同一时期的不同国家,以及在同一国家的不同时期,都存在较大差异。[4] 这一点在我国制定《物权法》前后也表现得淋漓尽致:对于我国《物权法》应规定哪些用益物权,始终存在争论。如对要不要在物权法中规定居住权,争论就很大;对要不要在该法中保留传统的典权制度,也有较大争议;对于该法中新出现的并立于建设用地使用权的宅基地使用权,也是其他国家用益物权制度中绝无仅有的。现在,我国正在编纂民法典,对于未来中国民法典物权编中规定哪些用益物权类型,又开始了

---

[1] 2015年3月国土资源部在全国选取15个市(县、区),开展农村集体经营性建设用地入市试点工作。农村集体经营性建设用地入市,根据中央、地方的试点文件及相关法律法规,一般是指农村集体经济组织将农村集体经营性建设用地使用权以出让、租赁或作价出资(入股)等方式进入市场的行为。农村集体经营性建设用地入市的流转、交易对象是建设用地的使用权。这一改革的目标是建立城乡统一的建设用地市场,在符合规划和用途管制前提下,允许农村集体经营性建设用地出让、租赁、入股等,实行与国有土地同等入市、同权同价。

[2] 在学术论文中谈论物权缓和时,都是在谈论用益物权的缓和,如杨立新教授认为,因为我国《物权法》没有规定居住权、典权,导致该法目前规定的物权种类严重不足。参见杨立新:《民法分则物权编应当规定物权法定缓和原则》,载《清华法学》2017年第2期。

[3] 我国《物权法》第131条规定了动产之上也可以设定用益物权,但依据物权法定原则以及民法传统理论,我国没有在动产上设定用益物权的历史和现实。所以,学界一般认为这一条规定因违反法学常识而具有“硬伤”。

[4] 《法国民法典》规定了4种用益物权:用益权、使用权、居住权、地役权;《德国民法典》规定了4种用益物权:地上权、先买权、土地负担和役权(包括地役权、人役权和人得限制役权);日本规定了地中用益物权:地上权、永小作权(永佃权)、地役权、入会权;我国台湾地区“民法”规定了3种用益物权:地上权、典权、不动产役权。

新的讨论。可以预见,未来中国民法典确立的用益物权制度与今日之用益物权制度肯定是不同的。[1]

用益物权制度在不同国家、不同时期表现出的不尽相同,恰是在表述一个道理:物权法定原则在适用于用益物权制度时,面对的恰是一个在自然属性上因地、因时、因人而异的物权制度。因物的稀缺而产生的对他人之物的用益,在法律制度设计上有物权性用益和债权性用益。到底哪一些对他人之物的用益需要规设为物权性用益制度,以及根据用益内容和对象的不同,设定哪一些类型的用益物权等,都不是一个简单的法律问题,而是涉及与其同时空下社会的、政治的、经济的、哲学的、文化的等多个方面的影响。也就是说,用益物权制度本身是一个因不同社会的不同需要而始终处于不断发展和变化中的制度体系,它也只有始终处于不断发展变化之中,方能及时调整姿态以适应并满足新时代的新需要。但"用益物权"这样一个物权次级概念制度,却一直被遮蔽夹裹在"物权"一级概念之下,且法律从来不加区分地一并适用物权法定原则,导致了物权法定原则的僵化与用益物权制度自身的活跃之间的紧张关系。

用益物权虽因其归属安全和交易安全的需要,而有了对其内容和种类,公示方式和公示效力法定的需求。[2] 但在对用益物权实施物权法定原则的同时,也就注定了必须接受物权法定原则先天的不足,即物权法定原则所天生具有的僵化。立法者通过对他人之物利用关系的内容归纳,整理出用益物权类型体系。这种整理当是以立法者的理性认知能力为条件的,是对过往用益物权类型的筛选和对未来社会法发展所需要的用益物权制度的前瞻预测的结果。对过往用益物权类型的筛选,有抛弃旧有的不符合今日社会理想的用益物权类型的期许;[3] 对未来用益物权类型的前瞻,有通过新的用益物权类型的设立,实现构建法律制度新生活的渴望。但这一些想法的实现,都是

---

〔1〕 从目前的立法草案来看,居住权已被接纳为一种用益物权类型。

〔2〕 与所有权制度一样,用益物权制度也有其归属法和交易法之分,鉴于对用益物权归属安全和交易安全的需要,用益物权制度也如同所有权制度一样予以法定,才得以实现两项安全制度的目的。因而,用益物权也需要法定。

〔3〕 参见谢在全:《民法物权论》(上册),中国政法大学出版社 2011 年版,第 33 页。

以立法者的理性认知能力为前提和条件的。遗憾的是,立法者不可能穷尽一切物的利用关系从而归纳出所有可予适用的用益物权类型。如果严格实施用益物权法定原则,势必造成法定的因而也是僵化的用益物权制度与未来社会发展所需要的用益物权制度之间的脱节性矛盾。因为法律是稳定的,而我们身临其境的社会则是不断发展进步的。[1] 法律总是滞后于社会生活的需要,法律的稳定性越强,滞后性就越突出。

所以,用益物权尽管因对其归属安全和交易安全的需要而须法定,但用益物权制度体系也因其有不断满足社会发展需要的秉性,而同样有在法定基础上予以缓和的需要。用益物权在这一点上与所有权制度有重大差异。法律制度在规设用益物权法定原则的同时,也应该为使其得以不断实现缓和而铺设"管道"。[2]

(三)分别取景、微观求证之三:担保物权的内容法定与种类名称自由[3]

担保物权是指担保物权人在债务人不履行到期债务或者发生当事人约定的实现担保物权的情形,依法享有就担保财产之变价在受担保债权数额限度内优先受偿的权利。[4] 债权人在借贷、买卖等民事活动中,为保障实现其债权,需要担保的,可以依照我国《物权法》和其他法律的规定设立担保物

---

〔1〕［英］亨利·萨姆奈·梅因:《古代法》,高敏、瞿慧虹译,中国社会科学出版社 2009 年版,第 19 页。

〔2〕物权法定主义之意旨应仅限制当事人创设物权,尚无禁止经由习惯形成新物权之理。2009 年我国台湾地区"民法"修订,增列习惯为物权法之法源,即系本此意旨。参见谢在全:《民法物权论》(上册),中国政法大学出版社 2011 年版,第 36~37 页;我国《民法总则》第 10 条规定:处理民事纠纷,应当依照法律;法律没有规定的,可以适用习惯,但是不得违背公序良俗。由此,习惯物权当可以受到保护。

〔3〕当学术论文谈论物权自由的时候,多以担保物权为例,如梁上上教授认为,可以把物权分为基础性物权与功能性物权。前者主要包括所有权、基地使用权等用益物权、典权和自然资源使用权;后者主要包括抵押权、质权、让与担保和留置权等。当事人设定功能性物权的根本目的是利用物的基础性权利(如所有权)来担保债权的实现。在法律上,对于基础性物权应当坚持物权法定主义,而功能性物权则可由当事人自由创设。参见梁上上:《物权法定主义:在自由与强制之间》,载《法学研究》2003 年第 3 期。

〔4〕我国《物权法》第 170 条关于何为担保物权的概念是十分宽泛的。依此概念,非典型担保也在此概念之下。

权。[1] 依照物权法定原则和物权法的具体规定,我国现有的担保物权类型包括抵押权(不动产抵押权、动产抵押权)、质权(动产质权和权利质权)、留置权。尽管在我国《物权法》起草过程中,有草案力荐规设"让与担保"制度,但因让与担保制度最终未能作为一种法定担保物权类型规制在我国《物权法》中,所以,按照物权法定原则,让与担保在我国当下不属于一种法定担保物权类型。[2] 由此就引出一个问题,当人们在民商事活动中约定现有法律制度中不存在的法定担保物权类型的时候,这个在现有法律制度中不存在的担保物权类型的效力如何?譬如,有人约定的为了偿还借款而卖房的协议(借款卖房),此借款卖房协议有没有担保物权的效力?如果认定有担保物权的效力,就是实施了担保物权类型自由;如果不能认定担保物权效力,就是实施担保物权类型法定。[3]

担保物权类型有没有法定的必要,也就是说担保物权类型可否自由约定,实质上会归结成担保物权属性的问题。与所有权需要严格法定,用益物权需要法定亦需要缓和不同。担保物权就其本质属性而言,实质上不存在以类型法定确保其归属安全和交易安全的问题。此真可谓"皮之不存,毛将焉附?"以现有的担保物权典型类型抵押权为例,抵押权是什么?究其实质,今日所谓抵押权,一般就是对不动产、动产所有权,对不动产用益物权等权利的附条件的权利让与。这个"条件"就是"在债务人不履行到期债务或者发生当事人约定的其他情形",担保物权人可以将受让的包括所有权、用益物权等在内的权利变价,并就此变价在受担保债权数额限度内优先受偿。作为定限物权的抵押权,其所谓的"定限",一是指支配内容仅定限于担保物所有权、用益物权的交换价值;二是指其支配数额定限于以受担保债权数额为限。易言之,抵押权就是对所有权、用益物权之附条件的变价的有限支配权。抵押

---

〔1〕 我国《物权法》第 171 条关于何为担保物权的范围又回到了法定担保物权类型上来。其"依照本法和其他法律的规定设立担保物权"的规定,将上述第 170 条的宽泛又缩小到法定物权类型上了。

〔2〕 参见梁慧星编著:《中国物权法草案建议稿》,社会科学文献出版社 2000 年版,第 776 ~ 786 页;在这次民法典编纂中,也有学者主张我国未来担保物权法规定让与担保。参见高圣平:《民法典担保物权法编纂:问题与展望》,载《清华法学》2018 年第 2 期,

〔3〕 通过最高人民法院有关判例和司法解释前后矛盾,表现出了对这一问题的犹豫不决。

权既然实质上是附条件的对所有权、用益物权的变价的有限支配权，在条件成就时就是对所有权、用益物权变价的有限且优先受偿权。在确立了抵押权的本质属性后，我们再看看抵押权与另一个典型担保物权类型即“动产质权”之间有没有实质性区别？

抵押权这个法定的物权概念，在我国经历了三次大的法史变革：首先，抵押权即不动产抵押权阶段。近代民法典关于抵押权，狭指不动产抵押权，以我国台湾地区“民法典”为例。不动产抵押权与动产质权之间的区别是明显的：抵押权专指不动产担保物权，以登记为其公示方式；动产质权专指动产上的担保物权，以占有为其公示方式。其次，抵押权即不动产与有限动产抵押权阶段。抵押权发展到不动产与有限动产抵押权，以《担保法》为其范本。根据《担保法》的规定，法律允许抵押的动产上可以设定动产抵押权。最后，抵押权即不动产与极限动产抵押权阶段。到了《物权法》时代，抵押权概念就发展到不动产与极限动产抵押权。根据我国《物权法》的规定，法律、行政法规不禁止的财产都可以抵押。[1] 当法不禁止的财产都可以抵押的时候，就衍生出一个问题：包括动产在内的财产上的担保物权，何为动产抵押权、何为动产质权，尤其何为权利质权？原先担保物权分类的标准——以担保物的不动产、动产（有形动产、无形动产）为分类标准，在这里不起作用了。对这一问题的追问，得出了担保物权公示方式的不同，即动产抵押权以登记为其公示方式，动产质权以占有为其公示方式，权利质权则分别以或登记，或占有，或控制为公示方式，作为区分的依据。如上所述，物权包括担保物权的公示方式，虽是物权包括担保物权的法定内容，但物权包括担保物权法定的基础不是来自物权的公示方式，而是来自物权的内容。动产抵押权与动产质权和权利质权的内容无异，都是对动产（权利视为动产）所有权（财产权）变价的有限且优先受偿权。如果以其公示方式不同而别类法定、分制别规，显无必要。也就是说，在我国《物权法》规定有“法律、行政法规不禁止抵押的财产”都可以抵押的法制条件下，不仅动产质权，包括权利质权都是可以借助于

[1] 物权法规定“法律规定可以出质的可以出质”是一个体系错误。

可抵押财产范围的扩大而被吸收内置于动产抵押权概念之中的，仅在动产担保物权公示方式这一制度层面有所区别，即“动产担保物权”（抵押权吸收动产质权和权利质权之后动产上的担保物权抽象概念）的公示方式多元化——登记公示、占有公示以及控制公示等。动产抵押权概念对动产质权和权利质权的吸收内化，表征的恰是在“动产担保物权”概念项下的动产担保物权再分类的意义荡然不在。何以如此之结局？原因在于：无论是动产抵押权，还是动产质权，抑或是权利质权，这些担保物权无一不是对动产担保物之所有权或其他权利之附条件变价的有限且优先受偿权。至于站在什么角度，依据什么法律关系模式，取个什么名称，都不能改变其作为担保物权的权利内容。在真正决定一类担保物权与另一类担保物权区别开来的担保物权的内容方面，在动产抵押权、动产质权和权利质权之间，恰没有实质的区别。它们都是对担保物所有权或其他权利的附条件变价之有限且优先受偿权。[1]

再进一步分析，如让与担保、所有权保留、融资租赁等这些非典型担保物权类型，都属于法无规定的担保物权类型，它们终究算不算是有效的担保物权？笔者认为，这取决于这些名称各异的非典型担保物权类型能不能在实质上转换成现有法定担保物权制度的如动产抵押权制度。如果能在实质上转化成动产抵押权制度，那就是对一种实为动产抵押权的担保物权类型的不同

〔1〕 我国《物权法》第170条规定，担保物权人在债务人不履行到期债务或者发生当事人约定的实现担保物权的情形，依法享有就担保财产优先受偿的权利，但法律另有规定的除外。该法第179条规定，为担保债务的履行，债务人或者第三人不转移财产的占有，将该财产抵押给债权人的，债务人不履行到期债务或者发生当事人约定的实现抵押权的情形，债权人有权就该财产优先受偿。该法第208条规定：为担保债务的履行，债务人或者第三人将其动产出质给债权人占有的，债务人不履行到期债务或者发生当事人约定的实现质权的情形，债权人有权就该动产优先受偿。从这些法律条文可以得出，各级、各类担保物权概念的内容都是一样的，即有权优先受偿。

视角、不同关系模式的种类别称。[1] 先看让与担保,让与担保作为一种担保物权类型,历史悠久。最早的担保物权类型就是让与担保。[2] 后来,由于民法的法典化和物权包括担保物权类型的法定化,在民事立法整理旧有物权类

---

〔1〕 知晓并理解"让与担保"是担保物权类型的最初形式,对于理解今天的担保物权类型体系及其未来设计非常重要。在中世纪的英国,已存在财产所有权的法律概念——一个可以通过合同转让的财产权利。饶有趣味的是,担保物权制度最初的法律形式就是所有权让与:张三是一块土地的所有权人,张三需要贷款。李四有钱能够给张三提供贷款,但李四需要张三确保该贷款的偿还。为此,张三和李四达成了一个以土地所有权的让与为担保还款手段的协议——唯当时的法院对这一机制并不甚了解。为了最大限度地让法院认识到他们是在创设一项担保还款的所有权让与,张三和李四使用了如下几个基本法律概念来表达他们的担保意图:土地买卖——张三以李四的贷款为价将其土地卖给李四;土地价格——李四支付给张三所贷款项;以买价的买回权——李四答应张三在约定的时间到期时,张三可以原来的贷款数额(买价)买回该土地。但随后的问题就开始一个一个出现,并作为诉讼提交到了法官那里,且随着这些问题的司法解决塑造了今日之典型担保物权制度:首先出现的问题是李四借给张三的款项数额远低于购买土地的价值。这对于李四固然是好事,但对于张三来说,唯有按照约定及时买回该土地,才不会使自己吃亏。在几次顺利的交易之后,张三还是有一次没有在规定的时间及时买回土地——张三仅耽搁了几天,李四就以张三违约为由拒绝张三买回土地的请求。张三因此诉至法院,请求法官判决买回土地。张三向法官陈述到,他与李四这一交易的真实目的并不在于土地买卖本身,而在于以此土地的卖出与买回机制来确保李四借款的偿还。在仅仅短暂没有及时还款的情况下,李四拒绝买回土地的行为极大地损害了张三的利益。法官听后斟酌再三,随引用中世纪大量存在的格言中的"衡平法禁止无本获利"以及"衡平法重实体而轻形式",判令张三支付给李四贷款本金及利息和因违约给李四造成的损失后,李四须退回该土地与张三。当然,这一判决并没有给李四造成实质损失;所以,李四继续以这种土地让与机制发放贷款。接下来有一个人王五与张三只是耽搁了几天的违约情况不一样,借款人王五在约定的买回时间到达后的几个月后仍没有能力买回其让与的土地。与张三的短暂违约相比,王五的违约可谓是根本违约。此情之下,李四因时间拖不起而打算将土地平整一下出售给他人。但考虑到前述法官曾经作出的买回判决,王五问律师究竟借款人违约买回达多长时间,他才可以阻止其买回的权利?律师对此无以回答。别无选择之下,律师将诉请变卖土地的诉状提交到了法官手里。此时,王五也向法官提交了诉请买回土地的诉状。双方争论的焦点依然在于土地的价值远大于还是等于或小于王五借款并加违约给李四造成的损失。双方各不相让、争执不下。最后法官想出了一个两全之策:将该土地公开拍卖,其拍卖所得的价款若大于王五的借款及违约损害的数额,就将多余的款项退还给王五;若小于上述数额,则赔偿不足部分由王五继续偿还。这一判决结果,恰就是今日之担保物权的实现方式之一——拍卖。所以,以担保借款偿还为目的土地出售,实质是设定了一个担保物权。这就是古老的让与担保。只不过在今天,我们把土地让与担保改造成了不动产抵押权。所以,担保物权的名称如何不关乎问题的实质。只要当事人合意创设了担保债权实现权利机制,无论其法律形式如何、名称如何等,都不影响其权利属性本质。See Lynn M. LoPucki, Elizabeth Warren: Secured Credit—Aystem Apprach(Fifth Edition), Aspan Piblishers 2005. pp. 22 – 24. 这就是我们为什么认定担保物权内容法定,种类自由的原因所在。参见董学立:《我国意定动产担保物权法的一元化》,载《法学研究》2014 年第 6 期。

〔2〕 担保制度的最早表现形式是移转担保物所有权,经演变转化为仅移转担保物的占有但不移转所有权的质权制度,以及担保物的所有权和占有均不发生移转,而仅取得具有担保作用的权利,即现在的抵押权。参见全国人大常委会法制工作委员会编著:《物权法(草案)参考》,中国民主法制出版社 2005 年版,第 418 页。

型中,把"让与担保"排挤出了民法典。由此,让与担保就在法学理论上变成了所谓的非典型担保物权。在我国《物权法》制定过程中,有专家草案曾经把让与担保作为一种法定的担保物权类型专章规制。但我国后来通过的《物权法》并没有采纳这一立法建议。学界对这一结局的普遍解读是,在我国《物权法》规定了法不禁止的财产都可以抵押的情况下,对让与担保另名别类地予以专章规制的意义不复存在。[1] 这一解读来自让与担保产生的机理:民法法典化以及物权法定化,使担保物权的类型和内容被法律固定,于不动产上设立的担保物权即不动产抵押权,于不动产之外设立的担保物即动产质权和权利质权。于此,立法就没有规设一种在动产不移转占有的担保物权。但始料不及的是,后来的经济社会发展却急需动产不移转占有的动产担保物权。于是乎,在法典之外和物权法定的夹缝里,让与担保小心翼翼地尝试前行,并逐步为法学学说和司法判例所认可,遂终成一种所谓的非典型动产担保物权类型。但现在的情况是,我国《物权法》关于抵押权的概念外延扩展到了法律、行政法规不禁止抵押权的财产都可以抵押的境地,原先让与担保产生和存在的法制环境已不存在,故此"让与担保"没有了另名别类专章规制的必要了。这就是我国《物权法》最终没有规设让与担保的原因。当然,让与担保没有被立法采纳也可以说明以下主张:让与担保的实质就是一种附条件的所有权变价权的让与,而且这种让与不是目的性让与,而是手段性的让与,即在债务人到期不履行债务或者发生当事人约定的实现条件时,凭受让人对受让物的所有权人之地位,对受让物之所有权变价并就变价在债权数额限度内优先受偿。质言之,取名为让"与担保"的担保物权在实质上就是抵押权。于此,所谓的让与担保就是抵押权的"别名"。[2]

关于所有权保留和融资租赁,这些另名别称的所谓非典型担保物权,是否就是抵押权的另名"文件存盘"? 如果是,则其完全也可以融入抵押权概

---

〔1〕 参见全国人大常委会法制工作委员会民法室编著:《物权法(草案)参考》,中国民主法制出版社2005年版,第422页。

〔2〕 参加董学立:《也论"后让与担保"——兼与杨立新教授商榷》,载《中国法学》2014年第2期。

念范畴。如让与担保一样,债权人保留对出售物的所有权,其目的不在于所有权本身,而在于以此为手段确保债权的实现,即此保留的所有权仅具有手段所有权意义。[1] 美国《统一商法典》第九编第 9－202 条规定了"担保物之所有权归属无关本质"的规定:"担保物之所有权无论属于担保权人或债务人,本篇关于权利、义务及救济的规定,均可适用之。"美国《统一商法典》第九编关于担保交易当事人间及其与第三人间之权利与义务,均未提及担保物所有权之所属。换言之,无论担保物之所有权,系由担保债权人(出售人)保留或由债务人零费用取得后反过来作为抵押物抵押给债权人(出售人),或将其转让于债权人或向债权人设定质权以担保其购买价金,但凡因此而生之担保物权,均无不同。[2] 从美国《统一商法典》第九编的该条规定及其解释来看,美国法学界认为,无论是所有权保留、融资租赁,抑或是抵押权、让与担保以及质权等,无论其采取了什么样的担保物权形式以及所有权在谁的手里,其都是创设了担保债权实现的担保物权。该法典第九编即"动产担保交易法"关于权利、义务和救济的规定,都不加区别地予以适用。也就是说,他们认为,所有权保留、融资租赁、让与担保等皆为抵押权的"变形"。出售人作为债权人为担保债权的实现而保留出售物的所有权,其目的是以该所有权之保留并在条件成就时变价,以该变价在受担保债权数额范围内的优先受偿而担保债权的实现。既如此,所有权保留则与抵押权无异,所有权保留实为抵押权的别名——出售人与买受人也可以这样约定:买受人分文未出即可获得出售物的所有权,然后再把此买受人的所有物抵押给出售人。由此,出售人获得对出售物的抵押权。此抵押权行使的结果等同于所有权保留。我国《民法分则(草案)》第 207 条规定了购买价款担保物权,这一具有超级优先受偿权的抵押权制度恰就是来自所有权保留制度。

但不可否认的是,所有权保留与一般抵押权之间确有一些区别:首先,在多数国家,对有形财产或无形财产所有权转让给他人的形式要求和实质要

---

〔1〕 参见梁上上:《物权法定主义:在自由与强制之间》,载《法学研究》2003 年第 3 期。

〔2〕 美国《统一商法典及其译注》(下册),中国台湾中兴大学法研究所主译,台湾地区银行经济研究室编印,第 792～793 页。

求,通常比设定担保物权的要求宽松,即通常不要求公示因而费用低。其次,在强制执行时和担保人破产时,债权人作为所有权人的法律地位要比作为担保权人地位更有利,如果所有人的资产虽由设保人占有但经确定属于债权人所有即不属于破产财产时,情况更是如此;相反,设保人的资产只设有担保权的,这些资产一般被视为设保人破产财产的一部分。再次,保留所有权安排也有某些不利之处,买受人及其债权人的地位削弱,并且由于未经过公示,第三人必须依赖买受人的陈述或耗费时间和费用从其他渠道收集设有所有权保留的信息。最后,保留所有权安排可能妨碍或者至少不利于买受人使用已购置的资产向另一个债权人提供二级担保权。从经济角度来讲,保留所有权安排所提供的担保物权特别适合从出卖人处获得信贷的需要。在许多国家,此类通常由供应商提供的信贷被广泛用来取代一般的银行融资,并且因中小型有形资产供应商对经济的重要作用而获得优惠地位。对于这样一种交易方式,银行也更经常地提供购置款融资,并因此而形成了一些惯例,使其能够利用保留所有权机制。例如,出卖人可先将有形资产卖给银行而获得现金,银行继而按照保留所有权制度安排后续将资产转卖给买受人。或者转换成另一种法律结构形式即买受人先用借贷的现金支付给出卖人,再将购买获得的出售物所有权转让银行作为贷款的担保。在一些国家的担保物权制度中,这种信贷来源及其所附的特定担保常常得到一种超级的特权,具体表现为这种担保的优先受偿权高于同一有形资产上与之相竞争的其他担保物权,但这不是没有额外条件的。[1]

一种替代保留所有权(分期付款买卖)安排但具有同样法律效果的机制是融资租赁,即将租赁合同与承租人以名义价格购买租赁资产的选择权相结合。[2] 在这一制度安排中,通常只有在承租人已经通过分期付款支付了大部分名义购买价款之后,才得以行使购买选择权。在某些情况下,如果租赁

---

〔1〕 Lynn M. LoPucki, Elizabeth Warren, *Secured Credit——A Systems Approach*, Fifth Edition, ASPEN publishers, p. 510. 2005.

〔2〕 融资租赁不同于经营租赁:在经营租赁下,预计租赁资产在租期结束时仍有剩余的使用寿命,出租人不具有在租期结束时按名义价格买下租赁资产的选择权,租赁资产的所有权在租期结束时也不会自动转给承租人。

期等同于租赁设备的使用寿命，即使没有在合同中安排购买选择权，也等同于保留所有权安排。这些变通办法都是为了使借款人能够为购置设备或库存品融资。所以，在一些现代担保物权制度国家的法律制度中，“出售”这一术语包含“租赁”这一术语，“出卖人”这一术语包含“出租人”这一术语，“买受人”这一术语包含“承租人”这一术语。所以，融资租赁如同所有权保留制度一样，也可被认定为抵押权制度的“变形”。因为这些制度安排的法律内容完全是一致的，即以附条件的处分动产所有权的变价并在未受清偿债权数额限度内对此变价金额的优先受偿权，尽管其使用的概念在未经法律编纂之前是如此自然丛生。

综上所述，笔者认为，无论是现有民事立法中已经规定的所谓典型担保物权类型，如不动产抵押权、动产抵押权和动产质权、权利质权等，还是现有民事立法中未经规定的担保物权类型，即所谓的非典型担保物权如让与担保、保留所有权和融资租赁等，这些名称各异的担保物权类型的内容别无二致，它们都是对担保物之或所有权，或用益物权或其他权利的附条件的变价处分权，以及对处分所得价金在未受清偿债权数额内的优先受偿权。所以，担保物权的实质，是一个对担保物之或所有权，或用益物权或其他权利等交换价值的变价处分权，以及有限且优先受偿权。而对担保物的所有权、用益物权等来说，其种类和内容，其公示方式和公示效力等，都是在物权法等有关法律中以不允许当事人自由约定即法定的方式规定的。也就是说，在担保物权的设定、存续、转让、处分、实现等过程中，当事人之间关于担保物权标的的约定须按照法律关于所有权、用益物权的法定来严格执行，且其对担保物权内容的约定也不得超越法律关于何为担保物权的规定，即对变价的有限且优先受偿权。此外，当事人关于担保物权类型的约定或者称谓，因无关乎问题的内容本质，也不因担保物权种类名称的不同而有所谓不同内容的担保物权。所以，担保物权被称为什么，因其无关问题的本质而无关紧要。担保物权的法定，究其应有的本义是：担保物权的内容、公示方式和公式效力，由法律法定；担保物权的种类名称，当事人可以自由约定。

在此基础上，笔者进而认为，我国现有的担保物权体系可以在未来的民法典编纂中被改造成如下体系:不动产担保物权与动产担保物权。不动产担保物权这一概念,可以涵盖如不动产抵押权、不动产让与担保、不动产融资租赁、不动产借款假卖等,以及基于不同视角和不同法律关系模式下的不动产担保物权的其他称谓;动产担保物权这一概念,可以涵盖现有的动产担保权如动产抵押权、动产质权、权利质权、动产让与担保、动产保留所有权、动产融资租赁等,以及基于不同视角以及不同法律关系模式的动产担保物权其他称谓。因此,未来司法审判中判断当事人之间约定创设的是不是一个担保物权,主要不是看他们使用了什么样的概念名称,以及是否使用了所谓法定的担保物权种类名称,而是应着重看当事人之间的意思表示,看其真意是不是创设了担保债权实现的对担保物所有权、用益物权之变价的有限且优先受偿权。若是,至于其使用了什么样的概念称谓就不再是问题的本质。至此,则可以判定此协议创设了担保物权。[1] 对担保物权此二级概念下的四级概念担保物权类型的取消,正是担保物权自由的法制表达。如此一来,现有多元化的动产担保物权体系,就会变成一元化的动产担保物权体系。

当然,判断一个约定是不是在创设担保物权,除前述探寻当事人的真意外,还可以检视当事人是不是办理了担保物权登记手续。在实施动产担保物权统一电子登记的国家,尽管几乎所有的国家都采取了动产担保物设立的公示对抗主义,即担保物权的创设不须经登记,但如果当事人在动产担保物权登记系统登记其创设的某一项权利,则表明其是在创设一项动产担保物权而非其他,如动产融资租赁,虽其名为“租赁”,但其实质是在创设一项动产担保物权——其真意要表达的是为出租人创设一项以保留所有权为形式的动产担保物权。[2] 另外,对于“借款卖房”来说,与目的性房产买卖不同,此所

---

〔1〕《人民司法—案例》2014 年第 16 期公布案例“借贷关系中签订房屋买卖合同并备案登记属于非典型担保”,《人民法院报》2014 年 9 月 11 日刊登案例《名为房屋买卖实为借款担保的认定》。主要突出“借贷关系中融合房屋买卖合同”的新交易担保形式。

〔2〕融资租赁在我国历来不被认为是一种担保物权,而是作为一种合同制度存在。但中国人民银行征信中心依据《关于使用融资租赁登记公示系统进行融资租赁交易查询的通知》可以在该中心担保物权登记系统登记融资租赁关系下的租赁物的权属状态。最高人民法院《关于审理融资租赁合同纠纷案件适用法律问题的解释》又把该登记产生的效力赋予其得以对抗第三人。

谓“卖房”实为手段性卖房，真意在于以此房屋所有权的附条件让与，担保借款债务的履行。如果当事人执意登记为目的性房产买卖，则需要缴纳各种产权变更税费；如当事人表明的是登记为一项不动产担保物权，则无须缴纳产权变更税费。

四、结语

物权，是一个高度抽象的法律概念，如果将其定位为物权一级概念，则物权有下位二级概念如所有权、用益物权和担保物权概念等；次下位三级物权概念如土地用益物权和动产担保物权等，以及再下位四级物权概念如建设用地使用权、动产质权等。传统物权法定原则、物权法定原则缓和理论和物权自由学说等，都是在物权一级概念层面的宏大叙事，因而难免失于宽泛、言无着处。物权法定原则，是关于物权法立法、司法的根本性指导原则。物权法定原则的确立，缘起于物权本身归属安全和交易安全的制度需求，且物权归属安全和交易安全制度需求程度的大小，决定物权法定原则适用强度的高低。所有权制度是整个物权法律制度的基础与核心，是其他物权法律制度如用益物权法律制度和担保物权法律制度建立的基础和前提。所有权制度的法定，不仅关系其自身的归属安全和交易安全，也关系建立在所有权制度基础上的其他定限物权制度，包括用益物权和担保物权自身的归属安全和交易安全。故此，所有权制度的法定是严格法定，没有法定基础上再予缓和乃至自由的需要和必要。

用益物权制度本就是根据社会需要而对所有权权能的分解和析出，且根据所需用益的经济领域不同而予类别化，如在他人土地上建造建筑物、构筑物者命名为“建设用地使用权”或“宅基地使用权”；在他人土地上为农业耕作者命名为“土地承包经营权”等。经济需要，作为一种经济社会现象，在不同时期、不同地域、不同人群中，其需要是不一样的。所以，用益物权制度体系在不同的国家和同一国家的不同时期，都表现出了显著差异。这一点，在我国《物权法》制定前后，在未来民法典分则的编纂中，关于设置哪些用益物权类型的争论，也可窥见一斑。民法法典化以及物权法定化，使法律中规定的用益物权类型僵化,用益物权本身所具有的适应社会需要的本性,又使其需不断革新自己方能适应社会发展需求。所以,用益物权在法定基础上有予以缓和的需要和必要。

担保物权,是对担保物之所有权、用益物权或其他权利的在一定条件下的变价处分权,是对该变价的有限且优先受偿权。至于对影响交易安全的担保物之所有权、用益物权的变价处分,因所有权、用益物权已经法定而不会受到影响,至于对变价的有限且优先受偿权,则属于担保物权特有的物权法定内容。所以,担保物权的变价标的已经法定,担保物权的权利内容也已经法定,对于影响担保物权归属安全和交易安全的物权法定条件已经具备,至于基于何种视角观察、何种法律关系构造描述担保物权的名称,则是因人而异、因时而异、因地而异的事情。基于此,对于担保物之所有权、用益物权的变价并有限且优先受偿权这同一权利内容,其名称如何也就无关紧要了。所以,担保物权的种类名称,当事人可以自由约定。如是,则一元化动产担保物权立法模式可以采行。当然,一元化动产担保物立法模式在比较法上早已存在。反之,担保物权的种类自由应无异议。

鉴于以上认知,笔者主张在未来中国民法典物权编中,于物权编第一章(或名为"基本原则")中,作出如下规制:物权的内容和种类,物权的公示方式和公示效力,由法律规定;于"用益物权"一章的第一节(或名为"一般规定")中,作出如下规制:用益物权的内容和种类,用益物权的公示方式和公示效力,由法律规定。用益物权的内容和种类,可依习惯确立;于"担保物权"一章的第一节(或名为"一般规定")中,作出如下规制:担保物权的内容、公式方式和公示效力,由法律规定。担保物权种类名称,当事人可自由约定。至此,物权法定、物权法定缓和与物权自由,在物权法的微观领域各得其所、安身立命。

第三章　我国动产担保物权法的编纂进路

第一节　自然演进的编纂进路

对中国民法典的编纂，官方是有一个时间表的——在2020年之前完成中国民法典的编纂。[1] 按照这个时间表倒排民法典编纂的“工期”，要想顺利并圆满完成中国民法典的编纂，工作压力不可谓不大。为了配合立法权力机关关于民法典编纂的立法政策和工作设想，以及甄选当下各种可能的立法进路，法学界也有学者提出了“三个‘非不可’”的民法典分则编纂思路，即“非增不可，意指非增加不可的才可以增加；非减不可，意指非删减不可的才可以删减；非修不可，意指非修改不可的才可以修改”。主要意旨就是尽量少动或者不动现有的民事立法，以其尽量少动乃至不动，赢得编纂的时间和减少争议，以便最终确保该法的顺利编纂和按时完成。这不仅包括构成民法典分则的《物权法》以及其中的担保物权法，也包括构成民法典分则内容的其他部分如《合同法》《侵权责任法》等。因为民法典分则的编纂不同于民法典总则的编纂——民法典总则的编纂是在没有现成立法的前提下的开创性编

---

〔1〕 2016年6月27日时任全国人大常委会法制工作委员会主任李适时在第十二届全国人大常委会第二十一次会议举行第一次全体会议上作关于民法总则草案的说明。李适时在报告时明确表示，编纂工作拟按照“两步走”的工作思路进行，争取于2020年3月将民法典各分编一并提请全国人民代表大会会议审议通过，从而形成统一的民法典。

纂工作，民法典分则的编纂则是在现有民事单行基本法的基础上的编纂，民法典分则的编纂工作受到了现有的民事单行基本法的现实制约和路径依赖。如何处理现有民事单行基本法与未来民法典分则之间的关系，是一个十分重要也须着力解决的问题。〔1〕对以上关于民法典分则包括担保物权法的编纂思路，称为自然演进的编纂进路。

自然演进的民法典分则编纂思路，落实到担保物权法的编纂上来，就是不改变我国现有担保物权法的结构模式，即仍以抵押权（不动产抵押权、动产抵押权）、质权（动产质权、权利质权）、留置权为担保物权基本类型，编纂工作的着力点在于修补和完善渐成共识的现有担保物权法的立法不足。但因为编纂工作是在对现有的担保物权结构模式不改变的框架下进行的，担保物权的编纂工作不可能根本改变现有担保物权法制的精神气质和结构性弊端。仅就构成民法典分则编纂工作内容之一的动产担保物权法的编纂而言，如果要采行自然演进的渐修式编纂思路，结合国外学者给出的关于担保物权法的完善建议，我们认为在以下几个方面需要予以立法完善。〔2〕

1. 扩大动产担保物权法的调整范围

现有动产担保物权法的调整范围受制于动产担保物权的类型固定和内容强制，即动产担保物权种类和内容的法定化——只有我国《担保法》和《物权法》担保物权编规定的动产担保物权类型和动产担保物权内容，才算得上是动产担保物权。也就是只有被称为“动产抵押权、动产质权、权利质权和动产留置权”的动产担保物权，才算得上该法所称的“动产担保物

〔1〕 2016年7月16日由中国社会科学院民法典编纂工作组主办、《法学研究》编辑部和中国社会科学院法学研究所私法研究中心协办的“民法分则立法研讨会”在中国社会科学院法学研究所成功召开，来自全国人大法工委、最高人民法院、全国高校法学院系和研究机构的70余位学者参加了会议。会上，中国社会科学院学部委员梁慧星教授作了主题发言，梁教授指出，民法典分则的编纂与总则的编纂不同，其应该建立在现行法的基础上，如何取舍现行法十分关键，对待现行法应该“非改不可才改，非删不可才删，非增不可才增”，应“竭学人智慧，成伟大法典”。

〔2〕 世界银行国际金融公司与中国人民银行于2013年9月24～25日在北京召开了《〈物权法〉第四编司法解释》闭门讨论会。会上，加拿大 Saskatchewan 大学法学院 Ronald C. C. Cuming 教授作了《现代担保物权制度总揽及对〈物权法〉司法解释的相关建议》的学术报告。本书的以下内容受此学术报告的启发。

权”,才可以受到该法的调整和保护。此外,在实践中出现的名称各异、结构不一但实质内容也为动产担保物权的诸如“动产所有权保留、动产附条件买卖、动产让与担保、动产融资租赁、动产信托收据”等,都因没有被纳入上述立法中确认,而不得纳入该法的调整范围并受其保护。[1] 从立法政策来看,立法提供种类尽可能多的担保物权类型,是满足社会动产担保物权类型多元化需求的法律保障。但我国现有动产担保物权立法对动产担保物权类型的强制,使可适用的动产担保物权类型受到局限,不利于经济活动复杂性对法律制度多样性的需求,这一状况已经严重影响了我国经济的健康有序发展。

如何扩大动产担保物权法的适用范围,有一个方案就是扩大解释我国《物权法》第 170 条至第 173 条的适用范围。这些条款规定,为了债权的实现,当事人可以合意创设担保债权实现的“动产担保物权”,且“动产担保物权”是一种对动产所有权变价之优先受偿权。至于“动产担保物权”是指哪一类型的动产担保物权,立法在这一部分并没有限制。多年来,我国物权法理论和物权法实践秉持物权法定理论,又因为我国物权立法在具体章节中以明示的立法方式规定了“动产抵押权、动产质权、权利质权和留置权”,由此就造成了在法学理论和司法解释上认定只有物权法规定的动产担保物权类型才属于此“动产担保物权”,其他非法定的动产担保物权类型则皆不属于此“动产担保物权”。现在,完全可以通过扩大解释“动产担保物权”概念的外延,尤其在理论上确立并在实践中落实前述“物权法定原则”在担保物权领域的具体适用:担保物权的内容法定,公示方式、公示效力法定,担保物权的种类自由。譬如,在编纂动产担保物权法的时候,完全可以加入这样的规定:本法所谓“动产担保物权”,是指当事人依合意在动产上创设的担保债权实现的对动产所有权变价的优先受偿权,包括但不限于本法所称的动产抵押

[1] 借助于动产担保物权统一登记制度的支撑,动产担保物类型固定和内容确定即动产担保物权的法定主义,到底在多大程度上予以维护,值得质疑和进一步讨论。一元化的担保物权法制实践告诉我们,曾经的那些名称各异、结构不一的法定担保物权类型,在建立起动产担保物权统一登记制度之后,在一元化立法模式之下一点价值都没有了。一个统一的“担保物”概念,并借助于统一登记制度的公示作用,就达到了制度的目的。

权和质权。当事人创设的动产担保物权类型本法没有规定的,可以适用本法关于动产抵押权和质权的规定。由此,在实践中出现的所谓非典型担保物权如动产所有权保留、动产让与担保、动产融资租赁等,就都可以纳入"动产担保物权"的概念"射程"和动产担保物权法的调整范围中来了。[1] 与此同时,在动产担保物权的类型界限变得模糊或者变得不再重要的情况下,当事人完全可以通过一个合同同时创设动产抵押权以及质权(包括动产质权和权利质权)。这是因为在动产抵押权和动产质权之间,仅有动产担保物权公示方式的不同;但这一公示方式的不同不具有担保物权分类的意义,即不足以此成为将两者进行分类规制的充分依据;当然,动产质权占有公示生效主义的现有立法体例,就需要修改为占有公示对抗主义。由此,在司法实践中常常出现的当事人约定设定动产质权但却没有移转质物占有的所谓质权设定被法院判决无效的窘局,就将彻底被移出法制历史。[2] 在权利抵押权和权利质权之间则没有什么不同,现有的登记机构的不同,亦将随着登记机构的统一而变得不再有任何不同。

2. 制定统一的动产担保物权登记制度

我国《物权法》对不动产物权统一登记制度提出了明确要求,这对于我国后来制定并将通过不动产物权统一登记暂行条例并在全国范围内全力推动不动产物权统一登记的实施,具有重大价值。但我国《物权法》对同样重要和必要的动产担保物权统一登记制度,却没有提出明确要求,而且该法对分散登记的再度确认和延续反而进一步强化了动产担保物权的分散登记。据统计,我国现有的动产担保物权登记机构有 9 家之多,这一状况十分不利于动产担保物权的公示、查询、优先受偿次序确认等。从实证角

---

〔1〕《欧洲示范民法典草案:欧洲私法的原则、定义和示范规则》在第九卷之"动产担保物权"中,在着力推进动产担保物权一元化立法模式的同时,也保留了所有权保留、融资租赁、让与担保等动产担保物形式,但这一激进模式下的保守,事出有因:所有权保留、融资租赁以及让与担保,与作为担保物权制度核心的优先次序制度有关,因为它们均享有超级优先权。参见中国人民大学出版社 2012 年版,第 355~357 页。

〔2〕《担保法司法解释实例释解》,人民法院出版社 2006 年版,第 394~408 页。该判例认定"质押合同自质物移交于质权人占有时生效"。由此造成立法与私法主体的意志自治的背离。

度观察,在我国现有的动产担保物权法律制度下,一个企业如果以其所有的“机器设备”作为担保物设定担保物权,就需要到工商行政管理机构去办理相关的动产担保物权登记公示手续;如果是以其所有的“应收账款”为担保物设定担保物权,就需要到“信贷征信机构”办理动产担保物权登记公示手续;如果以其所有的知识产权如某一项“专利、著作权、商标权”为担保物设定动产担保物权,就需要到“有关主管部门”办理出质登记手续;如果以其所有的某一企业的股权作为担保物设定担保物权,就需要根据股票类型的不同到“证券登记结算机构”或者“工商行政管理部门”等办理动产担保物权登记手续;等等。如此,一家企业如果想用自己的所有财产实现融资规模的最大化,就不得不依据担保物的不同而去不同的登记机构办理动产担保物权登记手续。相较企业可以将所有的不同动产(财产)上的担保物权到一家机构办理动产担保物权登记,动产担保物权的分散登记带来的登记成本、查询成本提升以及因分散登记可能滋生的登记错误、查询错误等,就会更大和更多。国际上成功的动产担保物权登记实践经验是,借助电子计算机的技术支撑,实现全国范围内的动产担保物权统一登记。我国《物权法》颁布后,中国人民银行征信中心在动产担保物权的统一登记方面做了大量的准备工作,有关统一登记的电子计算机技术条件已是完全具备,有关统一登记的制度制定也已经较完备,只待一纸实施动产担保物权统一登记命令,就可以顺利地实现全国范围内各项动产担保物权的统一登记。〔1〕 借助于这次民法典分则编纂的机会,应在立法中明确规定动产担保物权统一登记制度,或者颁布单行的动产担保物权登记条例,或者在民法典分则中详细规定动产担保物权的统一登记制度,以此实现统一的、科学的和完善的动产担保物权登记制度。

3. 制定统一的动产担保物权优先受偿次序规则

动产担保物权的优先受偿次序规则,是动产担保物权法的核心制度,是

---

〔1〕 中国人民银行制定的《应收账款质押登记办法》,于2007年10月1日起施行;中华人民共和国《征信业管理条例》,于2013年3月15日起施行。

动产担保物权法其他一切制度的落脚点或者出发点。应然的动产担保物权优先受偿次序规则,应该是统一的、科学的、明晰的和完善的一整套制度。从而使当事人在初始设定担保物权之时,就完全能够根据这一整套制度确定日后动产担保物权的优先受偿次序。但我国现有的动产担保物权优先受偿次序规则,在以下四个方面存在不足:一是各说各事,因为我国现有的担保物权立法将动产设定的担保物权"切分"为动产抵押权、动产质权和权利质权以及动产留置权,立法者就因此把本应为一体的担保物权优先次序规则,分散植入动产担保物权立法的各个章节部分,如在动产上设立的数个抵押权之间以及抵押权与其他动产担保物权之间的优先受偿次序规则即分置于我国《物权法》之"抵押权"一章如该法第 189 条第 2 款、第 190 条、第 191 条、第 199 条,"质权"一章如该法第 217 条和"留置权"一章如该法第 239 条等。[1] 二是遇事说事,即使在动产担保物权的一个类型内部如在"动产抵押权"一章,立法也没有对抵押权之间的优先受偿次序规则予以集中规制,如在该法第 189 第 2 款、第 190 条、第 191 条和第 199 之间,共有 7 个条款,应然的立法技术是这 7 个条款须为事关动产抵押权之间优先受偿次序的规则,但事实上是,这 7 个条款与抵押权优先受偿次序规则之事无关或者关系不大。[2] 三是遗漏大事,即对于担保物权法律制度中十分重要的一些优先受偿次序规则,立法本应予周详密植但却疏忽遗漏了。我国《物权法》疏忽遗漏的优先受偿次序规则就是鼎鼎有名的"购买价款超级优先权"规则。"购买价款超级优先权"规则来自"所有权保留、融资租赁"等理论上的"费用性担保物权",而"费用性担保物权"无论其公示在前与否,都有优先于其他担保物权的超级优先效力。这个制度与浮动抵押制度密切相关,比较法上清晰可见且

〔1〕 我国《物权法》第 217 条是关于责任转质的规定,在责任转质的情况下,会出现质权与转质权之间的优先受偿次序问题,立法没有就此予以明确规定,但可以依据转质的目的以及依据当事人之间有没有明确约定,确定两者之间孰先受偿的规则:在当事人之间没有约定的情况下,转质权优先于质权受偿,当事人有约定的,从其约定。

〔2〕 我国《物权法》第 192 条规定的是抵押权对所担保的债权的从属性,该法第 193 条规定的是抵押权人的担保物价值保全权利,该法第 194 条规定的是抵押权人对抵押权及其顺位的放弃、变更权及其限制,该法第 195 条规定的是抵押权的实现,该法第 196 条规定的浮动抵押的终结。上述规定均与抵押权的优先受偿次序规则无关或者关系不大。

备受重视,但我国立法却在规定了浮动抵押制度以及与浮动抵押权制度密切相关的"正常经营活动中的买受人不受追及规则"的情况下,[1]把"购买价金超级优先权"制度给忽视遗漏了,形成制度漏洞。[2] 四是难成一事,即因前述"三事"而铸成的我国现有动产担保物权之间以及动产担保物权与该担保物之上的其他权利之间的优先受偿次序规则的分散、混乱、缺失而形成的难以实现对现实经济活动的有效法律调整的缺憾。[3] 未来我国民法典分则担保物权法的自然演进式编纂,可考虑在"抵押权"一章对动产之上的担保物权之间以及动产担保物权与该担保物上的其他权利之间的优先受偿次序规则作出统一、全面、明晰的规定,以为当事人提供安全清晰的法律生活预期。

4. 漏洞补充、冲突协调和错误修正

前述三个方面是就动产担保物权的整体方面的编纂,而这里关于动产担保物权的漏洞补充、冲突协调和错误修正,是就动产担保物权现有法律制度细节方面的编纂。关于现有担保物权立法的漏洞,除前述关于应该规定而没有规定的"购买价款超级优先权"制度,以及后述关于部分准用性规范的缺失外,还有诸如缺乏对担保物的一般性(概括性)描述的规定,以及缺乏对担保物权将自动延续到担保人因处理担保物而获得的任何动产即所谓"收益"上的规定;[4]关于现有担保物权立法的冲突,如关于不得作为担保物的财产的范围,"抵押权"一章使用"法律、行政法规规定不得抵押的其他财产",而"动产质权"一节使用了"法律、行政法规禁止转让的动产不得出质",至于

〔1〕 其实,对于什么是"正常经营活动中",我国在立法之时以及立法之后,都没有明确此术语。我国《物权法》第107条关于善意取得的制度则使用了"具有经营资格的交易者"一词,其实两者所指是一样的。这一术语来自美国《统一商法典》,系属专指一类商事经营活动。在这一交易活动中,第三人的交易安全注意义务大大降低要求甚至全无要求。

〔2〕 "购买价款担保物权超级优先权制度"没有如"正常经营活动中的买受人不受追及规则"那么简单,用一个条款就解决了。也许正因如此,在原有的担保物权立法模式下,这一制度的选进着实不容易,因为作为购买价款担保物权超级优先受偿规则使用的前提制度如"所有权保留、融资租赁"等制度,是无法进入现有的担保物权法制的。所以,干脆就对"购买价款超级优先受偿权制度"不予规定了。

〔3〕 参见董学立:《我国意定动产担保物权法的一元化》,载《法学研究》2014年第6期。

〔4〕 "收益"一词不限于担保物变价的对价,担保物变形的任何形式,都会成为前一种形式的收益,如作为担保物权的木材经过加工成为家具,"家具"就是"木材"的"收益"。

"不得抵押"与"不得转让"之间有何区别;如果有,是什么区别?如果无,则立法为何使用不同的语词予以规制?另外,关于公示立法主义,动产抵押权实行公示对抗主义,动产质权实行公示生效主义,这两者之间的不同有没有必要?如果有必要,是什么必要;如果没有必要,那为什么还要有如此不同?关于现有担保物权立法的错误,如既然立法选择了抵押权设立的公示对抗主义,就会有"未经登记"公示的抵押权,[1]未经登记公示的抵押权算不算是担保物权;以及均未经登记公示的抵押权之间的对抗效力如何;等等?现有立法没有明确或者规定错误。[2]

对于立法漏洞,则需要在民法典分则的编纂中予以漏洞补充。如对于担保物的概括性描述,经编纂的担保物权法应明确当事人对担保物的概括性描述如果足以使人可以识别担保物,这一概括性描述是充分的;对于因处分担保物而获得"收益"如何被已经存在的担保物权自动附着?因我国担保物权立法采取了担保物权分类的体系构造,在有形动产上的担保物权叫抵押权,在无形动产上的担保物权叫权利质权,并采取了不同的公示立法主义——前者是公示对抗,后者是公示生效。因此,经编纂的民法分则应明确规定在同一个合同中,即可以设定抵押权,又可以设定权利质权。当然,只要实现了动产担保物权的统一登记制度,就得以避免当事人设计的各类担保物分别登记或确权;对于立法冲突,则需要在民法典分则的编纂中予以一致性完善。如对于不得作为担保物的范围,经编纂的民法典分则或者统一使用"不得担保"(抵押、质押)的财产,或者统一使用"不得转让"的财产,统一用语即可避免歧义,便于解释以法律适用法律;如对于公示立法主义,经编纂的民法典分则,不是或者适用公示对抗立法主义或者适用公示生效立法主义的问题,而

---

〔1〕 依据担保物权公示立法主义,我国现有担保物权法制的抵押权,依据登记的必要性之不同,可以分为须经登记的抵押权、已经登记的抵押权和未经登记的抵押权。对于未经登记的抵押权算不算是担保物权,算不算是物权,学界至今仍有不同声音。

〔2〕 我国《物权法》第199条第3项规定:"抵押权未登记的,按照债权比例清偿";我国《担保法》第54条第2项规定:"……未登记的,按照合同生效时间的先后顺序清偿,顺序相同的,按照债权比例清偿。"从规定来看,我国《物权法》不承认未经登记抵押权的物权属性,《担保法》承认了未经登记抵押权的物权属性。

是应该统一适用公示对抗主义的问题；动产担保物权设立的公示对抗主义立法体例，是世界各国的立法通例，在积极推进“一带一路”倡议的大背景下无须规定一个立法例外；对于立法错误，则需要在民法典分则的编纂中予以修正。如对于在公式对抗主义立法体例下的未经公示担保物权算不算是物权？立法没有明示的规定；且在未经公示抵押权的优先受偿次序规则中，有“抵押权未登记的，按照债权比例清偿”的规定，语词之间透露着将未经公示的抵押权作为债权处理的意蕴。对于未经公示的抵押权的属性的认定，既是一个理论问题，也是一个实践问题。在理论上，必须要回答未经公示的物权是不是物权的问题；在实践中，我们要经常处理均未经公示的抵押权之间的优先受偿次序问题。笔者认为，物权是否需要公示与物权是否需要公示是完全不同的两个问题：物权需要公示不能等同于物权需要公示，很多物权并没有以法定的公示方式予以公示，但其物权的属性并不因此受到影响，权利人完全可以物权人的地位实现物权，但因其未经公示，当然，不能对抗善意的交易第三人。而未经公示的担保物权可以对抗交易相对人如担保人、侵权人、知情的交易第三人等。正因如此，美国《统一商法典》第九编才将“未经公示的担保物权”的效力问题与“已经公示的担保物权”的效力问题分开规制。〔1〕

5. 健全完善抵押权制度并完善准用规范

抵押权制度被封为担保物权制度之王。这不仅是因为其制度构造所呈现出的制度优势——无须担保物移转占有即可设定担保物权，而且抵押权制度作为担保物权编的首章，位置在前，全面、细致地规定了动产抵押权的概念、抵押物的范围、抵押合同、抵押权设定、抵押权登记公示、抵押权的效力、抵押权优先受偿次序、抵押权实现、抵押权消灭等抵押权制度“从生到死”的各项制度。尽管动产抵押权的上述各项制度在实然不足和应然详备之间尚有不小的距离，但作为担保物权制度之王，立法者充分注意到了动产抵押权

---

〔1〕 一般来说，未经登记公示的担保物权在当事人之间具有物权效力，已经登记公示的担保物权在当事人之间以及当事人之外的第三人之间，都具有物权效力。为此，未经登记公示的担保物权之生成被美国《统一商法典》第九编的起草者界定为“担保物权的附着”（attachemnt），而已经登记公示的担保物权被其界定为“完善”（perfect）。

制度对质权制度乃至留置权制度的规范准用价值,从结构安排上置于首章,从制度设计上详陈备置。与动产抵押权制度相比,作为担动产保物权类型之一的动产质权制度和权利质权制度,在其制度构造的系统性以及制度设计的完备性两个方面,都无法与动产抵押权制度相比,如动产质权制度中就没有最高额动产质权的详细规定,而相比之下,最高额动产抵押权则在"抵押权"一章被专设一节即第二节"最高额抵押"予以详细规定;权利质权制度的规定则基本限于哪些"权利"上可以设定权利质权以及该种权利上设定的权利质权去哪里办理动产质权登记公示手续,有关权利质权制度的其他方面诸如质权合同、质权的效力、优先受偿次序规则、质权的实现、消灭等制度就基本没有规定。鉴于民法典的逻辑性、体系性特质,为了避免制度的重复、差异、冲突、漏洞、矛盾等,担保物权立法实质上早已注意到动产抵押权制度的典范性、准用性等地位,已经在动产抵押权制度的体系结构、制度设计等方方面面作了尽可能详尽的规定,并借助于"准用规范"的立法技术,减省后续制度设计的方方面面,以避免规范的重复,以及因规范重复可能导致的规范不一致、矛盾或漏洞。但遗憾的是,在"准用规范"制度的设计上,我国现有的动产担保物权法制,延续过去立法的路径,对"准用规范"制度的设计存在欠缺,在最应该出现"准用规范"的地方,反而缺失了该项制度的适用。我国现有的动产担保物权法制缺乏"动产质权、权利质权"对动产抵押权制度的准用规范。如前所述,动产抵押权与动产质权之间,除公示方式的不同以及因公示方式的不同而可能产生的不同外,几无不同;动产抵押权与权利质权之间,在抵押财产法无禁止即自由的法制背景下,两者已经没有区别的必要了,在立法保留有权利质权的情况下,权利质权制度最具准用抵押权制度的属性。所以,我国未来的动产担保物权法制编纂,如果采取自然演进的渐修式编纂思路,则需要进一步完善动产抵押权制度,并完善准用规范,以实现可被准用的制度在各个方面皆有被准用的规范,而准用制度皆有明确的准用规范。基于此,现有的动产担保物权法制缺失动产质权、权利质权对动产抵押权的准用规范,需要在编纂民法典分则的时候予以补充、完善。

自然演进的渐修式编纂进路,作为一种法典进步发展的进路,有其优势亦有其劣势。在中国动产担保物权法制现代化的进程中,是一条可以选择的道路。其优势如前所述,即容易被接受,节省立法成本,便易编纂后的法律解释和法律适用等;其劣势如对于具有结构性缺陷的我国现有担保物制度体系来说,通过这一路径的担保物权法制编纂,无法从根本上解决动产担保物权制度缘于其结构缺陷而产生的不足等,如这一编纂路径也会最终导致"权利质权"一节被经完善后的动产抵押权制度"掏空",在没有继续"成章立节"存在必要的情况下,却仍然以"动产质权"之名虚设在那里,形成制度"阑尾"。

第二节　理性建构的编纂进路

所谓"理性建构的编纂进路",就是通过此次动产担保物权法历史性编纂,使我国经编纂后的动产担保物权法制变得与现有的动产担保物权法制完全不一样起来,主要包括"精神气质、结构体系和内容规范"等方面的完全不一样。

一、构建新的"精神气质"

所谓"精神气质"上的完全不一样,就是使经编纂的动产担保物权法制更加能够适应日益发达的经济社会的发展需求,能够促进融资安全,能够促进经济社会发展。就担保物权法的存在目的而言,是通过确保债权的实现来促进融资。这就需要在开始"理性建构的变革式编纂进路"编纂动产担保物权法的时候,首先确立好未来动产担保物权法的关键目标和基本政策。联合国国际贸易法委员会在《动产担保交易立法指南》中确立的有效和高效率的担保交易制度关键目标和基本政策如下。关键目标包括:一是加大担保信贷供应力度,促进提供低成本信贷。为贯彻和实现此一目标,我国未来的担保物权法律制度应尽可能地惠及许多不同类型的债务人、债权人和信贷交易。二是使债务人得以利用其资产本身的全部价值为信贷提供支持。为贯彻和实现这一目标,我国未来担保物权法应适用于各类债务人(法人或自然人,包括消费者),应准许以各类资产(包括有形和无形、现有和未来资产)作保,应允许为广泛的各类债务(包括未来债务、有条件债务、金钱和非金钱债务等)作保。应允许同一设保人在相同的资产上为不同的信贷提供人设定担保权。三是使当事人能够以简单有效的方式获得担保权。为贯彻和实现这一目标,我国未来担保物权法应尽量简化手续,在不同种类的担保资产上设立担保物权采取单一方法,对未来资产设定担保权和为未来分批贷款作保提供单一机制。四是规定平等对待不同来源的信贷和各种形式的担保交易。为贯彻和实现这一目标,我国未来的担保物权法应该对包括金融机构和其他出贷人、制造商和供应商以及国内外信贷提供人提供同等适用的制度。五是确认各类资产非占有式担保权的有效性。为贯彻和实现这一目标,我国未来的担保物权法应就包括设备、库存品和应收账款在内的各种有形和无形资产的非占有式担保权作出规定。六是规定必须在一般担保物权登记处办理通知登记事宜,提高确定性和透明度。为了贯彻和实现这一目标,我国未来担保物权法应规定建立一般担保物权登记处,将关于可能存在担保物权的通知登记备案。登记记录将提供给所有相关当事人供其检查。七是确立明确和可预见的优先次序规则。为了贯彻和实现这一目标,我国未来担保物权法必须制定明确的规则,使潜在债权人在交易之时能够以可靠、及时和低成本的方式判定其所将要设定的担保物权的未来优先受偿顺位。八是便利有效的执行担保权。为了贯彻和实现这一目标,我国未来担保物权法应准确说明担保人和担保物权人在强制执行时所具有的权利和义务,应使担保物权人在一定条件下不经法院而执行其担保权,应尊重担保物权在担保人破产时所享有的权利和经济价值。九是有利于当事人在商谈担保协议条款时保持最大灵活性。[1] 为了贯彻和实现这一目标,我国未来担保物权法应使当事人能够最大限度地灵活调整其担保协议以满足他们的具体需求。十是平衡保护交易相关人的利益。为了贯彻和实现这一目标,我国未来的担保物权法应考虑到各方当事人的合法利益,寻求以平衡兼顾并且与包括破产法在内的有关法律相一致的方式实现这一目标。

---

〔1〕 参见联合国贸易法委员会:《担保交易立法指南》,第19~22页。

基本政策包括:一是全面的范围,即我国未来担保物权法应尽最大可能地把各种形式的担保交易类型、各类担保人和担保物权人以及各类动产和附担保债务纳入其中。二是功能性的一元方法,即对于在用以保证偿付债务的任何类型资产设定权利的所有交易,应当尽最大可能视之为担保交易,并以相同的规则或者至少是相同的原则加以规范。三是担保人未来资产担保权,即除非消费者保护法另有规定,否则可对未来资产设定担保权。四是担保权延至收益,即由于担保资产的经济价值是债权人获得偿付的最终来源,因此担保物权应当延及在处分担保物时所收到的任何收益。五是区分当事人之间的效力和对抗第三人的效力,即必须对相对人之间设定担保权和担保权得以对抗第三人的效力作出区分,在当事人设立担保权的环节上应尽可能地简化核定程序,在使担保物权得以对抗第三人的问题上仅需采取最基本的步骤。六是设立一般担保物权登记处,即一个单独的一般担保物权登记处,记录与既有或可能设定的担保物权有关的通知而不是文件,登记处档案可供任何有关方检索,除极其有限的情况外,登记处规定按照登记时间确定第三人效力和优先受偿顺位。七是对同一项资产设定多项担保物权,即为了使担保人能够利用其资产的全部价值获得担保信贷,所设计的制度应当允许对同一资产设定多项担保物权。八是多项担保物权之间优先受偿顺序的时间基础,即在登记处登记通知或通过其他方式实现第三人效力的先后次序通常应成为确定担保物权优先受偿顺序的依据。九是担保权和其他权利之间的优先顺序,即主要包括担保物权与未登记特权如税收权和善意买受人的权利之间的关系,以及管辖担保物权与担保资产买受人的权利之间或者在担保人破产情况下与破产管理人的权利之间发生的冲突等。十是提供便利而非拘泥于形式的规范,应当允许当事人设计其自己的担保协议,任何强化强制性规则都应仅仅是为了确保公平和保护第三人的合法利益。十一是非司法强制执行,即不应对担保物权人的非司法强制执行权作任何限制。十二是平等对待提供信贷人,即平等对待出卖人和提供信贷以使买受人得以获取有形资产的出贷人。[1]

对照联合国国际贸易法委员会关于各国、各地区立法机构制定担保交易法应予参考的关键目标和基本政策建议,结合上述关于动产担保物权编纂“自然演进的渐修式编纂进路”部分的分析,可以得出如下结论:我国现有的动产担保物权法制在上述关键目标和基本政策的诸多方面,都存在不小的差距,需要我们在编纂民法典分则的时候具有明确的认知、达成应有的共识和保持笃定的毅力。

二、构建新的结构体系

所谓结构体系上的完全不一样,即对我国现有的动产担保物权法律制度的结构体系进行重构,以新的结构体系煅塑高质量的法律制度。我国现有的动产担保物权制度的不足,主要起因于其现有的结构体系缺陷,自然演进的渐修式编纂进路,虽能够在一定程度上改善一些不足,但结构性缺陷最终只能通过结构性革新予以完善。笔者认为,我国未来的动产担保物权法律制度体系重构,首先要回归担保物权分类的担保物之不动产、动产分类标准上来。按照担保物之不动产、动产的分类标准,我国整个担保物权法律制度体系再度回归到不动产担保物权和动产担保物权的“老路”上来。不动产担保物权即传统上的不动产抵押权,只是这个原本属于不动产担保权的范畴,在后来我国担保物权制度的发展进程中,基于某种需求被一而再地扩大其外延,但作为体系化、逻辑化存在的担保物权法体系,因不断被扩大抵押权概念的外延而引致的法体系紊乱,显然已经超出了立法者所能虑及的范围。民法典编纂提供给我们一个重新整理担保物权法律制度体系的机缘,将不断被塞进抵押权概念范畴的动产抵押权从抵押权概念中剥离,还抵押权一个不动产抵押权的回归,以此建立起以担保物之不动产、动产分类为标准的新的担保物权法律制度体系。

关于动产担保物权,理性建构的革命式编纂进路要求对现有立法确立的

---

〔1〕 参见联合国贸易法委员会:《担保交易立法指南》,第23~26页。

动产担保物权类型诸如动产抵押权、动产质权和权利质权的同质规范进行同类项吸收性合并。[1] 因为在动产抵押权对动产质权和权利质权可以种类吸收的情况下，动产质权和权利质权担保物权类型将因被抵押权吸收而种类消灭，在消灭旧的制度体系与建立新的制度体系之后，统一动产担保物权制度得以建立，此即学界称谓的“一元化”动产担保物权法律制度体系。当动产担保物权类型变得只剩下动产抵押权的时候，其名称就无须再继称“抵押权”这一概念，因为立法上的抵押权概念是与质权概念相对称的，且其最初的含义限于不动产抵押权，当多种类并存的动产担保物权体系因内部的类型吸收合并只剩下动产抵押权一种动产担保物权类型的时候，与动产抵押权相并列的担保物权类型在立法上只有“不动产担保物权”一种，所以，为了与“不动产担保物权”概念相对称，“动产抵押权”概念只有演变为“动产担保物权”概念为佳选。这样就把担保物权法律制度体系再度回归到担保物权类型划分上的担保物之不动产、动产分类依据上来。不动产担保物权制度一如上述，动产担保物权制度概念的确立，是在传统的动产抵押权制度吸收合并动产质权制度和权利质权制度的基础上形成的法律新概念。动产质权和权利质权的吸收性并入，会使原来的抵押权制度在两个层面发生根本改变：一个方面是担保物的范围得到扩大。尽管我国物权法担保物权编在可抵押财产的范围上适用了“法律、行政法规未禁止抵押的财产”均可以抵押的规定，但

---

〔1〕 我国在法制实践上没有抵押权即不动产抵押权的历史延续，在生效的法律制度层面，只有后来颁布的《担保法》和《物权法》担保物权编沿用了曾经的“抵押权”概念，但这两个抵押权概念均是包括动产抵押权在内的概念范畴。将抵押权概念回归到不动产抵押权范畴，不是简单的回归，担保物的权利属性已经大不一样，过去的不动产权利，在不动产物权上，没有今天土地集体所有权、土地承包经营权，也没有宅基地使用权等。所以，将抵押权回归到不动产抵押权，在担保物权法律制度编纂上，可以借鉴《中华民国民法典》关于不动产抵押权的制度外形、逻辑展开，但在具体制度设计上，却需要我们秉持慎之又慎的态度，将因担保物权属的不同而导致的制度不同完整准确地表达出来、固定下来。仅从不动产抵押权制度的逻辑外形来说，其规制之展开有如下一些方面：不动产抵押权的概念、不动产担保物的范围或种类、不动产抵押权设立合同、不动产抵押权设定（如采行公示对抗主义）、不动产抵押权设定与公示（如采行公示生效主义）不动产抵押权的效力、不动产抵押权的优先受偿次序、不动产抵押权的实现、不动产抵押权的消灭等。是实行不动产担保物权的公示对抗主义立法体例，还是实行公示生效主义立法体例，不无思考的意义。笔者认为，从制度的延续性来看，应采行公示生效主义立法体例；从制度设计的科学性来看，应该采行公示对抗主义立法体例。在不动产物权设立上，先后呈现出的不动产担保物权设立合同、不动产担保物权设定和不动产担保物权公示，是一个科学的权利产生的法律制度发展体系，值得思考权衡。

在理论上以及司法实践中对此等“财产”概念的解释,还是局限在了有形财产方面。在动产抵押权吸收性合并权利质权制度之后,现行法中可质押的那些权利,就都可以作为担保物并入可抵押财产的范围,无形动产即权利也可以抵押并且以大多可以登记为其公示方式。二是担保物权的公示方式的多样化。抵押权的公示方式是登记,在动产质权制度并入抵押权制度之后,作为动产质权公示方式的占有公示方式,将作为与登记公示方式并列的担保物权公示方式予以保留。占有公示方式由来已久,且在今日交易活动中作为担保物权公示方式之一种仍具有不可替代的作用。加之少数类型并入抵押权的权利质权如对储蓄账目、信用证权利、投资财产、电子动产契据等权利上的质权在可以适用登记公示方式的同时,还可以采用“控制”的公示方式。如此一来,动产担保物权的公示方式,就有了登记公示方式、占有公示方式和控制公示方式等。登记公示方式适用于所有担保物,占有公示方式仅适用于有形动产,控制公示方式限于前述 4 种特殊动产(权利)。此外,抵押权制度在合并吸收动产质权和权利质权之后,在层级结构展开上并无质的变化,仍是按照动产担保物的定义、担保物的范围、担保物权的合同、担保物权的设定(及对内效力)、担保物的公示(及对外效力)、担保物的效力(作为体例选择,包括对内、对外效力)、担保物权的优先受偿次序、担保物权的实现、担保物权的消灭等位续展开。

三、构建新的规范内容

所谓规范内容上的不一样,即除前述的一些关涉外,在此以动产担保物权的层级体系为序逐一专论。主要分述为三个方面:调整范围方面、担保物权生成方面、担保物权实现方面。

关于动产担保物权法的调整范围,涉及两个方面:一是在动产担保物权的概念方面。相比于现行担保物权法制,动产担保物权概念是指当事人依合意在动产上创设的担保债权实现的对动产担保物变价的优先受偿权,包括但不限于现有的典型担保物权类型如动产抵押权、动产质权和权利质权,也包括其他当事人意在担保债权实现的对动产担保物的变价优先受偿权如被称为非典型担保的“所有权保留、附条件买卖、融资租赁”等今日所谓的非典型担保物权。上述概念中的三个要素决定着动产担保物权概念的适用范围:[1]其一是“当事人”概念,原则上任何人,无论是自然人还是法人,都可以作为担保人和担保权人;[2]其二是受担保“债权”,应该包括金钱债权和非金钱债权、现有债权和未来债权等,只要这些债权具有确定性或者可得确定性;其三是“合意创设”,尽管概念中列举了典型担保类型和非典型担保类型,但并非因此拒绝对生活实践中发展出来的新类型担保物权予以调整,这需要在司法实践中探讨当事人的真实意图是否在创设债权人对特定物的变价享有优先受偿权。二是在动产担保物的范围方面。现有立法在可抵押财产的范围上,持“法不禁止即自由”原则,但同时在可质押财产上又采取了相反的立法原则。[3] 未来担保物权立法关于“动产担保物”概念,应采取除法律、行政法规专门排除在外的资产外,所有类别资产都应该能够成为动产担保物权的标的,包括担保物的“收益”;这些类别的财产依据一定的标准可以分为:有形财产,包括库存品、设备和其他货物等有形资产,以及对有形资产享有不充分所有权的任何权利如对设备的租赁权等;无形财产,包括合同与非合同应收款、合同规定的非金钱索赔、可转让票据或可转让单证下产生的权利、银行账户贷记款受付权、独立保证下收益的收取权以及知识产权等。[4]

关于动产担保物权的生成。涉及三个方面:一是在动产担保物权的合同方面。我国现有的担保物权立法规定了抵押合同和质押合同,之后又规定了抵押权和质权的设定。而且法学理论认为,合同关系仅产生债权,而担保物权的设定则直接产生物权。所以,担保合同和担保物权设定分属两个法学范畴。尤其在我国物权法总则确立了“区分原则”之后,在未来担保物权法编

[1] 担保物要素后文有专论。

[2] 担保物权制度应该适用于多种消费者交易形式,对消费者债务人来说,则需要进一步的保护。因为没有理由不允许消费者享受担保物权制度的益处。但是,担保物权制度须服从消费者权益保护制度,以不至于使消费者权益保护制度落空。

[3] 我国《物权法》第209条规定:“法律、行政法规禁止转让的动产不得出质。”

[4] 担保物的分类依据和分类结果,在担保物权法中具有基础地位,与担保物权的共识方式、与特殊担保物权类型、与担保物权的实现方式等,都有关系。

纂中应该对此原则予以贯彻。担保物权以担保物的“特定性”为特征，当担保物不能特定时，如当担保物是“未来物”或者“种类物”时，当事人之间的意思表示仅仅产生担保合同债权：当担保物的空间存在不确定时如对不能确定存放位置的“种类物”之数量化库存，当事人关于设立担保物权的意思表示仅能产生担保合同债权；[1]当担保物的时间存在非现在时，如对在“未来物”上设定担保物权，当事人的意思表示无论如何不能产生担保物权。担保合同，作为担保物权产生过程中的一个法律行为阶段，其成立的要素主要包括：(1)设保当事人；(2)当事人明确设立担保物权的意图；(3)对担保财产的描述(非特定物)；(4)被担保债权的种类和数额；(5)债务人履行债务的期限。二是在动产担保物权的设立方面。在通常情况下，担保合同成立之时，亦是担保物权设定之时。但因为设立担保合同债权与设定担保物权在主客观要件方面存在不同，在有些时候，两者因主客观条件的限制不能同时生成，尤其在担保物是“未来物”以及“种类物”的情况下，结局更是如此。所以，尽管在说辞上，“未来物”以及“种类物”上可以设立担保物权，但在实质上，在“未来物”和“种类物”上是不可能成立担保物权(受担保物未特定限制)的，但这不影响对担保合同债权进行登记公示从而确定未来生成的担保物权之间的优先受偿次序。担保物权的设定(未经公示)，在当事人之间以及非交易第三人之间产生担保物权效力。三是在动产担保物权的公示方面。担保物权的设定并不能使此时的担保物权具有对抗善意交易第三人的效力，唯有在担保物权设立之外另行采取额外行动如在一般担保物权登记处登记通知或者将资产的占有交给担保物权人。登记通知或交付占有，即担保物权的公示。完成担保物权的公示手续，才会使该担保物权具有对抗交易第三人的效力，这对担保物权的交易安全至关重要。在同一担保物上有数个担保物权时，通常

[1] 我国《物权法》对担保合同和担保物权设定的区分时有不清：对于“未来物”上的担保物权，该法在第188条规定了“抵押权自抵押合同生效时设立”；对于“种类物”上的担保物权，该法在189条规定了“抵押权自抵押合同生效时设立”。上述规定因没有特定物的存在而错误。严格来说，因没有特定物的存在，担保物权不得存在。值得注意的是，该法在第196条规定了“抵押财产得以确定的4种类型”。当抵押财产得以确定的时候，抵押权就得以现实存在了。

是按照担保物权公示的时间顺序确定担保物权的优先受偿顺位。[1]

关于动产担保物权的实现,涉及三个方面:一是在动产担保物权的优先受偿次序规则方面。从性质上来讲,担保物权的优先受偿次序规则上承担保物的生成规则,下启担保物权的实现规则。在公示对抗主义法制下,担保物权有“未经公示”的担保物权和“已经公示”的担保物权。在同一担保物担负数个担保物权的时候,关于这些担保物权之间的优先受偿次序规制,需要立法拿出全面、明晰、科学的规则。一般规则是时间在先原则,即未经公示的担保物权之间成立在先者优先,已经公示的担保物权公示在先者优先;未经公示的担保物权与已经公示的担保物权之间,已经公示的担保物权优先;例外规则主要包括“正常经营活动中”的买受人不受追及规则和“购买价款担保物权”超级优先规则;还有其他个别规则等。二是在动产担保物权的变价方面。在担保物权的变价规则设计方面,我国《物权法》相较《担保法》已有很大进步,但相较国外现代担保法仍有较大差距。主要表现是法院对抵押权实现的过多介入。现代担保物权立法认为,即使当事人就担保物权的变价不能达成协议,只要担保物权人对担保物权的实现没有损害担保人的利益以及没有危害公共秩序,也应该为法律所允许。三是在动产担保物权的消灭方面。我国现有的担保物权立法已经将动产担保物权的消灭规范一元化地置于“一般规则”之中了,这一做法值得肯定并应在未来担保物权编纂中优化。但对于受担保债权已过诉讼时效的动产质权和权利质权,是否仍受到保护,现有立法没有明确直接的规定,也没有明确准用动产抵押权的有关规定。

理性建构的革命式编纂进路同样有其优势亦有其劣势,在中国担保物权法制现代化的发展进程中,同样也是可以选择的道路。该进路的优势在于,在中国民法典编纂之际,借鉴国际担保物权法制现代化的成功经验,以此进路得对我国曾经自然演进的担保物权法制结局进行一次全面彻底的理性建构,将我国担保物权法制与当今世界形成潮流的现代担保物权法制合流,顺

---

〔1〕 未经公示物权与已经公示物权对抗第三人的范围是不一样的:未经公示物权可以对抗非交易第三人但不能对抗善意的交易第三人,已经公示物权可以对抗第三人而无论该第三人善意与否。对此,我国法学界多有争论、意见不一因而不可不察。

应世界法制发展变化,融入世界法制大潮,促进中国法制进步和经济发展。该进路的劣势则在于“断崖式”的变化,包括担保物权法制的一系列概念、体系、结构、原理等,都与原有的担保物权法律制度显有不同,这对于编纂工作本身、草案的拟定完成、草案的共识形成、草案的表决通过、草案通过后的法律实施、法律解释等,都是不小的考验,风险巨大;尽管有上述不同,但如果把未来的一元化担保物权法制理解为我国现有抵押权制度的丰富和完善、合并吸收等,其结构展开如其担保物权概念、担保物范围、担保物权合同、担保物权设定、担保物权公示、担保物权效力、担保物权优先次序、担保物权实现和担保物权效力等,则其在草案编纂、草案通过、法律理解和解释适用等各个环节,也未必就真的出现如逻辑分析那么多的可怕困难。

第三节　比较法视野的编纂进路

以今日之视角回视担保物权法制发展的国际经验,同样可以分厘出两条发展进路:一条是以美国《统一商法典》第九编即“动产担保交易法”的编纂以及产生的世界性影响为代表的发展进路;另一条是以日本和我国台湾地区的担保物权制度发展为代表的发展进路。前者是一种理性建构的变革式的担保物权法制发展之路,后者则是一种自然演进的渐进式的担保物权制度发展之路。

(一)美国《统一商法典》第九编的出现及其世界影响

美国是一个商品经济发达的联邦制国家。商品经济的运行和发展需要全国统一的法制,联邦制的分权之治和立法权的地方享有,却又使美国难以形成全国统一的法制。再者,美国又是一个以判例法为主的国家,其法制发展的理念就是以判例为载体的经验式法制发展。但市场的力量是巨大的,任何有碍商品经济发展的羁绊都会被市场的力量击溃。在美国《统一商法典》第九编出现之前,美国经济社会中运行的主要担保物权类型有质权、动产抵押(包括以担保权为基础之动产抵押和以所有权为基础之动产抵押)、附条件买卖(大陆法系称为所有权保留)、信托收据、经纪人留置权、应收账款之让与等。[1] 这些在经济社会活动实践经验基础上自然衍生出来的担保物权类型,在不同的州会有不同的要求和法律表现。为了顺应经济、贸易发展的需要,美国工商界早有统一各州商法的呼声,及至19世纪末形成了强大的统一商法运动,美国统一州法委员会在此风之下得以成立并运作。[2] 美国统一州法委员会成立之初就制定了许多"统一法",但结果是并非所有的州都通过了这些"统一法",且即使通过的州也对这些"统一法"做了各不相同的改动,尚有采纳这些"统一法"的州法院又在审判实践中作出各式各样、数量众多的不统一的"司法修正",结果是大大远离了"统一法"的预期。及至20世纪30年代后期,随着商事实践的不断发展,以前的"统一法"的内容变得相当陈旧,而其所面对的商业活动的规模和模式却发生了很大变化,这就对法律制度提出了全新的要求。正是在这种社会急需的法制背景之下,1938年纽约州商会提出了制定管辖所有州际间买卖的联邦买卖法的建议。对统一买卖法的修订出乎意料地导致了1945年1月1日正式启动的美国《统一商法典》的草拟。美国统一州法委员会和美国法学会共同成立了统一商法典起草委员会,由卡尔·卢埃林教授任总报告人,格兰特·吉尔摩教授任该法典第九编动产担保交易法的报告人。[3]

在起草美国《统一商法典》第九编即担保物权法时,起草人格兰特·吉尔摩教授面对的是前述形色各异的动产担保物权类型。起草人最初的设想不是分别修订和完善原有的立法如《动产按揭法》《附条件买卖法》等,而是按照担保物的不同草拟一系列的特别法以个别调整主要的融资类型如商用机械、消费品、农产品、存货和应收账款、无体财产等的担保物权等。但随着起草工作的深入,他们发现,这些各别类型融资担保交易制度之间,其共同之处超过相异之点。如它们都有一个担保物权的产生制度过程如担保合同、担保权设立、担保权公示的问题,也都有一个担保物权的对内效力和对外效力

---

〔1〕 参见《美国统一商法典及其译注》(下册),中国台湾中兴大学法律研究所主译,中国台湾地区银行经济研究室编印,第739~746页。

〔2〕 参见高圣平:《动产担保交易制度比较研究》,中国人民大学出版社2008年版,第60页。

〔3〕 参见孙新强:《法典的理性——美国〈统一商法典〉法理思想研究》,山东人民出版社2006年版,第24页、第27页。

的问题,都有一个并存的担保物权之间的优先受偿次序问题,都有担保物权的实现和消灭的问题等。因此,他们决定起草统一的法典以涵盖所有的动产担保交易形态,其中并对个别融资交易的特殊内容作出特别的规定。[1] 为完成此项巨大工程,起草人提出了一系列概念如以"担保权益"(security interest)一词,来统摄历年沿用动产担保之各种名称,没有了抵押权、质权之各别称谓,甚至担保物所有权之归属,究竟是归属于担保权人(secued party)即债权人,还是归属于担保(debtor)债务人即担保权设定人,该法也未涉及。[2] 其他如该法区别担保物权之设定(attachment)与担保物权之公示(perfect)均采统一模式,在以此彰显设定与公示之间的差异——设定了的担保物权并不完美即不能对抗其他人——同时,统一担保物权公示的法律效力——早先美国许多州规定动产抵押权非经登记不得对抗其他债权人,但亦有一些州规定未经登记也得以对抗其他一切债权人。该法基于以登记为必要之需求,订定一套合理之登记制度,以替代原有的各种不同之登记制度等。

美国《统一商法典》第九编即"动产担保交易法"被初识其貌的中国学者惊叹为"天书"。[3] 但对该法进行了深入研究和与我国现有担保物权立法反复比较之后,可以得出如下结论:美国《统一商法典》第九编当是以抵押权制度为基础,在担保物范围上吸收"权利质权"制度所列的各类权利担保物,在担保物权公示方式上增加"动产质权"的占有等公示方式,再辅之以实施统一的动产担保物权登记制度,完善担保物权的优先受偿次序规则,丰富完善化、逻辑体系化抵押权的各层级制度如其抵押权概念、抵押物范围、担保物权合同、担保物权设定、担保物权公示、担保物权次序、担保物权实现、担保物权

---

〔1〕 See Grant Gilmore, *Security Interests in Personal Property*, Vol. 1. The Law-Book Exchange, LTD. Unionn, New Jersey 1999. 9. 2, pp. 290 – 294.

〔2〕 美国《统一商法典》第 9 – 201 规定了"担保物的所有权归属无关紧要":"除关于寄售或者应收账款、担保债权凭证、付款无体财产权或者本票的买卖另有规定外,无论担保物的所有权属于担保物权人还是属于债务人,本编关于权利、义务的固定均予适用。"参见《美国〈统一商法典〉机器正式评述》,高圣平译,中国人民大学出版社 2006 年版,第 125 页。因为该法把"附条件买卖"以及"一般动产抵押权"等担保物权类型都置于"担保权益"(security interests)概念项下予以一体调整。

〔3〕 参见董学立:《美国动产担保交易制度研究》,法律出版社 2007 年版,内容提要第 2 页。

消灭等。[1] 因此可以说，在外在形式上，将我国现有的担保物权法制中的“动产质权”制度和“权利质权”制度吸收合并进“动产抵押权”制度之后，就成了以美国《统一商法典》为代表的一元化担保物权法的结构体系。因此，美国《统一商法典》第九编没有什么不好理解的，也算不上什么“天书”。知识之“前见”的不同，使习惯了多元化动产担保物权结构体系、概念制度思维的我国法学界群体，对一元化的动产担保物权法制有些理解上的不习惯。但对这种可以一语道破天机的所谓不同，要理解起来也有势如破竹般的容易。但体系结构的变化，却使多元化动产担保物权法制的结构性缺陷得以避免：扩大了动产担保物权的挑战范围，不再局限于法定的几种担保物权类型，所有的当事人合意创设的意在担保债权实现的特定财产变价的优先受偿权，也无论担保物的所有权在谁的手里，该法皆予调整。因此，该法具有了很大开放性和前瞻性；避免了多元化动产担保物权立法模式下同质规范之间的重复、不一致、漏洞甚或矛盾，便于法律的解释和适用；统一动产担保物权登记机构的设立和统一优先受偿次序规则的明晰，使当事人的担保物权财产安全有了确定的预期，由此得以促进经济社会的发展。所以，美国《统一商法典》第九编在其发布之后随即就先在英美法系国家，以及后来在大陆法系国家和世界性经济组织得到了广泛而深刻的借鉴、移植和推广：大陆法系的国家和地区就有加拿大魁北克省、法国、欧盟、东欧各国、韩国、越南、蒙古等；英美法系的国家和地区如加拿大其他地区、新西兰、澳大利亚等；以示范法方式推广该法制模式的世界经济组织有联合国贸易法委员会、欧洲复兴开发银行、亚洲开发银行、世界银行、货币基金组织、美洲国家组织以及其他组织等。可以说，美国《统一商法典》第九编确立的动产担保物权一元化立法模式在全世

[1] 美国《统一商法典》第九编分为第一编“总则”，第二编“担保合同的效力、担保物权的有效成立”，第三编“担保物权的公示和优先顺位”，第四编“第三人权利”，第五编“登记”，第六编“违约”，第七编“过渡规定”；《欧洲私法草案》第九卷“动产担保物权”的体例是：第一章“一般规定”，第二章“担保物权的设立和效力范围”，第三章“对抗第三人的效力”，第四章“优先顺位”，第五章违约前的规则，第六章“消灭”，第七章“违约和担保物权的实现”；2015 年《联合国担保权益示范法草案》的体例是：第一章“适用范围”，第二章“担保权的创设”，第三章“担保权对第三方的效力”，第四章“对担保权统一登记”，第五章“担保权的优先次序”，第六章“当事人及第三方承付人的权利和义务”，第七章“担保权的强制执行”，第八章“法律冲突”，第九章“过渡”。

界的影响,早已远超罗马法以来大陆法系民法典确立的担保物权立法模式的影响,且有进一步燎原之势,该法在具有罗马法传统的欧盟得以被欧盟私法草案全盘采纳,就是该立法模式相较大陆法系传统立法模式的比较优势的最有力说明。

(二)日本与我国台湾地区担保物权制度的自然演进式发展及其弊端

东亚国家日本与我国台湾地区的担保物权制度发展,表现出了另一种独特的进路。对其得与失、优与劣的研究,对我国担保物权法制立法模式和法典编纂进路的选择,具有很好的借鉴价值。

我国台湾地区民事立法沿用了《中华民国民法典》,其抵押权即不动产抵押权的物权法定主义之僵化,使在动产上无法设置不移转占有的担保物权。社会发展的需求,在该法典之外颁布了我国台湾地区"动产担保交易法",确立了在动产上可以设置不移转占有的动产担保物权,包括"动产抵押权、附条件买卖和信托占有"3 种动产担保物权类型。该"法"乃继受美国本土法,是参考移植《美国统一商法典》制定前的美国《统一动产抵押法》《统一附条件买卖法》《统一信托收据法》的结果。究其原因,除前述《中华民国民法典》未设不移转占有标的物的动产担保物权制度以外,皆因台湾当局彼时与美国在政治经济上具有密切的关系,我国台湾地区"动产担保交易法"的制定曾受当时美国的支持和协助。[1] 但该"法"在实施 50 年之后,台湾地区学界对其不足评价为:限制当事人的担保协议契约自由、担保标的物仅以现在存在及有形资产为限(且不及于债权)、债权人优先受偿次序未明、担保效力所及之资产范围受限、禁止流抵约款、缺乏统一的公示网站及资料库等。[2] 如就其中的"限制当事人的担保协议契约自由"而言,因该"法"明定限于 3 种动产担保物权类型,对于后来在经济活动中颇为活跃的"让与担保"制度,因没有列入该"法"而不能成为动产担保物权制度类型,以至于近来学

---

〔1〕 参见苏永钦主持:《动产担保交易法修正研究》,2000 年,第 1 页。

〔2〕 中国台湾辅仁大学:《建构现代化担保交易法制之研究》,2012 年 2 月,第 7 页。

界又不得不主张通过修订予以增加。[1] 长此以往，将来经济活动在实践中出现的新类型担保物权也只能不断地通过修订予以增加，由此导致了其不稳定性。

正因如此，笔者认为，我国台湾地区制定“动产担保交易法”的时间和参考对象属于“生不逢时”，其所参考的对象，恰是于 1952 年公布《美国统一商法典》时予以抛弃的对象。也就是说，我国台湾地区没有来得及学到美国最先进的动产担保物权制度。[2] 上述所谓的不足，当是以《美国统一商法典》确立的立法模式为标准而作出的判断。我国台湾地区现在的情况是在动产担保物权立法模式选择上处于两难之地：沿着我国台湾地区“动产担保交易法”确立的路径走下去，在理论上以及在实践中将不得不以不断修订增加新的动产担保物权类型的方式应对社会发展之需，因此，最终结局将是以什么模样面世，结局会令人担忧；改玄更辙、另起炉灶的全盘采纳新的一元化动产担保物权模式，又因现有规定的存在而举步维艰。何去何从，实为两难之无从抉择。

再看日本担保物权法制发展的进路。《日本民法典》确立的法定担保物权，即学理上所谓的典型担保物权，有约定的担保物权类型即“抵押权、质权”；法定的担保物权类型即“留置权、先取特权”。其中约定的担保物权之抵押权，即不动产抵押权。所以，在日本民法中也没有规定约定的动产抵押权，即民事立法没有设置动产上不移转占有的担保物权。经济活动对不转移动产占有的担保物权类型的需求，迫使日本在动产不移转占有的担保物权制度设计方面颇费心思：在民法典之外以特别立法的方式在特定的动产上承认动产抵押权制度，在其他财产上在立法之外以判例和学说认可非典型动产担保主要是让与担保。日本特别法上的抵押权制度呈现出两个趋势：一为抵押权标的物范围之扩大；二为抵押权证券化，以求抵押权流通性之提高。日本于 1905 年以日本《工场抵押法》为首，陆续制定了 9 个以集合财产为标的物

〔1〕 参见谢在全：《让与担保概说》，载董学立主编：《担保法理论与实践》（第 1 辑），中国法制出版社 2015 年版，第 3～37 页。

〔2〕 参见王廷懋：《动产担保交易法实务问题研究》，1991 年版，序言。

的抵押特别法,并于第二次世界大战后制定了日本《企业担保法》。此等担保制度,可以区分为三大类:工场抵押制度、集合财产抵押制度、企业担保制度。在个别动产上的抵押权制度之设,限于登记公示技术的缺乏,仅限于以下个别特殊动产上的抵押权:农业动产抵押权、汽车抵押权、飞机抵押权、建设机械抵押权、船舶抵押权、立木抵押权等。日本对于未来法制之期盼是,希望能够制定一般性抵押制度,并从技术上解决其公示方法问题,从而使大量乃至在所有可以抵押的动产上设定抵押权,促进动产抵押制度的进步。对于不在特别立法范围的动产上的不移转占有式担保物权,日本在实践中都是用让与担保的方式进行的。为了让债务人(设定人)能够直接占有、利用这些动产,使用占有改定的方法作为公示对抗要件;关于债权担保,也采取债权让渡担保的方法,对抗要件则是《日本民法典》第467条规定的有确定日期的对债务人的通知或者债务人的承诺。一直到现在,日本都没有对让与担保的普适性登记公示制度。没有普适性登记公示制度是动产让与担保、债权让与担保难以利用的最主要原因。后来,日本1998年通过了《动产债权转让特别法》,虽然转让人仅限于法人,但是,动产转让登记、债权转让登记变成了可能。以动产转让登记和债权转让登记为契机,金融机构开始注意ABL(Asset-based Lending)即资产担保型贷款——以动产担保、债权担保为基础的还包括把握企业的现金流动、审查财务内容在内的融资方法。检视日本近年之让与登记统计数值,可发现动产及债权让与登记件数、个数上之积极正向成长,确实反映了社会对于此法规之需求。

由此可见,日本同样是自然演进式的担保物权发展模式,由此造成的困境是,需要不断完善立法、增设新规新制来规制动产担保物权新类型;在各种不同类型的地产担保物权制度之间,同质规范之间的重复、不一致、漏洞和矛盾将不可避免。缺乏对统一动产担保物权统一登记制度和动产担保物权统一优先受偿次序规则的总体安排,不能为经济活动主体提供可预见的财产安全预期,不可避免地阻碍经济活动的开展。

第四节　比较可选的编纂进路

一、我国动产担保物权法编纂进路选择的时代背景

和平与发展是当今世界的时代主题，改革与开放是今日我国的基本国策。中国共产党第十八届四中全会把“全面推进依法治国”作为基本治国方略提了出来，并明确提出要“编纂民法典”的要求。编纂民法典就是对中国所处时代法治建设方面的积极回应。担保物权法作为民法典不可或缺的一部分，其编纂也需要放在这一宏大的时代背景下思考。当担保物权法的编纂进路的自身优劣比较对作出抉择不能提供强有力的抉择依据的时候，就更应该将其编纂进路的选择置于宏大的时代背景下，从其与所处时代的经济、政治、法治的各种关系中，去寻找适合的担保物权法制编纂进路。

一是“经济全球化”的时代背景。经济活动的逐利本性使经济全球化的脚步势不可挡。中国既是经济全球化的受益者，也是经济全球化的推动者。经济全球化要求中国不仅要以积极的姿态接受外来的经济的、政治的、法律的规则和秩序，而且要主动地顺势而为，适时把一些国际的规则和秩序转变为国内的规则和秩序，为经济活动的国际化进入和国际化走出，架起规则和秩序的桥梁。尤其在与商事活动有关的担保物权法制建设方面，其制度结构模式和制度设计选择不同于不动产所有权制度和用益物权制度，具有极具个性的国别特征，而是尽量选择和设计与他国具有共性的制度规则，以便于国际化的经济融通。

二是推进“一带一路”倡议的大国胸怀。“一带一路”倡议是在后金融危机时代，作为世界经济增长“火车头”的中国，将自身的产能优势、技术与资金优势、经验与模式优势转化为市场与合作优势，实行全方位开放的一大创新。通过“一带一路”倡议共同分享中国改革发展红利、中国发展的经验和教训。资金融通是“一带一路”倡议的重要支撑。深化金融合作，推进亚洲货币稳定体系、投融资体系和信用体系建设。共同推进亚洲基础设施投资银行、金砖国家开发银行的筹建集业务开展等。正如其他世界经济组织尤其是金融机构在其成员国推广一元化动产担保物权法律制度一样，亚洲基础设施

投资银行、金砖国家银行的业务开展也需要在其成员国推广一元化动产担保物权制度，以便于金融业务的有效开展，作为成员国尤其是发起国的中国担保物权制度，更加需要有适应这些金融机构业务开展的先进的担保物权法律制度。

三是编纂民法典的法治国家向往。编纂一部21世纪具有世界先进水准的民法典，既是建设法治国家的应有内容，也是建设法治国家的标杆标准。所谓世界先进水准，我们的理解是用世界化的话语系统解决好中国的事情，以及用中国特有的话语系统解决好世界的事情。具体到担保物权法律制度，因其交易性，它应该是世界共同的制度体系，应尽量少有因国别而不同的制度安排。鉴于我国现有的担保物权制度的落后性，其应该是在编纂民法典中相较其他部分更需要彻底革新的制度体系。

四是"一元化"担保物权法制的日盛。相较多元化动产担保物权制度体系，一元化动产担保物权制度体系特有的结构性优势，使其在世界范围内得到了越来越多组织体的欢迎。即使是那些深具多元化担保物权法制传统的国家如欧洲各国，也开始青睐一元化动产担保物权制度体系模式，并起草了承袭《美国统一商法典》第九编"血脉"的示范法等。中国民法典的编纂再一次为实现我国担保物权法律制度体系的一元化提供了契机，我们应该抓住这次难逢的机会。

也就是说，尽管从担保物权编纂进路的自然演进式编纂之路和理性建构式编纂进路本身，我们难以作出哪一条编纂之路优与劣的判断和抉择，但担保物权编纂绝不是一项孤立的工作，法制建设作为上层建筑的一部分，其必然受制于其得以存在的社会经济的、政治的乃至法律体系自身的影响，正是从这些决定担保物权法制本质属性和未来走向的其他社会要素来分析，笔者认为，我国未来担保物权法制应采行担保物的不动产、动产分类来建构我国的不动产担保物权与动产担保物权结构体系，且对动产担保物权采行一元化担保物权结构体系设计，以此来编纂民法典之担保物权编，实现中国担保物权法律制度体系的现代化。

二、我国动产担保物权法编纂进路选择的样式表达

在明确选择了担保物权法编纂进路之理性建构的革命式编纂进路之后，以什么样的法律样式操作来彰显现代化立法精神，在民法典分则编纂实施方面，理论界又有两种主张：一种主张是“迈出一小步”，即以“一般动产担保物权”与“特别动产担保物权”之并列格局来编纂动产担保物权；[1]另一种主张是“迈出一大步”，即彻底地实施动产担保物权一元化立法模式。[2]

“迈出一小步”立法主张的具体内容，具体又分为两种亚模式：一是保留现有的多元化动产担保物权法立法模式不变，将近年来学界公示的立法错误修改、立法漏洞补齐、立法缺陷完善。二是保留现有的立法模式不变，通过立法技术实现多元立法模式下的一元化规范体系。即仍有抵押权、质权、留置权的结构框架，但通过增设基础规范、提取公因式完善一般规范、保留个性规范，完善准用规范链等，实现多元结构与一元规范的结合。多元结构模式下的一元规范建构，受启于一元化动产担保物权立法思想，此模式可以清除多元化动产担保物权立法模式所不可避免的同质规则之间的重复、不一致、漏洞乃至矛盾。但有设计者又提出了增列“让与担保”制度，以解一般动产担保物权调整范围不足的时代难题。但增后并列“让与担保”制度，则是将另一只脚停留在自然演进的渐进式法典编纂之路上，面对不断创新的经济活动和不断翻新的新类型担保物权制度，立法补进的后续难度可想而知。且“让与担保”作为一种担保物权制度，在我国《物权法》立法之时的热烈讨论中，早已被学界共识性地抛弃过了。现在又将其捡拾回来，徒增理论混乱和烦扰而已，于担保物权法制现代化没有实益。[3]

“迈出一大步”立法主张的具体内容是，将现有的动产抵押权、动产质权和权利质权合并编纂为一元化的动产担保物权，在动产担保物权的调整范围规范上扩大其调整范围，把当事人“依物权合同创设的担保物权”，包括担保

---

〔1〕 法学会民法典编纂小组的主张。
〔2〕 中国社会科学院民法典编纂小组的主张。
〔3〕 参见中国法学会民法典编纂工作组的立法建议草案。

限于一般动产担保物权、所有权保留(包括买卖合同项下出卖人保留所有权、分期付款买卖合同项下供应人所享有的所有权、租赁合同项下租赁物的所有权、寄售合同项下供应人的所有权等)、依担保目的的信托等。在此基础上,构建一元化的动产担保物权体系:首先是概念的一元化,即建立一套单一的意定动产担保物权概念体系,这些概念主要包括担保物、担保人、债务人、担保权人,担保物权的设立、公示、效力、优先受偿次序、实现、消灭等。其次是制度的一元化,即建立统一的制度体系,主要包括担保物权公示立法主义的一元化——采行单一的公示对抗主义;动产担保物权公示登记制度的一元化——建立统一动产担保物权登记制度;担保物权优先受偿次序的一元化——建立统一且全面、清晰、明确的动产担保物权优先受偿规则等。最后是逻辑体系的一元化,即开宗明义规定意定动产担保物权法的调整范围——依契约产生的动产担保物权,对担保物进行科学分类——一般物、集合物、浮动物、未来物、有形物、无形物等,以担保物的科学分类为基础,明确动产担保物权的公示方式——如登记公示、占有公示和控制公示等,对未经公示和已经公示的动产担保物权的效力予以明确,以及以公示制度为基础并参酌法律政策设计动产担保物权的优先受偿次序规则等。由此,多元化动产担保物权法的历史使命终结,一元化动产担保物法的历史使命开启。[1]

从担保物权的现有世界立法模式来看,有多元化动产担保物权立法模式,也有一元化动产担保物权立法模式;从担保物权法制的演进路径来看,有自然演进的渐进式编纂之路,也有理性建构的革命式编纂之路;中国担保物权的立法模式和发展道路属于前者。从制度出现的先后来看,一元化动产担保物权立法模式,是较多元化动产担保物权立法模式晚后出现的担保物权法编纂模式,具有后发制度的比较优势,被越来越多的国家、国际机构借鉴、移植。我国《物权法》的制定,对一元化动产担保物权立法模式的某些先进制度有所借鉴,但无论是从形式还是从内容上都是远远不够的。编纂民法典又一次给予我们实现中国担保物权制度现代化的机遇,放眼世界,世界经济一

---

〔1〕 参见董学立:《我国意定动产担保物权法的一元化》,载《法学研究》2014 年第 6 期。

体化进程势不可当;立足中国,中华民族的伟大复兴众志成城。只有将作为民法典分则一部分的担保物权法制置其于这伟大的时代背景之下,才有可能在表象之下,找到得以对事物作出准确选择的依据。最先进的制度也不是说就是适合我们借鉴的制度。例如,就一元化动产担保物权法立法模式而言,该制度模式是先进的。但有鉴于我国对该制度的研究人数少,没有形成广泛的学术共识,对一元化担保物的概念、结构、理念等更是没有社会基础。如果贸然引进,对于法律职业共同体来说,学习、理解、消化的成本非常高。在这一背景之下,笔者倒觉得采取中间的道路——在现有的多元结构中实现一元化立法模式的基本理念,是一项现实的有效的路径。笔者盖称其为"多元结构、一元规范"的立法模式。

第五节　动产担保物权统一登记制度的法体系效应——"墙内开花,墙外溢香"

按照民法典编纂预定的步骤和时间表,在我国《民法总则》颁布之后,包括担保物权法在内的民法分则的编纂提上了日程,且整部民法典须在2020年前完成编纂工作。关于如何编纂民法典分则之担保物权法,学界有两种观点:一种是"自然演进式"的编纂思路,即按照"三个'非不可'"的编纂方针——对"非增加不可"的条款才可予以增加,对"非删除不可"的条款才可予以删除,对"非修改不可"的条款才可予以修改。[1] 这一思路的实质就是在现有的担保物权法制体系内——在抵押权、质权、留置权篇章结构体系保持不变的前提下,对在实践中发现的现有担保物权法制存在的模糊、冲突、漏洞、错误等问题予以补充、修改和完善。这一编纂思路的立论基础是,民法分则的编纂与《民法总则》的编纂显有不同:《民法总则》的编纂,虽有《民法通则》的前置存在影响,但《民法通则》不是《民法总则》。也就是说,《民法总则》的编纂是在一个没有先期的《民法总则》存在条件下全新的立法工作,编

---

〔1〕"三个非不可"的编纂方针,是2016年7月6日梁慧星教授在中国社会科学院召开的民法分则编纂研讨会上提出的。

纂工作近乎没有先在框架的拘束;而民法分则的编纂,是在已有的《合同法》《物权法》《亲属法》《继承法》《侵权责任法》等现有较完备和先进的法制基础上进行的,受其限制、承其制约。也就是说,民法分则的编纂不是全新的立法工作,而是对前述已有立法的承继和完善。所以,包括担保物权法在内的民法分则的编纂,要以现有法制为基础,在现有法制基础上实施修补式的编纂工作。而且,2020年前完成全部民法典编纂的工作目标,时间紧、任务重,要保质、保量、保期地完成包括担保物权法在内的民法分则的编纂工作,实属不易。若要大动包括担保物权法在内的民法分则各部分的"筋骨",另起炉灶或推倒重来,势必会掀起大争议、大讨论、大是非,既费时费力也未必讨好,最终也会延误民法分则的编纂进程。所以,民法分则之自然演进式编纂思路,是在民法分则各部分已有先期较完善的立法限制的编纂,是有时间期限限制的编纂,最终也只能是一种保守稳健的编纂。

另一种观点是"理性建构式"的编纂思路,即参照国际先进的一元化动产担保物权立法模式,对我国现有的动产担保物权立法进行全面革新,借民法典分则的编纂实现我国动产担保物权法制的现代化。这一编纂思路的立论基础是,我国现有的动产担保物权法制,在其历史发展进程中,经过民法的法典化和物权的法定化,又因法典中缺少动产上不移转占有的动产担保物权法制资源的供给,促成了我国得以在法典中通过对"动产抵押权"的机械植入,改变担保物权法制自然演进中渐续成长起来的不动产担保物权即不动产抵押权与动产担保物权即动产质权和权利质权的两分有序结构,从而使其中的动产担保物权法制出现了"竖切分块"和"横刨分层"的结构性弊端。动产担保物权法制的这一结构性弊端非经结构性革新是无法根除的。我国现有的担保物权法制若不能借此民法分则编纂良机实现其动产担保物权法制的现代化,则民法分则编纂的历史价值和法制发展意义将大打折扣。但从学界凝聚的共识以及立法机构的方案优选来看,对现有的动产担保物权法制实施理性重构式编纂思路,接受度不高、可行性不强——理论界百余年来形成的担保物权法制德国模式思维惯性巨大、改辙不易;立法机构的价值取向也不全在编纂出包括动产担保物权法制在内的体系完美、制度先进的民法分则。

至此,秉持理性重构式动产担保物权法编纂进路者尚未摇旗呐喊,却已息鼓收兵。[1]

但是,无论秉持上述动产担保物权法的何种编纂思路,民法学界对于我国现有动产担保物权法制缺失动产担保物权的统一登记制度,皆认为是一个重大的立法缺陷,因此主张借民法分则的编纂之机予以弥补。所以,建立动产担保物权的统一登记公示制度,是民法学界关于动产担保物权法编纂的基本共识。但如果对动产担保物权统一登记公示制度建立,认识上仅限于动产担保物权制度的内在逻辑需求,而不能认识到该制度建立的外溢法体系效应,就只是看到了问题的浅层次之表面,而没有认识到问题的深层次之内里。笔者认为,动产担保物权统一登记公示制度的建立,不仅使动产担保物权法制度本身的法制度效用大幅提升——建立动产担保物权统一登记公示制度的法制度内在逻辑;而且,动产担保物权统一登记制度的建立,还有对自然演进式动产担保物权编纂思路的人士来说,难以想象到的法体系外溢效应,这主要包括两个方面:一是动产担保物权统一登记公示制度的建立,足以使现已成章立节独立存在的"权利质权"制度不再有独立存在下去的法体系基础;二是动产担保物权统一登记公示制度的建立,还足以使如"融资租赁"等所谓的非典型动产担保物权制度被司法实践承认——担保物权法定理论不攻自破,动产担保物权现有的分类变得狭隘而封闭。由此两方面的合力,就足以使理性重构式动产担保物权编纂进路者所主张的一元化动产担保物权立法模式,在动产担保物权统一登记公示制度的建立中,于无声中水到渠成,于无争中铸成定局。一元化动产担保物权立法模式逐渐被人们所认知、接受和采纳。进言之,对于民法典之动产担保物权法的编纂是否采纳动产担保物权的一元化立法模式,从其本身来说,难证其明、难辨其理。但从动产担保物权统一登记制度的建立说起,却找到了明确的方向,得出了无疑的结论。这一结论对于动产担保物权一元化立法模式的主张者来说,确有一种"山穷水

---

〔1〕 立法实践表明,法律规范的制定,既具有必然性,也具有偶然性;既是群体行为,也有个人行为。我国法学家群体对国际上发达的一元化动产担保物权立法模式表现陌生、研究不足,是一元化动产担保物权立法模式难以被接受的主要原因。

尽疑无路,柳暗花明又一村”的感觉。

一、动产担保物权统一登记制度建立的内在法制度逻辑需求——提升制度经济效益

我国2007年颁布的《物权法》第10条规定:“国家对不动产实行统一登记制度。统一登记的范围、登记机构和登记办法,由法律、行政法规规定。”随后,国务院于2014年发布《不动产登记暂行条例》。该条例的颁布,对于“整合不动产登记职责,规范登记行为,方便群众申请登记,保护权利人合法权益”等,起到了基础性、根本性作用。但我国《物权法》对于在理论上和实践中同样重要也同样必要的动产担保物权统一登记公示制度,却没有充分认知到其建立的价值和意义。以至于该法继续沿用了我国《担保法》中确立的动产担保物权分散登记制度,并因此进一步强化分散登记制度的地位和效用。建立动产担保物权的登记制度尤其是动产担保物权的统一登记制度,是动产担保物权法制实现其立法目的的基础性制度。如果没有动产担保物权统一登记制度作为其制度基础,动产担保物权法的实施效果将难以奏效。我国现有担保物权法制关于动产担保物权登记公示机构的分散、不明确所显现的立法不足,就是一个极好的说明。[1]

动产担保物权,无论是动产抵押权、动产质权还是权利质权,其制度规范体系都有一个自然的内部逻辑外化展开,即各类动产担保物权的概念、各类动产担保物权之担保物范围、动产担保物权的设立合同、担保物权的设定、担保物权的公示、担保物权的效力、担保物权的优先受偿次序、担保物权的实现和担保物权的消灭九个方面,以前后顺序分别予以展开。这个顺序,首先是制度“生与死”的自然顺序。“生”的制度如动产担保物权的设立合同、动产担保物权的设立,“死”的制度如动产担保物权的实现和消灭制度等;在此“生与死”之间,是动产担保物权制度的“存”的制度,即动产担保物权的公示

---

〔1〕 参见中国人民银行研究局等编:《中国动产担保物权与信贷市场发展》,中信出版社2006年版,第93~116页。

制度和效力制度。其次是核心制度与辅助制度顺序，动产担保物权法律制度的核心制度就是动产担保物权的优先受偿次序制度，其他各项制度皆是作为辅助制度围绕核心制度而设计和展开的：如动产担保物权的公示制度就是以建立科学、有序、明晰的动产担保物权优先受偿次序为直接目的的，而动产担保物权合同、设立、效力、实现及消灭等制度，皆是以动产担保物权优先受偿次序制度为间接目的的。再次是作为前提制度之结果的核心制度，即动产担保物权合同是动产担保物权设立的前提，动产担保物权设立是动产担保物权之公示的前提，动产担保物权公示是动产担保物权优先受偿次序的前提。最后是作为结果制度之前提的核心制度，即作为动产担保物权制度核心的动产担保物权优先受偿次序规则，是动产担保物权实现和消灭的一个前提性制度。在此基础上，因着准用规范的适用，后续动产担保物权类型如动产质权和权利质权，可以略去其位前某一种动产担保物权类型如动产抵押权、动产质权的某一些制度，如权利质权就大部分略去了其位前的动产抵押权、动产质权制度中的动产担保物权合同、设立、效力、实现、消灭等规范。这些制度的省略，是基于法典法的逻辑性、体系性的内在要求，而不是略去的制度不予适用。值得注意的是，无论是动产抵押权、动产质权还是权利质权，都有其公示制度的规定。且前述关于动产担保物权规范体系九个方面顺序关系的论述也表明，动产担保物权的登记公示制度，在其中居于承上启下、核心的地位。但遗憾的是，我国动产担保物法律制度没有建立起统一的动产担保物权登记公示制度。从我国现有的动产担保物权法制来看，我国不是没有动产担保物权的登记公示制度，而是没有统一的动产担保物权登记公示制度。我国《物权法》因应时局，对不动产物权统一登记制度作出了概括性安排，但从法律制度自身逻辑的角度观察，同样重要也同样必要的动产担保物权统一登记公示制度，该法却没有予以同等重视，且该法对分散登记公示制度的再度确认，实质上是强化了动产担保物权的分散登记公示制度。

如同不动产物权统一登记制度建立的意义一样，动产担保物权统一登记公示制度的建立，对于动产担保物权制度的有效实施具有基础意义。一是从当事人的角度观察，便于完成公示手续。试想若没有统一的动产担保物权登记公示制度如我国现有立法,涉事当事人只能按照现有的法律,分别到不同的动产担保物权登记机构去办理登记公示手续,且登记手续重复烦琐、浪费精力财力;但若将分散登记规定为统一登记,则当事人只要到一个部门就可以办理过去须到10余个部门要办理的手续。二是从交易第三人的角度观察,便于查询财产负担实现交易安全。物权登记公示制度包括不动产物权登记公示制度和动产担保物权登记公示制度的建立,目的只有一个,就是维护交易安全。交易第三人要知晓交易物上是否有动产担保物权等权利负担的存在,就需要到动产担保物权登记公示机构查询。动产担保物权的分散登记,使此一查询工作如同登记工作一样,费用高且准确度低。因此,从交易安全的角度观察,建立动产担保物权统一登记制度十分必要。三是从动产担保物权制度本身来看,便于形成科学有效的动产担保物权法制。动产担保物权登记制度在动产担保物权法制体系的地位已如前述,但如果继续分散登记,其效果就不可能达到统一登记所能建立的法秩序效果:担保物权法需要的是统一登记制度所能建立起的明晰、确定、透明的担保物权优先受偿次序规则,而这一规则的塑成,就需要统一的登记制度。

若研究到此为止,其研究的学术价值就几近归零。因为这样的研究思路和研究结果,在经过不动产统一登记制度建立的研究之后,已经成为学界之共识。对于一元化动产担保物权的倡导者来说,动产担保物权统一登记制度的建立,其产生的法律效果远不止于动产担保物权法律制度自身完善的内在需求,更有甚者,其"明修栈道、暗度陈仓"的法体系外溢效果——"权利质权"章节因之而归入抵押权制度——为一元化动产担保物权立法模式的选择铺平道路;非典型担保物权如融资租赁、所有权保留、让与担保等,得以设立并产生同样的法效——因得以办理登记而足以产生担保物权的法效等,才是研究的目的、价值所在。

二、建立动产担保物权统一登记制度的外溢法体系效应——"权利质权"章节的消失

"权利质权"是在质权概念项下存在的次级担保物权概念,其最初出现

在《中华民国民法典》。早在《大清民律草案》中，基于严格的不动产担保物权和动产担保物权的类型界分，权利质权是被立法内置于动产质权之内的，即质权之下不再区分动产质权和权利质权，只有动产质权一项制度。也许是因为有形动产上的质权与无形动产上的质权在担保物权公示方式等方面的差异，到了《中华民国民法典》时期，在担保物权体系结构设计上，权利质权从动产质权中析离出来而独立于动产质权。这一情形延续到我国《担保法》和《物权法》。所以，从我国《物权法》担保物权编的规定来看，“权利质权”一节独立于“动产质权”一节而成章立节的存在，成为一种独立的动产担保物权类型。从位序来看，权利质权位于抵押权（包括不动产抵押权和动产抵押权）和动产质权之后，且有权利质权有准用动产质权的规定。所以，从法典法的逻辑性、体系性来看，“权利质权”一节的具体内容不需要有动产抵押权、动产质权制度一样的完善——后者内容的展开上基本按照定义、担保物、担保合同、担保物权设定、担保物权公示、担保物权效力、担保物权优先受偿次序、担保物权实现和担保物权消灭九个方面依次完整规列。而“权利质权”一节的内容就可以大大节略——只有担保物范围和登记公示机构等。原因就在于，“权利质权”作为担保物权之一类，其与动产抵押权制度、动产质权制度等在“质”的方面没有什么本质不同，既然“动产质权”已有较完善的制度在前，且“权利质权”有准用动产质权的明示规定，则“权利质权”仅限于规制“动产质权”无法规制的内容即可。[1]

为证实上述逻辑推演结论，需实证研究“权利质权”一节的具体内容，发现“权利质权”一节的具体内容确实没有全面设置其定义、担保合同、担保物权效力、担保物权优先受偿次序、担保物权实现、担保物权消灭等可有的完备内容，其实际规制的内容限于两个方面：一是何种权利得以作为权利质权的标的（我国《物权法》第 223 条规定了可以出质的权利范围）；二是可以作为权利质权标的上设定的担保物权去哪一个登记公示机构办理权利质权登记公示手续（我国《物权法》第 224 条至第 229 条明确规定了各种权利质权的设

〔1〕 无法规制的内容则限于权利质权标的物的范围和不同的权利质权登记的机构。

立,因权利质权采公示生效主义,所以其设立规范都是规定各种权利质权去哪一个登记公示机构办理登记公示手续)。“权利质权”一节关于上述多个方面规范内容的省略,当然与权利质权置于不动产抵押权、动产质权之后,权利质权有准用动产质权规范的便利使然。[1] 但仅就“权利质权”一节涉及的上述两项内容而言,也不是非要设专门节章予以特别类型化规定的必要:在我国《物权法》第180条第7项规定了“法律、行政法规未禁止抵押的其他财产”可以抵押的情况之下,权利上负担的担保物权即现所谓“权利质权”完全可以归类于“一般抵押权”一节。因为“未禁止抵押的其他财产”在解释上当然可以包括各种可以设定权利质权的“权利”。由此可见,我国《物权法》第223条就被安排进动产抵押权之中了。我国《物权法》第224条至第229条之所以在现有立法中成节立章,与我国现有的担保物权法制实施动产担保物权分散登记制度有前因后果之密切关系。不同的权利质权须由不同的权利质权登记公示机构办理登记公示手续,几乎每一种权利质权都有一个不同的权利质权登记公示机构,如我国《物权法》第224条规定的“质权自有关部门办理出质登记时设立”,此“有关部门”究竟是哪个部门更是不甚明了。例如,该法第226条规定的“以基金份额、股权出质的,质权自证券登记结算机构办理出质登记时设立;以其他股权出质的,质权自工商行政管理部门办理出质登记时设立”;该法第227条规定的“以知识产权出质的,质权自有关部门办理出质登记时设立”;该法第228条规定的“以应收账款出质的,质权自信贷征信机构办理出质登记时设立”。综上所述,这些可以负担权利质权上的登记公示机构,立法有的明确具体,有的模糊不清。其原因就在于我国没有建立起动产担保物权统一的登记公示机构。

不同权利上创设权利质权的不同登记公示机构,在立法技术上确有予以专门集中规制的必要,加之传统担保物权法制在担保物权分类上,将权利质权类归入动产担保物权,且将其分置于“动产质权”之后,所以就在担保物类

---

〔1〕 动产质权和权利质权更应该准用抵押权尤其是动产抵押权的规定。但我国担保法中没有这样的准用规范,形成了法律漏洞。参见董学立:《我国担保物权法中“准用性规范”研究》,载本书编委会编:《遵循科学的自然法》,法律出版社2014年版,第11~19页。

型体系上形成了“权利质权”一节：内容限于哪些权利可以于其上设定权利质权，以及这些不同权利上创设的“权利质权”在哪一个权利质权登记公示机构办理登记公示手续。但抵押权概念的无限扩大，使作为权利质权担保物的各项权利内置于“未禁止抵押的其他财产”的范围之内。如果未来我国动产担保物权法制能够建立起统一的动产担保物权登记公示机构，则以动产担保物权分散登记为法制基础而构成的“权利质权”这一章节中的数个规范，即可集结表述为一个规范——各项权利上设定的权利质权，到一个专门设立的动产担保物权登记公示机构办理登记公示手续。由此，现有的数条法律规定构成的“权利质权”一节，就浓缩为一条法律规定。由一条法律规定构成权利担保物权的一个章节，且取名为“权利质权”法定成类，确乎与法典法的逻辑性、体系性不匹配。[1] 既然作为担保物的各种可设担保权利已经涵盖在“一般抵押权”一节，则在建立了动产担保物权统一登记公示机构的法制基础上，因分散登记而得以数条法规规定另立门户的“权利质权”一节将完全失去了独立存在的法规数量基础，只剩下一条关于各项权利质权均可在一个机构办理登记公示手续的规定，而这一条规定也是完全可以有机植入“一般抵押权”一节的抵押权统一登记公示制度中。由此，动产担保物权统一登记公示制度的建立，足以使现有的“权利质权”一节再无专章立节别类立身之地。“权利质权”一节在建立起动产担保物权统一登记公示机构后，不可避免地招致“灭顶”，这一结局是今日不接受甚而反对一元化动产担保物权立法模式的人士所不能想象的。尽管开始走路时大家有不同的道路主张和选择，但走着走着大家就会聚到了共同的目的地。这是因为担保物权法以及其他民事法的编纂都有一个归路——主观观念的不同只是问题的一个方面，

---

〔1〕 撰写本书之际，笔者收到了中国社会科学院法学研究所完成的物权法编纂建议稿。在此建议稿中，关于担保物权规定了统一登记制度（该草案第 186 条），但在“权利质权”一节中，却又规定了分别登记制度，前后矛盾（该草案第 232 条至第 236 条）；与此同时，笔者也收到了中国法学会民法典分则编纂小组完成的担保物权法编纂草案，该草案同样规定了动产抵押权的统一登记制度（该草案第 202 条之 3），但在权利质权部分，则又实施了分别登记制度（该草案第 224 条至第 228 条），显然该草案起草者没有完全弄清楚抵押权在抵押物范围上对权利质权标的可吸收性，以及抵押权登记与权利质权登记的同质性。

事物本身发展的内在逻辑和规律，以及其不以人的意志为转移的本性不可小觑——权利质权被抵押权吸收性的消失，是抵押权概念外延扩大，以及与动产担保物权统一登记公示制度建立合力的结果。如果大家还有意愿继续往前迈进，在动产抵押权与动产质权两者之间仅有公示方式的不同以及因公示方式的不同而稍有其他些许非本质不同的情况下，本质没有不同的动产质权制度，也是可以通过扩大抵押权公示方式的途径，将动产质权制度有机地植入一般抵押权制度中来——唯有在上述担保物权立法九个方面的担保物权公示一项中，将担保物权的公示方式，由原来的登记公示方式，增加到登记公示方式和占有公示方式等基本公示方式。由此，一元化动产担保物权制度终成——这一结局与动产担保物权统一登记公示制度的建立息息相关。

三、建立动产担保物权统一登记制度的外溢法体系效应——担保物权类型自由约定

物权法定以及担保物权法定，是包括中国在内的大陆法系国家物权立法的理论基石。在这一理论的指导下，担保物权有典型担保物权和非典型担保物权之分。典型担保物权即法律确立的法定担保物权类型如我国《物权法》确立的抵押权、质权、留置权等担保物权类型；非典性担保物权即法律中没有予以规定但现实社会交易中自发产生并逐渐被广泛利用，且为学说和判例所承认的担保物权类型，如融资租赁、让与担保、所有权保留和保理等非典型担保物权类型。在承认判例法的国家，一旦典型担保物权之外的担保物权形式得到了判例与学说的承认，就具有与典型担保物权同样的法律效力。但若相反，则典型担保物权之外的担保物权形式，不被承认为担保物权。如在我国，融资租赁、让与担保和所有权保留，就是不被司法实践承认的法定担保物权类型。

担保物权法定的内涵应该限于担保物权内容的法定，而担保物权种类的法定就是一个谬论：担保物权的种类是完全可以自由约定的。担保物权的这一特点，与所有权和用益物权有显著不同：所有权的法定，是严格的法定，不允许当事人对所有权的内容和种类有任何的自由约定；用益物权的法定，是

内容和种类法定基础上得以缓和的法定，因为比较法上的事实是，不同国家的用益物权类型大都不一样，甚至同一个国家不同时期的用益物权类型也是不一样。因为用益物权类型设置就是一个法律适应社会需求而不断创新的结果。担保物权与用益物权都有次级物权类型体系，但两者之间不同的是：我国《物权法》规定的建设用地使用权、宅基地使用权、土地承包经营权、地役权等，这些名称类别不同的用益物权类型，因为有不同的内容，所以冠以不同的名称；反之，不同的用益物权种类名称，指向内容不同的用益物权内容。即不同的用益物权内容决定了不同的用益物权名称。但这一原理却不能适用到担保物权类型体系中来。研究表明，不同的担保物权名称，无论是典型的担保物权名称还是非典型担保物权名称，其所指代的担保物权内容却皆无不同——担保物权，无论冠以什么样的次级名称，其内容都是“担保物权人在债务人不履行到期债务或者发生当事人约定的实现担保物权的情形，依法享有就担保财产权利的变价在担保债权数额限度内之优先受偿的权利”，此即我国《物权法》第 170 条关于担保物权的定义。但源于对物权法定理论的机械和错误理解，在民法学说理论上和民事审判实践中，都没有放大对该法第 170 条的适用，而是狭隘地把该法第 170 条限制在抵押权、质权和留置权等法定担保物权类型上。以至于非法定的担保物权类型如融资租赁、让与担保和所有权保留等担保物权类型皆不被司法实践认可。[1]

当担保物权的不同名称指向的担保物权内容别无二致的时候，担保物权的名称是什么就变得不重要了。如让与担保，其本质就是抵押权，因为一般来说，抵押权人在债务人不履行到期债务或和发生当事人约定的实现抵押权的情形时，就是对抵押物所有权的变价权，以及对担保物所有权之变价的在债权数额限度内的优先受偿权。而让与担保，其本质就是当事人约定的在债务人不履行债务或者发生当事人约定的情形时，债权人以受让担保物所有权人的地位，变卖受让物的所有权并就变价在债权数额限度内的优先受偿的权

〔1〕 一个有趣的现象并没有引起学界的注意：笔者在检索材料中发现，凡有学者在其文章中谈论物权缓和尤其是物权自由的时候，其所列举的事例一定是用益物权和担保物权，因为只有用益物权才需要缓和，只有担保物权才得以种类自由。

利。融资租赁,这一在法律制度安排中被置于合同法中的法律制度,其实质也是创设了一项担保物权,虽其名为“融资租赁”,其实质就是所有权保留,出租人保留了出租物的所有权,在承租人不履行支付租金义务时,出租人就租赁物保留的所有权处分变价并在未受清偿的债权数额限度内优先受偿的权利。而让与担保与所有权保留之间,就是对同一民事法律关系因观察角度的不同而得出的结果:从出售人的角度谓之“所有权保留”,从买受人的角度观察,就可以定义为“让与担保”。即使是法定的担保物权类型如动产抵押权与动产质权之间,其差异也仅限于公示方式的不同,其他方面也没有实质的不同。总而言之,因为在动产上没有如不动产上既有对不动产的所有权,也有对不动产的用益物权,故而对不动产的担保物权既有以不动产所有权为担保标的的不动产所有权之担保物权,也有对不动产用益物权为标的的不动用益物权之担保物权。在动产上的担保物权,仅限于对动产之所有权的担保物权。所以动产上的担保物权,就只限于对以动产所有权为标的的动产所有权之担保物权。故而,依据前述担保物权内容法定的理论,动产上的担保物权就是对动产所有权在一定条件下的变价权以及对变价所得在未受清偿债权数额限度内的优先受偿的权利。至于动产上的担保物权的名称是什么,即无论动产上的担保物权名称是动产抵押权、动产质权、动产融资租赁、动产让与担保、动产所有权保留等,其名称虽各异,但内容却别无二致。所以,动产上的担保物权内容法定,即对动产所有权之附条件的变价权以及对此变价在未清偿债权数额限度内优先受偿的权利;至于当事人以什么角度、什么法律关系模式观察和界定其法律关系,以及唤以什么样的种类名称,都是无关本质和紧要的事[1]——这些不同名称所代称的动产担保物权,在当事人之间,不会有任何差异——担保物权内容法定,种类自由。

但是,担保物权作为物权之一种,有其权利属性上的对世性、排他性,其产生和存续如果没有登记公示制度的支撑,将对经济效益和交易安全带来隐

---

〔1〕 美国《统一商法典》第九编第 9－202 条规定:所有权归属无关紧要。参见董学立:《论“担保物所有权之归属无关紧要”》,载《法治研究》2014 年第 1 期。

患。即使有动产担保物权的公示制度，如今日我国《物权法》确立的动产担保物权的分散登记公示制度，对于一种法律没有明定的动产担保物权类型如融资租赁等，人们不能确定知晓这种非法定动产担保物权在哪一个动产担保物权登记机构办理登记才能产生满足交易安全的法律效力，则担保物权类型自由约定的法制目标也是无法实现的。只有建立起动产担保物权的统一登记制度，凡是当事人合意设立的担保债权实现的对担保物价值的有限优先受偿权，皆可以通过法定的动产担保物权统一登记机构办理登记公示手续，以产生对抗交易第三人的法律效力，并由此建立起明确、清晰、科学的动产担保物权优先受偿次序规则等。

上述关于担保物权类型自由的主张，已经被司法实践证明有效，并实质性地影响了动产担保物权法的编纂。2014 年 3 月 20 日中国人民银行签署了《关于使用融资租赁登记公示系统进行融资租赁交易查询的通知》。该通知对使用融资租赁登记公示系统进行融资租赁交易查询作了规定：一是中国人民银行征信中心建立的融资租赁登记公示系统（http://www.zhongdengwang.com），全国范围内的机构可通过互联网进行租赁物权利登记公示与查询；二是开展融资租赁业务时，融资租赁公司等租赁物权利人可以通过融资租赁登记公示系统办理融资租赁登记，融资租赁物权利状况进行公示，避免因融资租赁物占有与所有权分离导致的租赁物权属冲突；三是在办理资产抵押、质押和受让等业务时，作为资金融出方的银行等机构应当严格审查抵押物、质物的权属和价值以及实现抵押权、质权的可行性，并通过公示系统查询相关标的物的权属状况，以避免金融债权因抵押物、质物为承租人不具有所有权的租赁物而无法实现。更有意义的是，在中国人民银行发布通知之前，最高人民法院于 2014 年 2 月 24 日发布了《关于审理融资租赁合同纠纷案件适用法律问题的解释》。该解释第 9 条与中国人民银行的通知与最高人民法院的解释相结合，就可以得出一个结论——在司法实践中，凡是按照中国人民银行的该项通知办理完毕融资租赁登记公示手续的，出租人对租赁物的所有权享有对抗交易第三人依据正常交易所获得的对租赁物的任何权利。也就是说，未经公示的融资租赁，在合约当事人之间具有物权效力，出租人保留租赁物所有权以担保租金债权的实现;经公示的融资租赁,在出租人与其他交易第三人之间,产生出租人对租赁物的所有权得以对抗第三人的效力。而这一结果,恰是公示对抗主义法制之下,动产担保物权人的法律地位。

因此,借助于动产担保物权统一登记公示制度的建立,所有具有担保功能的法律关系约定,无论其被当事人代称为什么名称——是典型的动产担保物权还是非典型的动产担保物权,只要在统一登记系统完成登记公示,就具有了担保物权的法律效力。质言之,动产担保物权统一登记公示制度的建立,把理论上证成的担保物权内容法定、种类自由,在法律实践层面依靠动产担保物权统一登记制度的支撑,就变成了法律生活的现实。而这一结果的后续联动效果就是:未来中国的动产担保物权法制,就不需要对动产担保物权进行分类了,只要当事人创设了担保债权实现的对担保物权利之变价的有限的优先受偿权,且得借助于动产担保物权统一登记公示制度的协力,就完全可以实现担保物权的对内效力和对外效力。其结果就是,动产担保物权一元化立法模式终得以渠成。

四、笔者的主张

笔者坚持主张动产担保物权法编纂的理性重构式一元化编纂进路,但这一进路的主张在学界应和者不多,势单力薄。如强要单刀赴会,现编纂背景下定溃败无疑;若能借势侧入,明修栈道、暗度陈仓,或许最终能赢得天地。对于未来中国动产担保物权法的编纂进路,自然演进式编纂的保守势力暂占优势,理性重构式的革新主张暂处劣势。但无论何种主张,对于在民法典分则的编纂过程中建立动产担保物权统一登记制度,则属两派皆予认同。保守派不可能也不愿意认识到动产担保物权统一登记制度建立,所具有的外溢法体系效应;革新派则看到了动产担保物权统一登记制度的建立,对于一元化动产担保物权制度立法模式的基础意义——只要建立起了动产担保物权的统一登记公示制度,则现有的多元化动产担保物权就自然地朝着一元化立法模式迈进,非典型动产担保物权也可借助统一登记公示制度的建立而被司法所承认。由此一来,动产担保物权的一元化立法模式将是水到渠成之事。最终,我国现有多元化动产担保物权的结构弊端,将在一元化立法模式的基础上得以彻底解决。对此,我们充满理论自信和实践自信。

第四章　构建一元化动产担保物权法制

第一节　一元化动产担保权物法制的形成与影响

动产担保物权法的一元化立法模式，起始于美国《统一商法典》，该法典第九编即“动产担保物权交易法”（secured transaction）。“动产担保交易法”采取了“功能化”的立法理念，在此基础上，通过提出一系列新概念，把先前存在的名称各异的动产担保物权类型整合规摄成一种动产担保物权类型。如以“担保交易”（secured transaction），涵盖了以往种类多元的动产担保物权法律制度体系，包括但不限于动产抵押权（chattle mortgage）、动产质权（chattle pledge）、权利质权、应收账款之让与（assignments of accounts receivable）、动产附条件买卖（conditional sales）、信托收据（trustareceipts）动产租赁（chattle lease ）等；如以担保人（debtor）、担保权人（secured party）涵盖从前的所谓抵押人（mortgagor）、抵押权人（mortgagee），出质人、质权人，应收账款出售人、应收账款买受人，动产附条件出售人、动产附条件买受人，出租人、承租人，附条件买受人（conditional vendee）、附条件出卖人（conditional vender）等；如以担保物（collateral），涵盖受担保合约拘束之财产（personal property and fixtures）；如以担保物权的附着（attachment），涵盖动产担保物权的设定；以担保物的完善（perfect），涵盖动产担保物权的公示制度，包括登记公示、占有公示和控制公示等；以担保物权优先受偿次序（priorities），涵盖均已公示的动产担保物权之间、均未经公示的动产担保物权之间以及已经公示的动产担保物权与未经公示的动产担保物权之间的优先受偿次序规则；以债务人违约（default）及担保物的处分，涵盖担保物权实现等法律问题。

由此，美国《统一商法典》第九编即"动产担保交易法"，建立在一元化概念、一元化制度形成的一元化法律制度体系之上，整个担保物权法制呈现出以当事人的合意为基础，以功能化方法为标准，以发挥担保财产的效率为目的的新型担保物权法制。这一立法模式为全世界担保物权法的发展注入一股强大的新生力量。其后，世界担保物权法制迎来了一个全新的时代。

一、一元化动产担保物权法制的形成

（一）一元化动产担保物权法制之前身

美国《统一商法典》第九编也并非异想天开、手到拈来之作，而是经历了十分曲折的发展历程。在此之前，美国社会自然发展起来的动产担保物权类型主要有动产抵押（chattel mortgage）、附条件买卖（conditional sales）、信托收据（trustceipts）、行纪人留置权（factors liens）及应收账款让与（assignments of accounts receivable）等担保交易立法。在说明美国《统一商法典》第九编的来源之前，先看看这些美国《统一商法典》的前身们是一番何样模态。因为"质"（pledge）也是动产担保交易之一种样态，与动产抵押没有本质差异，在此一并解析。"质"，一种动产上最古老的亦是最单纯的动产担保物权形式，一方交付他方以动产或必要之证券如可流通仓单等，此间担保物归债权人（质权人）占有作为债务人履行一定债务之担保，待债务人完成约定受担保债务后，方可取回或者赎回该移转占有物。美国法上的"质"，其性质类似于我国民法上的质权。[1]

动产抵押，乃为适应担保交易上无须占有标的物之需要而产生。美国在普通法上的抵押权有两种形态：一种是以担保权为基础之动产抵押权——以

---

〔1〕 此"质权"，与美国法上常见的被我国学者翻译为"质权"的"lien"，又有何区别？美国法上的"lien"，含义甚广，凡以财产供担保者，无论是当事人设立者，还是因法律规定而产生者，皆可属之。由此可知，"lien"可谓一种担保物权之总称，故其性质颇为特殊，兼有我国法定担保物权和约定担保物权之共性。是故，对其翻译可视语境而定，有时译为"留置权"，有时译为"质权"等。

此形态由质权演变而来:抵押权设定人仍保持其标的物的所有权,并可不移转占有,提供债务之担保;于担保债权不能实现时,抵押权人得行使其抵押权,将抵押物拍卖所得之价金清偿受担保债务,以终结其抵押权。动产抵押权与动产质权所不同者,限于抵押物移转占有与否。另一种是以所有权为基础的动产抵押权——动产的所有权人,将其所有权让与抵押权人,担保债务之清偿;但又以明示或默示约定,在债务被清偿后,其所有权仍归属于让与人即抵押权设定人。换言之,债务清偿时,其让与之约定即归于无效。也可谓债务人于完成其债务后有回赎的权利。抵押权之设定,其标的物不限于现有之动产,即使买卖中的买受人之未来所有之物,亦可就之设定抵押权。例如,出卖人出卖货物并交付于买受人,倘买受人未能按时全部或一部分清偿价金,即可以该货物为标的,向出卖人以让与约定方式,设定动产抵押权。在美国法上,所有权可分为法律所有权和实益所有权,在此场合,出卖人依买受人之让与约定,保留其出卖物的法律所有权,于买受人不按期清偿其价金时得收回其出卖物;而买受人于清偿期限未届至前仍享有其实益所有权,继续占有其买受物,得就之使用及收益。此种情形与后述之附条件买卖相同。[1]

附条件买卖,依照美国《统一附条件买卖法》第 1 条之规定,附条件买卖,可分为两种形态:一是物品买卖之约定,只移转标的物由买受人占有,而其所有权应在将来清偿全部或一部分价金或履行其他条件后,是以移转归于买受人;二是物品租赁或寄托之约定,其承租人或受托人在支付标的物之补偿金并完全履行约定之条件下,应成为或得成为该标的物之持有人。前者是以买卖为基础附以一定条件之担保交易,此为常态之附条件买卖行为;后者为以附条件买卖模式而适用于租赁及寄托之担保交易,为变形之附条件买卖行为。附条件买卖行为之所谓附条件,因其约定履行之先后,可分为两种:一种是履行条件在先——附条件买卖之标的物,尽管已经移转占有于买受人,但

〔1〕 美国商事立法权,不属于联邦议会,各州除采用统一法者外,各有其商事法律。因此,关于抵押权之性质为何?美国各州学说不一:有的州称为“出卖人兼抵押权人之利益——所有权”。此即前述以所有权为基础之抵押权;有的州称为“抵押权人之利益——准质权”此即前述以担保权为基础之动产抵押。

其所有权在买受人先履行已定条件,如支付全部价金,则不移转于买受人;另一种是履行条件在后——附条件买卖之标的物,其所有权先移转于买受人;但买受人如未履行其一定之条件,出卖人得收回其出卖物之所有权。总而言之,无论其条件履行在先或在后,其出卖人均握有法律所有权,其买受人均享有实益所有权。

信托收据,也称信托占有,最初适用于进出口贸易,例如,进口商(买受人)甲经由进口地之丙银行开出信用状向外国出口商(出卖人)乙订购物品,乙即就该物品价金开发汇票,以自己为受款人,并以开状银行之丙银行为付款人,同时在汇票附上该物品装载之载货证券,此谓“押汇票”或“跟单汇票”,则丙于接到汇票并加上承兑或付款后,即对进口商甲取得以载货证券为担保之权利。甲自丙银行受领载货证券时,应签署“信托收据”,承认物品所有权保留在丙处,丙同意“信托收据”所加于甲在该物品上权利之限制。“信托收据”又包括双方的信托收据和三方的信托收据:双方的信托收据,如汽车制造商将其生产的汽车出售给买受人,约定价金分三期偿还,有买受人乙出具信托收据,乙如逾期不能清偿价金,甲即可依“信托收据”取回其标的物,此即为双方的信托收据。三方的信托收据,即在上述双方的信托收据关系中加入贷款银行——通过银行的贷款,乙将获得的银行贷款抵还甲出售汽车之价金,乙再将该出售汽车设定担保,即由乙出具信托收据给丙,以担保贷款之清偿。如乙有不能按约定清偿贷款的情况发生,则得将依“信托收据”取回物品。三方的信托收据,除买卖双方外,尚有银行加入,以此三方关系所建立之信托收据,乃真正的信托收据;双方的信托收据,仅有债权人与债务人之相互关系,其依次所建立之信托收据,无异于变形之动产抵押。两者的区别在于,在三方的信托收据,买受人将银行出资从出卖人处购买的物品信托给银行;在双方的信托收据,银行不参与交易关系,买受人直接把出卖人的物品信托给出卖人。两者的共同点在于,买受人在没有支出费用的情况下,占有了出售物品并得以进行销售以营利——出售的物品的法律所有权属于他人即或者是银行或者是出卖人——这一点决定了或者银行或者出卖人对买受人占有销售的物品享有在出售人破产情况下享有破产别处权——优先于出卖人任何情况下的担保物权人和债权人。

经纪人担保物权,经纪人是指商品买卖之代理人,得以自己或其本人之名义占有标的物,并经授权得出卖该标的物并受领其价金之人。所谓经纪人担保物权,是指经纪人因受托占有并买卖财产而有融通资金关系时,即可在其占有的物品上以及运输中的物品上设置经纪人担保物权。经纪人担保物权的标的物通常为动产或者商品,故此也被称为经纪人对于商品之担保物权。美国自1940年以来,有许多州订定关于授权以"存货"为担保物而融通资金之法律,经纪人担保物权之立法,为其中之一。

应收账款之让与,所谓"账款",是指当事人之间关于债权债务之记录,在记录上之计算,如有余额,则此方对于他方,谓之应收账款。美国自1940年以来,由于工商业的发展对资金的利用与融通日盛,关于利用与融通资金之担保方式,亦层出不穷。于是以应收账款之凭证为借贷担保之交易,应运而生,而就此吸收新例并立法者,达30余州。应收账款之让与,虽其名为让与,但实为担保——为担保借款的偿还,应收账款之受让人对应收账款享有在受担保债权数额限度内的优先受偿权。[1]

(二)一元化动产担保物权法制之编纂

在美国,各州享有包括上述动产担保物权在内地商事立法权,由此导致美国各州商法内容与形式不一,成为阻碍美国经济社会发展的一大法律障碍。为了解决这一问题,统一各州商法的呼声在美国工商界不绝于耳,至19世纪末形成了强大的统一商法运动,美国统一州法委员会在此风之下成立并运作。该委员会第一波的统一法杰作包括《统一买卖法》《统一仓单法》《统一提单法》《统一股票转让法》《统一附条件买卖法》《统一信托收据法》等。这些统一法被美国大多数州采行。但与此同时,美国州立法权和法官造法权利的存在,也使这些统一法及其法制理念再度遭受重创:一是并非美国所有的州都通过了这些统一法,二是许多州在通过这些统一法时均作了不同程度

---

〔1〕 参见《美国统一商法典及其译注》(下册),中国台湾中兴大学法律研究所主译,台湾银行经济研究室编印。

改动，三是各州法院在适用这些统一法时，又对其进行了“司法修正”。以上，使起始于理性设计的统一州法运动，受到了来自社会自然定势的阻挠。但这股洪流势不可挡，到了 20 世纪 30 年代后期，随着商事实践的不断发展，已经完成的统一法本身内容也变得陈旧，不适应新出现的商事活动模式，这就对统一法提出了新的要求。正是在这种错综复杂的背景之下，1938 年纽约州商会鉴于 1906 年的《统一买卖法》的不足，提出了管辖所有州际间买卖的联邦买卖法的建议。

对美国《统一买卖法》的修订工作导致了 1945 年 1 月 1 日正式启动的美国《统一商法典》的草拟。美国统一州法委员会和美国法学会共同成立的统一商法典起草美国《统一商法典》委员会。该委员会会员都是美国法律界的精英。其中，美国《统一商法典》第九编即“动产担保交易法”的起草人，就是由写就《契约的死亡》名著的作者格兰特 · 吉尔摩教授担任。

在起草美国《统一商法典》第九编时，传统动产担保交易制度的历史的、概念化的分类方法为起草人所竭力摒弃，取而代之的是功能方法。起初，起草人着力于草拟一系列特别法以个别调整主要的融资类型，如商用机械、消费品、农产品、存货和应收账款、无体财产。[1] 但随着工作的推进，他们发现，这些个别融资交易间的共通之处超过了相异之点。[2] 于是他们决定起草统一的法典以涵盖所有的动产担保交易形态。

1952 年美国《统一商法典》正式公布，1953 年宾夕法尼亚州经过细微的修改后通过了《统一商法典》并于 1954 年 7 月 1 日起施行，1953 ~ 1955 年纽约州法律修订委员会逐字逐句对法典进行了研究，提出了许多实质性的修改建议。此间，支持者和反对者不时发生尖锐的冲突。1956 年统一商法典起草委员会对纽约州法律修订委员会的研究报告详加研究，向美国法学会和美国统一州法委员会提交了修订美国《统一商法典》1952 年文本的建议。上述

---

〔1〕 日本在其民法典之外的动产担保物权特别立法中，就是多以担保物的不同分类为专门立法依据的。这一立法模式因不能在一部特别立法中穷尽担保物类型，所以导致特别立法无休止地进行下去。

〔2〕 我国台湾地区在“民法典”之外的特别动产担保物权有关规定，是按照担保物权类型的不同进行的。但担保物权类型的不同，也是不能穷尽的，因而这一模式也是不得不无休止地进行下去的。

两会于1957年通过了修改后的文本，进一步修改后形成了1958年和1962年文本。截至1968年，除路易斯安那州外，其余各州均通过了《统一商法典》。1972年上述两会又通过《统一商法典》1972年文本，对第九编即“动产担保交易法”进行了全面编修（基本理论、结构、范围等仍保持不变）。其后，《统一商法典》第九编即“动产担保交易法”除一些为了配合其他编制修改或增订而作的一些细小的修改之外，基本未变。为适应快速发展的社会需求，美国法学会和美国统一州法委员会又于1990年聘请了一个研究小组对《统一商法典》第九编的条文进行仔细研究并提出修改建议。该小组于1992年提出了研究报告，这份报告成了1993年成立的起草委员会的工作基础，至1993年夏天，该起草小组先后召开了15次起草工作会议，并向美国法学会和统一州法委员会提交了《统一商法典》第九编的修正草案。美国法学会和统一州法委员会在其年会或其他场合修改了该草案，最终形成了美国《统一商法典》第九编修正案1998年正式文本。美国法学会于1998年5月在其年会上通过了该文本，美国统一州法委员会于同年7月在其年会上也通过了该文本。此后该文本进行了一些技术性修改。至2001年12月31日其他各州均通过了该编。

美国《统一商法典》的制定，缘起于美国各州法制的不统一，以及这种不统一对统一市场经济发展的阻碍。至于其中的美国《统一商法典》第九编即“动产担保交易法”，其最初动因的所谓的法制统一，与其立法模式上的最终一元化结局之间，本无前因后果关系，是起草人在起草拟文中发现了其中的奥妙——名称各异的动产担保物权类型之间，共性大于个性。于是改易初衷，走上了一条全新的立法实践道路，成就了今日风靡世界的动产担保物权法制一元化立法模式。这一结局，恐怕连起草人本人最初也是难以想象的。也难怪我国著名法学翻译家沈达明先生称美国《统一商法典》第九编为“天书”。[1]

---

〔1〕 笔者于2015年访问我国台湾地区东吴大学法学院期间，初识美国《统一商法典》第九编，亦是难以读懂其文，更是难以步入其理，大有一种“盲人摸象”之感。待到读懂其文、渐入其理，大有惊异及敬意之感——其法典化程度之高，其调整范围之广，其适应性前瞻性之强等各个方面。

二、一元化动产担保物权法制之影响

美国《统一商法典》第九编即“动产担保交易法”的发布，对其颁布后的世界影响来说，恰犹如星星之火。时至今日，全世界的许多国家和地区、世界组织，都效仿美国《统一商法典》第九编的立法模式，修改本国的动产担保物权立法。由此形成了世界范围内动产担保物权法一元化立法模式的热潮。据统计，北美的加拿大、墨西哥，欧盟、法国，东欧诸国，亚洲的蒙古国、越南、柬埔寨、韩国；世界组织的亚洲开发银行、美洲间组织开发银行、世界银行、世界贸易组织法律委员会等，都草拟、颁布了自己的动产担保交易法。则其重要二者，列举如下。

（一）《欧洲示范民法典草案》第九卷：动产担保物权

作为大陆法系的起源地和始祖者，在世界经济一体化热潮推动下，欧洲大陆也没有抵挡住动产担保物权立法模式的一元化模式。集 200 余位欧洲优秀学者历时 4 年起草完成的《欧洲私法的原则、定义与示范规则：欧洲示范民法典草案》，展现了欧洲各国当下最为认可的司法规则，可称世界上最先进的民法典草案之一。[1]《欧洲示范民法典草案》共分十卷，第九卷即为“动产担保物权”。其结构体例如下：

第一章　总则

　第一节　适用范围

　第二节　定义

第二章　担保物权的设立和效力范围

　第一节　担保物权的设立

　第二节　保留所有权交易的设立

　第三节　在特种财产上设立担保物权

　第四节　担保物权的效力范围

---

〔1〕 欧洲民法研究组、欧盟现行私法研究组编著，克里斯蒂安·冯·巴尔、埃里克·克莱夫主编：《欧洲私法的原则、定义与示范规则》（第九卷：动产担保物权），徐强胜、赵莉译，法律出版社 2014 年版，出版说明。

第三章　对抗第三人的效力
　第一节　一般规则
　第二节　债权人占有或控制担保财产
　第三节　登记
第四章　优先顺位
第五章　违约前的规则
　第一节　一般规则
　第二节　担保财产
　第三节　当事人变更
　第四节　担保权人告知担保物权内容的义务
第六章　担保物权的消灭
第七章　违约和担保物权的实现
　第一节　一般规则
　第二节　担保物权的实现
　第三节　保留所有权交易的特殊规则[1]

（二）《联合国贸易法委员会担保交易示范法》

《联合国贸易法委员会担保交易示范法》（以下简称《示范法》）述及除中介证券等一些例外的在货物、应收款、银行账户、可转让票据、可转让单证、非中介证券和知识产权等所有各类有形和无形动产上的担保权益。《示范法》采取了对所有各类担保权益使用一个概念的统一处理法，如有担保贷款、保留所有权的出售或金融租赁等满足担保目的的所有各类交易适用《示范法》的功能性做法以及对所有各类资产、有担保债务、借款人和放贷人适用《示范法》的全面做法。《示范法》意图以此方式处理世界各国在担保交易法方面存在的主要问题，即多种机制并存造成的缺口和不一致现象。

《示范法》列有可在一部法规中或在其他类型法律文书中执行或一并执

[1] 欧洲民法研究组、欧盟现行私法研究组编著，克里斯蒂安·冯·巴尔、埃里克·克莱夫主编：《欧洲私法的原则、定义与示范规则》（第九卷：动产担保物权），徐强胜、赵莉译，法律出版社2014年版，第1~6页。

行的一套《登记处示范条文》(以下简称《示范条文》)。《示范条文》述及在公众可及的登记处办理对担保权益通知的登记以使担保权具有对抗第三方的效力并且为确定担保权益享有相对于相竞求偿人权利的优先权提供客观的依据。由此给担保融资提供一个透明、全面和合理的立法框架,《示范法》预计会对尤其面向发展中国家的小型和中型企业的信贷供应和成本产生有益影响。这不仅会协助这些企业进入市场并减轻贫困现象,而且还有助于实现17项《可持续发展目标》中关于结束贫困现象的目标。《示范法》以《联合国国际贸易应收款转让公约》《贸易法委员会担保交易立法指南》《知识产权担保权益增编》《贸易法委员会担保权登记处落实指南》为基础。关于发生破产时如何对待担保权益问题,《示范法》依赖《贸易法委员会担保交易立法指南》和《贸易法委员会破产法立法指南》的建议。

《联合国贸易法委员会担保交易示范法》的结构体例如下:

第一章　适用范围和一般规定

第二章　担保权的创设

A. 一般规则

B. 资产特定规则

第三章　担保权对抗第三方的效力

A. 一般规则

B. 资产特定规则

第四章　登记制度

A. 一般规则

B. 访问登记处的服务

C. 对通知的登记

D. 对修订通知或取消通知的登记

E. 查询

F. 差错和登记后变更

G. 有关登记处和登记处记录的安排

第五章　担保权的优先权

A. 一般规则

B. 资产特定规则

第六章　当事人及第三方承付人的权利和义务

第一节　担保协议当事人的相互权利和义务

A. 一般规则

B. 资产特定规则

第二节　第三方承付人的权利和义务

A. 应收款

B. 可转让票据

C. 银行账户贷记款受付权

D. 可转让单证和由可转让单证涵盖的有形资产

E. 非中介证券

第七章　担保权的强制执行

A. 一般规则

B. 资产特定规则

第八章　法律冲突

A. 一般规则

B. 资产特定规则

第九章　过渡

第二节　一元化动产担保物权法的体系结构

一、美国《统一商法典》第九编的结构体系

美国《统一商法典》第九编即"动产担保交易法"分为七章：

第一章　总则

第二章　担保协议的效力，担保权的设定，担保协议当事人的权利

第三章　担保物权的公示与优先受偿权

第四章　当事人的权利

第五章　登记

第六章 违约

第七章 过渡

第一章:总则。第一章总则分为两个部分,分别是:第一节之"简称、定义和基本概念",第二节之"本编的适用"。通过这两节,主要规定了两个方面的问题,一是第九编的调整范围,二是担保物的种类。

第一,第九编的调整范围。"第九编适用于依合同在动产上和不动产附着物上创设的任何担保债务履行的权利,其形式如何,在所不问。"这种权利即担保物权,"动产"和"不动产附着物"即担保财产。第九编还适用于应收账款、担保债权凭证、付款物体财产权或本票的买卖以及融资租赁等。第九编还适用于农业担保物权和所有的寄售。就担保物权法律关系的当事人而言,在第九编中,有债权人和债务人、担保权人和担保人之分。债权人和债务人是从受担保债权的法律关系角度对有关当事人的称呼:债权人是指对某人享有基于其间的合意或者基于法律的规定而产生的债权请求权地位的人,债务人是指某人因其合意或者因其他法律原因而产生的负有给付义务的人;担保物权人和担保人是从担保物权法律关系的角度对有关当事人的称呼:担保物权人是指拥有担保物权利益的人,这类人除我国担保物权法中所谓的抵押权人、质权人等外,在第九编中还包括应收账款、担保债权凭证、付款无体财产、本票的买受人,农业担保物权人,寄售人以及为其利益而产生担保物权的受托人、代理人或其他代表人。担保人是指在担保合同中对担保物享有除担保物权外的财产权的人,担保人与债务人可以是同一人,也可以不是同一人。这类人除我国担保物权法中的抵押人、质押人等外,在第九编中还包括应收账款、担保债权凭证、付款无体财产、本票的出售人,农业担保物权所及的担保物享有财产权的人、受寄售人。

从担保物权法律关系的形式来看,交易的形式无关紧要。交易的形式或者当事人为交易所用之术语在决定是否适用第九编时无关紧要。相反,决定一种交易是否适用于第九编的决定性原因乃基于交易的经济属性实质。例如,虽当事人将某一交易在用语上定性为"买卖"或者"租赁",但若其法律关系的实质是创设了担保物权,第九编仍予以适用。与此同时,担保物权所有权的归属,在第九编看来,也是无关紧要的。例如,在所有权保留买卖,所有权归属于出售人,而在先卖后抵,所有权则归属于买受人,出售人享有的是买受人获得所有权之后,设定给出售人的抵押权。尽管在这两种交易方式中,所有权的归属不同,但对于出售人来说,其享有所有权,与其享有抵押权,在法律地位和法律属性上别无二致。出售人都是依约对担保物在买受人不能支付购买款时,对购买物所有权的变价享有在担保债权数额限度内的优先受偿权。关于这一点,正是前面论述的担保物法的内容法定、种类自由。

不受第九编调整的例外。尽管第九编不顾担保物权的形式和担保物权所有权归属,统摄绝大多数在动产及不动产附着物上的担保物权,但动产担保物上的特定权利让渡被排除在第九编之外。这些权利包括普通法上的寄托和真正的租赁。此外,真正的寄售和小额的消费寄售也不在调整之列。此外,第九编还基于其他方面的考虑,排除了(1)由法律直接规定的在债务人的农产品上的非移转占有担保物权;(2)由其他的州法或外国法明文调整该机构创设的担保物权者;(3)受雇人工资、薪金请求权或其他补偿请求权的让与;(4)某些应收账款、担保债权凭证、付款无体财产权、本票的买卖;(5)商事损害赔偿请求权之外的因侵权行为而生的请求权的让与不受第九编调整;(6)除判决书所载明的权利是债权且已供作担保者之判决书所载明的权利的让与;(7)消费交易中的储蓄账户的让与。

第二,关于担保物的种类。在美国《统一商法典》之前,美国社会中存在的担保物权法以交易的形式相互区别,如动产质押、动产抵押、附条件买卖、信托收据以及其他名称;在美国《统一商法典》起草过程中,起草人意图基于担保物的不同类型而分别设计立法,如消费品、农产品存货、商用机械和应收账款、无体财产等。但无论是前一种视角,还是后一种模式,立法者在起草过程中发现,这些担保物权名称各异、担保物种类不同的担保物权形式,其内容大同小异。都有一个前后次序大致相同的规则展开——定义、担保物、担保合同、担保物权设立、担保物权公示、担保物权优先受偿次序、担保物权实现、担保物权消灭等。于是,起草人果敢改弦更张,逐一合并同类项,最终形成了今天大家看到的以动产担保物的分类为制度基础,不区分动产担保物权类型的一元化动产担保物权法律制度体系——美国《统一商法典》第九编即“动产担保交易法”。

实证分析表明，概念化的担保物权分类方法为美国《统一商法典》第九编所摒弃，担保物的分类技术却得以保留，并基于担保物的分类对担保交易制度进行功能性收编——凡是当事人依合意创设了担保权益法律关系的交易，都受到第九编的调整；但第九编是以担保物的类别为基础编纂完成的。美国《统一商法典》第九编的许多条款适用于所有种类的担保物，有些条款适用于个别的担保物。担保物的种类决定了其上担保物权的类型、设立、公示、优先次序及实现手段等，这一点在美国《统一商法典》中占据重要地位。

美国《统一商法典》第九编根据担保物的性质或用途，将担保物分为四大类别，各大类别又细分为几小类别：第一大类为有体物，其中包括设备、消费品、存货和农产品；第二大类为投资财产，包括凭证式证券、无凭证证券、证券权益、证券账户、期货合约、期货账户等；第三大类为其他准无体财产权，包括物权证券、证券、担保债权凭证、信用证权利；第四大类是其他无体财产权，包括应收账款、储蓄账户、商事侵权损害赔偿请求权、一般无体财产权。担保物的上述分类对美国《统一商法典》第九编产生了基础性影响，比如，在存货上，可以设立浮动动产担保物权，与浮动担保物权相关联的是正常经营活动中的买受人不受浮动担保物权的追及规则，以及购买价款担保物权的超级优先受偿次序规则；“消费品”如被家庭购买的汽车上的担保物权自设立时起的一定时间内，虽未经办理公示手续但可以对抗第三人；但同一物品上被称为“设备”的汽车上的担保物权，则在担保物权设立后须经办理完毕登记公示手续才可以对抗第三人；物权证券上的担保物权可以登记公示，也可以占有公示；对于以“控制”方式公示的担保物权，则是有限的几种无形财产权。以移转占有为公示方式的担保物权，在担保物权实现上具有便捷性；其他公示方式的担保物权，则需要担保人的配合。在我国现有的担保物权法中，也可以看到一些关于担保物规范的影子。

第二章是担保合同的效力、担保物权的有效成立、担保合同当事人的权利。大陆法系包括我国《物权法》严格区分担保合同和担保物权的设立，在采公示对抗主义法制下，又严格区分担保物权的设立和担保物权的公示。由此就形成了上述三者在学理上和立法上的阶梯式连接：先担保合同，后担保物权设立，续担保物权公示。美国《统一商法典》第九编采公示对抗主义，对于担保物权的设立和担保物权的公示也严格区别对待。

第一，担保合同和担保物权的有效设立。一般而言，担保合同成立之时，也就是担保物权设立之时，在"特定物"上担保物权设立尤其如此——除非担保合同明示将担保合同有效成立之时间推迟。在美国《统一商法典》第九编中，担保物权的成立与担保物权的可强制执行性相区别：成立的担保物权要想具有可强制执行性，需满足以下条件，(1)已给付对价。(2)担保人对担保物有权利。且(3)满足以下条件之一：债务人已确认了描述有担保物的担保合同；担保物非为凭证式证券，担保物权人已依合同占有该担保物；担保物为以登记形式表现的凭证式证券，该证券凭证已依担保合同交付于担保物权人；担保物为储蓄账户、电子担保债权凭证、投资财产或信用证权利，担保物权人已依担保合同控制该担保物。

以上三个条件与英美法上合同的可强制执行性密切相关。首先是"对价"，如存在足以支持一个简单合同的任何对价，即表明已支付了对价，如金钱的贷与。其次是"担保物上的权利"，债务人只能在其拥有的所有权或其他权利上的物上设定担保物权，因此，担保物权人在担保物上的权利不能大于债务人在担保物上的权利。再次是担保物的占有、控制或担保合同：(1)担保物的占有，担保物权人可以自己占有担保物，也可以通过已占有该担保物的第三人来实现占有；(2)担保物的控制，担保物为储蓄账户、电子担保债权凭证、投资财产或信用证权利时，担保物权人应依有关规定控制该担保物；(3)担保合同，担保合同必须由担保人以签字或其他形式确认——包括在书面文件上正式签名和电子传送。在这里，担保物权人占有、控制担保物只是证明担保合同存在的两个外观标准。但只有担保物权人在担保人统一的情况下占有、控制担保物，担保物权人的占有、控制担保物的事实才可以替代担保合同之书面。因此，担保合同不一定是作成书面，依占有、控制担保物而证明担保合同的存在亦可。

第九编还要求依担保合同能合理识别担保物,以便交易确定。“合理识别”是一个弹性概念,下列方式均可构成合理识别:特别列示、目录、种类、数量、可计算的霍克分配的程式以及其他客观的、可以确定的识别担保物的其他方法。但如果在合同中使用了“超一般”的词汇,如“担保人的所有财产”“担保人的所有动产”等词语来描述担保物,则不构成合理识别。以种类物描述担保物时,在以下情形不构成合理识别:(1)仅说明担保物是商事侵权损害赔偿请求权。(2)在消费交易中,仅说明担保物是消费品、证券收益、证券账户,或期货账户;如果担保物是待砍伐的树木,担保合同中还应描述不动产。对于嗣后取得的财产,担保物权的效力并不能依某嗣后取得的财产的条款而及于嗣后取得财产上,除非该嗣后财产已经成就且可以被“合理识别”。这一情状适用于发生浮动担保时,即通过在债务人违约或者其他特定情势发生时才可对浮动担保物进行“结晶”而予以确定。

第九编关于对担保物的“合理识别”规则,相对于大陆法系物权法关于担保物须经“特定化”的法则,是一个十分借鉴可取的立法模式。

第二,关于担保合同当事人的权利,是指担保物权人的权利和义务,以及担保人的权利和义务。包括占有或者控制担保物的担保物权人的权利和义务;控制担保物的担保物权人的附随义务;应收账款债务人已被通知转让时担保物权人的义务;债务人确认有关请求书的权利和担保物权人回复有关请求书的义务。

第三章是担保物权的公示和优先受偿次序。

第一,担保物权的公示。经设立的动产担保物权虽为物权并得以对抗某些人,但经设立而未经公示的动产担保物权却不能对抗善意的交易第三人,这是其缺陷。为了弥补这一缺陷,就需要将设立的动产担保物权公之于众,以使善意的交易第三人不得存在。这就是动产担保物权的公示制度,包括登记公示制度、占有公示制度和控制公示制度、自动公示和其他公示等。

1. 登记公示。大多数担保物权可以或者必须通过在相关登记署登记担保声明书而公示。(1)担保声明书之内容:应当载明债务人的姓名或名称,担保物权人或其代理人的姓名或名称以及担保物。在债务人授权的情况下,无须债务人签名，担保物权人即可登记担保声明书。债务人可以在担保合同中授权与协议所涉担保物相一致的担保声明书的登记。如果债务人还没有确认担保合同，担保物权人预先登记担保声明书必须得到明确的授权。而且，虽担保合同中"所有财产"这种担保物的描述不能充分识别担保物权，但担保声明书中这种描述确是充分的。担保声明书只要实质上满足了法律规定的条件，即使其内容上有细微错误，只要其没有被严重误解，仍是有效的。(2)登记机构：一般情况下，担保声明书应在某一法域的一个登记机构登记。只在待开采的担保物、待砍伐的树木或担保声明书被作为不动产附着物登记的情况下，才要求地方登记。(3)登记手续：向登记机关传送担保声明书、缴纳登记费，即构成一项登记申请。登记申请在以下情况构成无效：不是以登记机关授权的方式或媒介传送；没有缴纳登记费或所缴的登记费小于应缴的数量；没有提供当事人的有关信息；即使有拒绝登记的理由而登记机构还是接受了登记申请，只要登记申请书满足了前述的基本内容，该登记仍是有效的。(4)索引编织的方式：登记机构将按照债务人的姓名或名称将担保声明书作成索引以备检索。只要担保声明书已作初始登记，任何与之有关的修改，让与或展期报告均以与初始登记相连接的方式被登记。登记机构对于已登记的担保声明书的信息的记录，在担保声明书失效后，至少保管 1 年。(5)展期、失效、终止：一般而言，登记的有效期为 5 年。在 5 年期间届满之前 6 个月内，可以通过登记展期报告来延展登记的有效期间；除在失效之前另有展期报告之登记外，已登记的担保声明书在其有效期间届满之时即行失效；当担保债务已经清偿且担保物权人没有进一步发放贷款的义务，担保物权人则有义务登记终止声明书，或者在商事交易中向债务人提供终止报告。

2. 占有公示。某些种类的担保物权可以或者只能依占有而公示。如货币上的担保物权只能依占有而公示；证券上的担保物权既可依占有，也可以依登记而公示；凭证式证券担保物权可依占有而公示；有体担保债权凭证上的担保物权依占有而公示；有体动产和流通物权凭证上的担保物权可依占有而公示。

3. 控制公示。如下财产可依控制而公示：(1)投资财产，凭证式证券经背书后交付担保物权人；无凭证式证券的发行人同意遵照担保物权人的指令行事而无须担保人的进一步同意；银行、经纪人，或其他持有证券账户的人，或期货中介人同意遵照担保物权人的指令行事而无须担保人的进一步同意；以担保物权人的名义登记证券、证券账户或期货账户。若担保权物人为债务人的证券中介人或期货中介人，证券中介人或期货中介人则自动控制。(2)储蓄账户，储蓄账户上的担保物权只能依担保物权人取得该账户的控制而公示；如果担保物权人是储蓄账户的开户银行，或者储蓄账户是以担保物权人的名义而开立，则担保物权人已取得该储蓄账户的控制；如果开户银行与担保物权人达成协议，约定开户银行应遵循债权人的指令而处分储蓄账户中的资金而无须经过债权人的同意，则担保物权人也取得了该储蓄账户的控制。(3)电子担保债权凭证，如果担保债权凭证的电子记录的权威文本只有1份，该文本识别了担保物权人及其担保物权，该文本被传送至并保存于担保物权人或其指定的保管人，该文本易于被识别为权威文本，且有相应的控制修改该文本的措施，则担保物权人取得了该担保物的控制。(4)信用证权利，信用证权利不属于其他担保物的辅助债务时，其上担保物权只能由担保物权人取得控制而公示。

4. 自动公示。下列担保物权于其有效成立时即已自动公示，无须履行额外的手续：

(1)消费品上的购买价款担保物权；

(2)付款无体财产权的买卖；

(3)本票的买卖；

(4)非单一或连同其他让与一起让与同一受让人的应收账款或付款无体财产权的让与，移转让与人未受清偿的应收账款或付款无体财产权的重要部分；

(5)因保健保险应收账款让与，保健用品或服务的提供者所生的担保物权；

(6)经纪人或证券中介人在投资财产上创设的担保物权；

(7)期货中介人在期货合同或期货账户上创设的担保物权；

(8)代表让与人的所有债权人而为的让与以及受让人嗣后所为的再次转让;

(9)转让死者遗产之上的用益权所创设的担保物权;

(10)辅助债务。

第五,其他公示方式。联邦或州法律规定如果规定了船舶、航空器、知识产权等之上的担保物权的公示方式,则从之,不适用美国《统一商法典》的规定。

二、担保物权的优先受偿次序

担保物权的优先受偿次序规则,是担保物权法的核心规则。同一担保物上担保物权人与其他请求权人的各种权利间的顺位问题,涉及担保物权是否具有优先于其他请求权人的效力。担保物权的优先受偿次序规则十分复杂,详陈如下。

1. 一般债权人

担保物权可分为"已经公示"和"未经公示"的担保物权,无论担保物权经公示与否,其都可以优先于无担保债权人受偿。

2. 法定担保债权人

法定担保债权人,是指已经通过司法程序取得债务人财产的债权人,包括破产程序中的受托人。(1)担保物权人与法定担保债权人;若担保物人之担保物权公示于法定担保债权发生之时或之前,担保物权优先于法定担保债权。(2)购买价款担保物权人与法定担保债权人,如果购买价款担保物权人在债务人受领担保物的占有后特定期间内依登记公示该购买价款担保物权,则该购买价款担保物权优先于在价款购买担保物上享有法定担保债权的人。

3. 法定留置权

留置权是指除担保物权外的以下权利:(1)该权利担保某人在其正常经营活动中提供的与有体动产有关的服务或装备该有体动产的材料所生的偿付请求权或履行请求权;(2)该权利是法律为该人的利益所创设;(3)该权利

之生效仰赖该人对该有体动产的占有。[1]

有体动产上的留置权优先于该有体动产之上的担保物权,除非创设该留置权的法律有相反的规定。

4. 其他非购买价款担保物权

如果没有相反的规定,同一担保物上竞存的担保物权之间,依以下规则决定其优先受偿次序。(1)已经公示的担保物权优先于未经公示的担保物权;(2)先经公示的担保物权优先于后经公示的担保物权;(3)均未经公示的担保物权之间,先设定者优先。

5. 购买价款担保物权

我国现有担保物权立法没有关于购买价款担保物权的规定,形成了法律漏洞。但购买价款担保物权其实是一种特别重要的担保物权法律制度,这一制度源于所有权保留制度。要想了解购买价款担保物权制度,需要先了解几个概念:一是"购买价款担保物权",是指购买价款担保物担保购买价款偿付义务履行的动产担保物权;二是"购买价款担保物",是指以购买担保物担保购买价款偿付义务的有体动产或软件;三是"购买价款偿付义务",是指偿付担保物价格的一部或者全部或偿付因债务人取得担保物权上的权利或使用担保物权所应支付对价的义务。购买价款担保物权所担保的购买价款偿付义务由该购买价款担保物而生,因此,购买价款担保物权具有别异于其他担保物权的特质。只要购买价款担保物权人采取适当的措施,公示该购买价款担保物权,则该购买价款担保物权就具有"超级优先"特权。

(1)存货上的购买价款担保物权

存货上的购买价款担保物权人必须在债务人受领存货的占有前公示其担保物权,此外,存货上的购买价款担保物权人应当向该存货上竞存的担保物权人发送一份经确认的通知,表明购买价款担保物权人已经或者即将取得存货上的购买价款担保物权并在该通知中对该购买价款担保物进行描述。

---

〔1〕 我国《担保法》《物权法》。

(2)农产品上的购买价款担保物权

存货上的购买价款担保物权规则也适用于农产品牲畜上的购买价款担保物权,且可以延伸到牲畜非加工的产品上。

(3)其他

若购买价款担保物权附着在除存货和农产品牲畜外的担保物上,则购买价款担保物权人应在债务人取得担保物权的占有后20日内公示其担保物权。

(4)竞存的购买价款担保物权

供货商的购买价款担保物权优先于出借人的购买价款担保物权。

6. 未受清偿的出卖人

在出卖给债务人的有体动产上没有公示的购买价款担保物权和未受清偿出卖人,在通常情况下,不能优先于债务人的已在该有体动产上已经公示担保物权的担保物权人。

7. 寄售人

寄售人对寄售物享有购买价款担保物权。唯在出卖人的正常经营活动中,购买出卖人有体动产的买受人,不受出卖人所创设的担保物权的约束。且即使该担保物权已经公示,以及即使买受人均已知道该担保物权的存在,依然不受出卖人所创设的担保物权的约束。正常经营活动中的承租人和非独占的受许可人亦可享有类似权利。

8. 特定情形之下的非正常交易中的买受人

债务人若在其正常交易之外出卖或者以其他方式处分担保物且该处分并未得到担保物上已设立之担保物权的担保物权人的授权,担保物权的效力仍及于该担保物。

9. 物权凭证上的担保物权

在有体动产由发行表彰该有体物的流通物权凭证的受托人占有期间,在该流通物权凭证上已公示的担保物权优先于其他任何一个在该占有期间依其他方式公示的担保物权。

10. 证券上的担保物权

证券上依登记而公示的担保物权劣后于依占有而公示的担保物权。

11. 担保债权凭证上的担保物权

(1)一般规则:担保债权凭证上的担保物权可依登记、占有、控制而公示。若担保债权凭证之买受人对该买受侵犯了其上担保物权人的权利并不知悉,在正常交易中,善意地给付对价而取得有体担保债权凭证的占有或电子担保债权凭证的控制的买受人,优先于担保债权凭证上已登记的担保物权。若担保债权凭证已载明担保物权人的权利,则推定买受人已知悉该买卖侵犯了担保物权人的权利。(2)“仅作为收益而主张的担保物权”;若担保债权凭证并没有载明已被转让给买受人以外的某一受让人,在正常交易中善意地给付新对价而取得有体。

12. 投资财产上的担保物权

投资财产上依控制公示的担保物权优先于依登记公示担保物权,即使控制发生于登记之后。若竞存的担保物权均依控制而成立,其优先受偿顺位依其取得控制的时间先后而定,先取得控制者优先。但为债务人的证券中介人的利益依控制而公示的担保物权,优先于依登记或控制而公示的担保物权。担保物权人依担保合同对登记形式的证券凭证的占有,无须任何背书,该担保物权应优先于在凭证证券上依登记而公示的担保物权。

13. 储蓄账户上的担保物权

储蓄账户上依控制而公示的担保物权优先于依其他方法而公示的担保物权。若竞存的担保物权均依控制公示,其优先顺位依其取得控制的时间先后而定,先取得控制者优先。但为债务人的开户银行的利益依控制公示的担保物权,以及开户银行的抵销权,优先于其他担保物权人的依控制或其他方式公示的担保物权,但通过在该储蓄账户上成为开户银行的客户的方式而依控制公示的担保物权的担保物权人不在此限。

14. 收益上的请求权人

收益包括:因担保物的出卖、出租、许可使用、交换或其他处分而获得的所有财产;从担保物收取或分出的所有财产;由担保物所生的权利;在担保物价值的限度内,因担保物的灭失、变形,或担保物上的权利瑕疵或侵害,或担保物的毁损所生的请求权;在担保物权价值的限度以及债务人或担保物权人所应偿付的限度内,因担保物的灭失、变形,或担保物上的权利瑕疵或侵害,或担保物的毁损所生的保险请求权。

15. 附着物上的不动产请求权

16. 农作物上的担保物权

17. 添附物

18. 混合物

19. 信赖登记的买受人

20. 前顺位的债权人因合意而成为后顺位

第四章是当事人的权利、义务。

第一,第三人的权利

1. 应收账款债务人的权利

(1)应收账款债务人的清偿:应收账款债务人得到应收账款担保物债权凭证或者一般物体财产权已被让与的通知且要求其向受让人清偿债务,则应收账款债务人有义务向应收账款的受让人清偿。应收账款债务人有权要求受让人出示应收账款让与的合理证据。若受让人不能提供合理证据,则应收账款债务人仍应向让与人清偿债务。

(2)请求权与抵销权:应收账款债务人对让与人可得行使的抗辩权或请求权均可对受让人行使。但因担保物权的存在,不能使担保物权人向应收账款债务人承担因让与人的作为或不作为所致的合同责任或侵权责任。在商事交易中,应收账款债务人可得主张的请求权或抗辩权的行使只能减少应收账款债务人所欠债务的数量,但这一规则的适用受到消费者保护法不同规范的限制。

(3)不得主张请求权或抗辩权的协议:应收账款债务人与让与人之间的不得以应收账款债务人可得对抗出让人的任何请求权或抗辩权对抗受让人的协议,只有在受让人按受让与时已给付对价,是善意的且不知悉被让与财产的请求权或占有权的存在时,才是可强制执行的。

(4)禁转条款:禁止、限制应收账款、担保债权凭证之上有效成立、实行担保物权的当事人约定和法律规定,在一般情况下都是无效的。

2. 储蓄银行

储蓄银行可以对储蓄账户的担保物权主张扣除或抵销权。

第二,担保物权人的义务

1. 担保物权人占有或控制担保物时的合理注意义务

在一般情况下,占有担保物的担保物权人应以合理注意,保管和维护担保物。除非当事人另有约定,占有担保债权凭证或证券的担保物权人应采取必要的方法以维护债务人对抗其前手的权利。因保管、维护、使用或操作担保物所发生的合理费用,均可向债务人请求给付。除法律另有规定外,占有或控制担保物的担保物权人可以在担保物上创设担保物权(如转质权)。若债务人同意债权人转质,即使由转质取得担保物的第三人依法或依其与债务人的协议在担保物上取得优先权,债务人对抗担保物权人的赎回权也将得到保护。

2. 清算义务

债务人有权要求担保物权人确认或者更正债务人提交的关于担保债务的数量和担保物的同一性的报告。担保物权人应在两周内作出答复,否则应向债务人承担因未答复而给债务人所致损失的赔偿责任。如果受领上述请求的担保物权人在受领时已将其在担保债务和担保物的权利出卖,担保物权人应在两周内就其所知,将该权利的继受者的姓名或名称、通信地址提供给债务人。债务人还有权要求担保物权人清算未受清偿担保债务,担保物权人的答复时间、未答复的法律后果,权利受让人的名字、地址的提供义务与上述规定相同。

3. 终止义务

一旦担保债务完全清偿且担保物权人没有进一步的发放贷款义务,若担保声明书涵盖消费品,则担保物权人应当向登记机关申请及登记终止声明书,若担保物声明书不涵盖消费品,则担保物权人应当应债务人的请求向债务人提交终止声明书或者向登记机关申请登记终止声明书。若担保物权人不能及时回应,则承担因此给债务人带来的正常损失的赔偿责任。

三、担保物权的执行

债务人违约后,担保物权人行使担保物权的方式有以下几种。

1. 占有

债务人违约后,担保物权人可以对担保物进行占有或控制,但不得违反社会安宁。担保物权人可以向应收账款债务人或证券债务人收取款项。出售担保物并以其变价清偿担保债务,或保留担保物以冲抵担保债务。

2. 收款

债务人违约后,担保物权人即有权通知应收账款债务人和证券债务人直接向担保物权人清偿债务,从而直接向应收账款债务人和证券债务人收款;储蓄账户上依控制而成立的担保物权人有权以储蓄账户中的余额清偿由储蓄账户所担保的债务,或者有权指令储蓄银行向担保物权人或代表担保物权人支付储蓄账户的余额。担保物权人可以从其所收款项中扣除合理的收款和执行费用。

3. 处分

债务人违约后,担保物权人可以依担保物当时的状态或依任何商业上合理之措施,出卖、出租、许可使用或以其他方式处分担保物权之一部分或全部,并以处分担保物的收益清偿担保债务。

4. 以担保物冲抵担保债务

在商事交易中,担保物权人以"冲抵"的方法实行担保物权并不以其占有担保物为必要。担保物权人欲以"充抵"的方式实行担保物权应先向债务人发出其欲以担保物充抵担保债务的经确认的通知,且在通知发出 20 日内没有收到反对意见。

5. 非现金收益的处分

若担保物权人通过收款或处分担保物权取得非现金收益,则担保物权人应以商业上合理的方式评估该非现金收益并以其清偿担保债务。

6. 债务人的赎回

在债权人处分或合意处分担保物或以担保物冲抵债务之前,债务人可以清偿担保债务以赎回担保物。债务人可以在商事交易中放弃其赎回权,但该放弃应发生于其违约之后。

四、我国担保物权法隐含的结构体系

有如我国现有的担保物权法的结构体系:一个多元化的担保物权法结构体系——"担保物权法"在学理上分为"不动产担保物权法"和"动产担保物权法";"担保物权法"在立法上分为"约定担保物权法"和"法定担保物权法",以及"抵押权法""质权法""留置权法";"抵押权法"在学理上分为"不动产抵押权法"和"动产抵押权法","质权法"在立法上分为"动产质权法"和"权利质权法"。继而,学理上存在的动产担保物权法,在立法上包括动产抵押权、动产质权、权利质权以及留置权,因留置权属于法定的动产担保物权法,所以约定的动产担保物权法就包括动产抵押权、动产质权和权利质权。

在我国担保物权法制中,约定的动产担保物权法体系——包括"动产抵押权、动产质权和权利质权"。在美国《统一商法典》第九编即"动产担保交易法"中,却没有其法定类型存在,它们都被起草人在起草过程中对一个奥秘的发现——传统的个别融资交易间共通之处超过了相异之点,以及因此所转向的一元化立法模式收编了。一元化动产担保物权立法模式的结构体系,也并非不可捉摸。在我国多元化动产担保物权法体系结构中,还有一个隐藏的结构体系,对这个体系,过去对它的研究不足,这就是每一种约定动产担保物权类型内部的结构展开和构造。例如,动产抵押权制度,立法对动产抵押权是如何设计和规制的,其法规将形成一个什么样的逻辑结构体系?对实定法考察后,笔者发现,动产抵押权制度,有一个时间为序的"生""存""死"的动态制度结构体系,有一个功能目的上的"核""辅"的静态制度结构体系,以及由此形成的九层面制度结构体系。

1. 先看动产抵押权的"生""存""死"的动态制度结构体系,"生"即动产抵押权的产生。动产抵押权的产生,根据依法律行为的物权变动模式,以及物权变动与其原因行为的区分原则,还有物权变动公示立法主义的公示对抗与公示生效制度选择等,动产抵押权的产生,在我国担保物权立法中,有担保合同、担保物权设定和担保物权公示三项内容。此三项在时间上前后相继，前因后果的制度链接，共同为一项担保物权制度的诞生“接力”，尤其在完成了公示以后，该项动产抵押权就具有了得以对抗第三人的法律效力。“存”即动产抵押权经设立以及经公示后的担保物权效力的存在和表现，表现为经设立的动产抵押权的效力，以及经公示后的动产抵押权的效力；“死”即动产抵押权的实现和消灭的规则，抵押权的实现是抵押权消灭的一种独特方式，抵押权的消灭尚有除抵押权的实现规则以外的情状。

2. 再看动产抵押权的静态制度结构体系。动产抵押权制度，在整个财产法律制度体系中，是一个破除债权人地位平等，为某一个债权人设定一个在债务人的特定财产上的相对于债务人的其他债权人的在担保债权数额份额内的优先受偿的权利。所以，动产抵押权的核心规则是动产抵押权的优先受偿次序规则。动产抵押权制度的其他规则如前述设立动产抵押权的合同规则、设立动产抵押权的规则和动产抵押权的登记公示规则等，相对于其中的优先受偿次序规则来说，都属于辅助于动产抵押权优先受偿次序规则的产生、运作、实现的规则，因而都是辅助性的规则。动产抵押权合同，是当事人双方关于建立动产抵押合同关系的约定，据此，在当事人之间并不产生动产抵押权。尤其在动产抵押物是未来物的情况下，当事人可以通过动产抵押合同关系的设定，为他们的未来经济活动建立起“法锁”——预设未来动产抵押权的法律关系。在采行动产抵押权公示对抗主义的法制下，动产抵押权设立，也就是在动产抵押物特定的情况下，当事人之间关于设立动产抵押权的意思表示就足以使动产抵押权产生，而不需要办理动产抵押权的登记公示手续。动产抵押权在未经办理登记公示手续的情况下，虽已身为物权，但因其未经办理登记公示手续，对于潜在的交易善意第三人而言，因不知情其事实存在而为交易时，将不会受到其拘束。动产抵押权的实现和消灭等规则，也是以动产抵押权的优先受偿次序规则为基础和前提而后续的规则——动产抵押权的实现，以动产抵押权的优先受偿次序规则为基础，次序在先者优先实现；动产抵押权的消灭，与动产抵押权的未经公示以及已经公示也密切关联。在此之下，还有与动产抵押权的优先受偿次序规则有更基础的关系的动产抵押权的概念以及动产抵押物的范围和分类。动产抵押权的概念，对于划定其调整对象和调整范围具有意义；动产抵押物的范围，与动产抵押权法的立法政策相关，有什么样的立法政策就有什么样的动产抵押物的范围——为了发挥物尽其用原则，以及为了促进融资发展，立法应尽可能地让所有法不禁止抵押的财产都可以抵押。动产抵押物的分类，是与动产抵押权合同、设立公示、优先次序、实现和消灭规则紧密联系的制度。例如，抵押物有特定物和非特定物之分，对于非特定物之未来物，可以成立抵押合同，但无法设立抵押权，因为抵押物不是特定物，抵押权在非特定物的未来物上无法设立；抵押物可以分为固定抵押物和浮动抵押物，对于浮动抵押物，其浮动抵押权虽可以设立，但其浮动抵押权的优先受偿次序规则有特别之处——不能对抗"正常经营活动中"的买受人，不能对抗购买价款抵押权等；在美国法上，同一辆汽车可以是消费品，也可以是设备，其抵押物之社会属性的界定，对于其抵押权的成立和优先次序也至关重要。

因此，动产抵押权的规则就可以前后有序地包括了九个方面：定义、抵押物、抵押权合同、抵押权设立、抵押权公示、抵押权优先次序、抵押权效力、抵押权实现、抵押权消灭。

对于以上动产抵押权之前后有序、逻辑连贯、不可缺无的九个方面，虽有动产质权和权利质权在担保物、担保物权公示等方面的不同，但因其在"质"的方面的无差异性，动产质权和权利质权也应该有上述九个方面的规则体系。如在动产质权，因其最初的规则体系是在抵押权即不动产抵押权的制度背景下拟定的，鉴于不动产抵押权与动产质权的法学认识上的异类定性——不动产抵押权的规则不能准用于动产质权的规则，所以，动产质权的规则在上述九个方面均有呈现；但与此同时，权利质权的规则，却出现了显然的不同——权利质权规则只有对动产质权上述九个方面规则的两个方面有呈现——那些权利上可以设定权利质权，以及每一种权利上的权利质权去哪一个权利质权公示机构办理登记公示手续。动产质权的其他七个方面在权利质权部分则均予以省略。"权利质权"之所以能够以这样的立法面目呈现，是因为在立法者看来，权利质权在性质上类同于动产质权，既有动产质权制度在法典中九个方面的前面全面呈现,则因权利被视为动产,权利质权也可以被视为动产质权,因两者的同质属性,则权利质权与动产质权同质的方面皆可予以略去,以设置权利质权可以准用动产质权的准用规范的法典逻辑化、体系化立法技术,完成权利质权在法律适用上的有章可循、有则可用。

3. 由此可见,我国现有的担保物权法制呈现的一个现象就是,在动产抵押权与动产质权之间,动产抵押权法制有九个方面规则的全部呈现,动产质权法制亦有九个方面规则的全部呈现。缘于对抵押权即不动产抵押权的惯性思维,立法者完全没有清醒地认识到,在抵押权制度由抵押权即不动产抵押权变为抵押权即不动产抵押权与动产抵押权,以及最终抵押权即不动产抵押权与法律、行政法规未禁止抵押的财产抵押权的时候,"抵押权"一章的法律规范包括了不动产抵押权和动产抵押权。不动产抵押权与动产质权之间显有"类"的异质,但动产抵押权与动产质权之间则无"质"的差异。对此,我国《担保法》《物权法》的起草者们并没有认识到这一点。沿用了旧体系下形成的也只能适合于旧体系的担保法规则。由此,造成了在我国现有的担保物权法制体系下,动产质权规则对动产抵押权规则的大面积规范重复,以及因这些规范重复而导致的规范之间的不一致、矛盾,并因应该重复而没有予以重复而形成的制度漏洞等。要改变这一弊端,唯一的办法就是将动产抵押权与动产质权合并为动产担保物权,仅在动产担保物权的公示方式部分又增加了多元的动产担保物权公示方式,即登记公示、占有公示、控制公示。

而在权利质权和动产质权以及动产抵押权之间,因为权利被视为动产,才有了权利质权陈位并列动产质权之后共同构成"质权"一章的法体系结构。权利质权既然被立法者视为动产质权的"亲兄弟",在动产质权既有九个方面规则全部呈现之后,权利质权当无须上述诸方面再予重复规制的必要。所以,我国现有的担保物权法关于权利质权的法则,就有了这样一个现象:"权利质权"一节仅在上述九个方面的两个方面作了明文规制:一方面是明文规制了哪些权利上可以设定权利质权,另一方面是明文规定了这些权利质权分别到哪里办理公示手续。此外,权利质权以设置准用规范的立法技术,满足了对其他诸方面的法律适用的需求。值得一提的是,权利质权是在抵押权即不动产抵押权的法制背景下的法制度体系安排，当抵押权发展成为法不禁止的财产都可以抵押的时候，权利上创设的担保物权是继续称为“权利质权”还是可以称为“权利抵押权”，值得斟酌。笔者认为，权利质权当可以被吸收并入动产抵押权之中。

如此，动产抵押权、动产质权和权利质权，可以合并为动产担保物权。此“动产担保物权”，无论其担保财产形式如何，均可以登记公示为其公示方式；唯在有形动产上的动产担保物权，可以通过移转该有形动产的占有为其公示方式；在个别以请求权为内容的财产上，还可以通过通知债务人的所谓“控制”的方式为其公示方式。因此，一元化动产担保物权法制体系得以建立。但是，在接受了德国法的结构体系以后，因着已经接受了法体系思维的惯性，便没有再从其他方向重新思考这个问题而已。

第三节　一元化动产担保物权法制的制度优势

美国一元化动产担保物权制度的形成，并非主观臆想的产物，起草者发现，各种名称不一的动产担保物权法之间的共性大于个性，于是他们重新拟了一部迥异于原有体系结构的全新的一元化动产担保权法制。

那么，各种名称各异的动产担保权法制之间的共性是什么？笔者认为的名称各异的动产担保物权之间，其内容是相同的，都是对担保财产之变价在受担保债权数额限度内的优先受偿权。围绕这一内容，各类动产担保物权的逻辑展开具有结构上的同质性：都有一个关于各类动产担保物权的概念（尽管这些不同的动产担保物权概念之间几无区别，一如上述）、担保物范围、担保合同、担保物设立、担保物权公示、担保物权效力、担保物权优先受偿次序、担保物权实现、担保物权消灭九个方面。作为一种意定动产担保物权，无论立法者对动产上的担保物权取一种何样的名称，都必须对上述九个方面在规范层面一一面对、个数呈现，若不然，就会造成法律的漏洞，这是由规范对象本身的属性决定的。作为一个依法律行为的物权创设，动产担保物权无论其名称为何，都有一个产生、存续、消灭的过程。加之，作为物权类型之一所具有的物权特质为“底色”，一元化动产担保物权制度得以形成。

基于一元化动产担保物权法的结构元素观察,相较多元化动产担保物权法制度,一元化动产担保物权法具有以下几个方面的制度优势。

一、一元化概念体系的启用扩大了适用范围

一元化动产担保物权立法摒弃了传统的动产担保物权概念体系,创新了一套全新的动产担保权概念体系,如动产担保物权、担保人、担保权人、担保物,担保物权合同、担保物权设立、担保物公示、担保物权优先次序等。以此为基础,动产担保物权法的调整范围得以扩大。在一元化动产担保物权法制之下,动产担保物权这一概念,就包括但不限于动产抵押权、动产质权和权利质权等典型担保物权类型,还可以包括让与担保、所有权保留、信托占有、融资租赁等非典型动产担保物权类型。只要当事人依合意在动产上创设了担保质权实现的优先受偿权,无论担保物的所有权在债务人手里,还是担保物的所有权在债权人的人手里,也无论当事人以何种概念界称此一担保物权法律关系以及他们的身份如可能在合同中被称为"出租人"等。如此一来,一些在大陆法系多元化动产担保权法制下,没有被界定为典型动产担保物权的担保物权法律关系,也就是被排除在担保物权法调整范围之外的一些其实质也是担保物权法律关系类型的担保物权,如所谓的非典型担保物权类型如所有权保留、让与担保、融资租赁等,就全部被纳入了一元化动产担保物权法的调整范围之内,尤其是这一立法模式不仅是将现有的非典型动产担保物权类型囊括其中,而且其对于现在尚不存在但未来有可能存在的动产担保权类型,因其"担保物权"概念的高度抽象涵盖力,也无须再对新出现的动产担保权新类型予以专门立法。

一元化动产担保权强大的调整范围能力,来自该法制虽尚保留了动产担保物权的内容法定原则,却摒弃了其类型法定原则。也就是说,只要当事人之间在担保财产上合意创设了为担保债权实现的对担保财产变价的优先受偿权——担保物权内容法定,就可以适用该法;而无论当事人以何种概念界称其担保物权法律系——担保物权种类自由。对不同名称概念下的动产担保物权法定内容不变的发现和立法利用,是美国《统一商法典》第九编的起

草者们的法学智慧之显。

二、避免了多元化动产担保物权法制的结构体系缺陷

恰如格兰特·吉尔摩等在起草美国《统一商法典》第九编时所发现的那样,依照担保物类型的不同所进行的分别立法,显现了分别立法草案之规范"共性大于个性"。这一点,恰如今日在民法典之外采取单行法方式对动产担保物权立法的日本,以及在法典法内部对动产担保物权采取分别立法的中国。无论是何种形式的动产担保物权分别立法,只要是对动产担保物权进行分类,就会造成因分类所导致的结构性弊端。亦如前述,对于担保物权包括动产担保物权来说,其内容是不变的乃至唯一的,即在一定条件之下对担保财产之变价的优先受偿权,且在动产担保物权,其用以担保的仅限于动产的所有权,此与不动产担保物权形成区别——用于担保的不动产有不动产所有权,也有不动产用益物权。也就是说,无论给动产上的担保物权什么不一样的名称,这一不一样的名称所涵盖的动产担保物权只有一个内容,就是对动产所有权的变价的优先受偿权。

既然动产上的担保物权是限于对动产所有权的变价之优先受偿权,则通过动产担保物的不同而划分的动产担保物权类型名称,或者通过动产担保物权形式不同而划分的动产担保物权类型,虽有其名称的不同,但却无有其内容的不同。如不同种类的动产担保物权都有一个定义、担保物范围、担保合同、担保物权设立、担保物权公示、担保物权效力、担保物权优先受偿次序、担保物权实现和担保物权消灭的规范体系。既然动产担保物权本身都没有两样,则担保物权的规范体系就更不会有重要的本质性区别。由此,如果按照一定标准如担保物类型的不同、担保物权形式的不同等,对动产担保物权进行分类,就必然使同层级规范之间出现不一致、矛盾甚或漏洞。对此之详细分析亦如前述,此处不再赘述。

三、少了地域特色,便于在全世界范围内推广、移植

相较用益物权制度,担保物权制度的地域性较小,但这不意味着担保物

权没有地域性。例如,因为经济发展阶段的不同,有的国家偏重不动产担保物权制度,有的国家倚重动产担保物权制度;因为法典法的不同,有的国家强调典型动产担保物权制度,有的国家并重非典型动产担保物权制度;因为历史经验的不同,有的国家在法典法之外确立了动产让与担保制度,有的国家发展了所有权保留制度,有的国家定型了附条件买卖制度,有的国家出现了融资租赁制度等。不同种类的动产担保物权制度在不同的国家、地区,具有不同的生命力和贡献度。但由于人们经济活动的地域性,人们对于不同种类的动产担保物权的熟悉度和亲和力,就因地域不同而形成不同。这给国际经济交往活动带来了不便,甚至阻碍了国际经济活动的开展和有效进行。

可以说,在美国《统一商法典》第九编出现之前的动产担保物权法制,都是自然演进式的发展结果:大陆法系各国的担保物权立法都延续了罗马法中定型了的动产担保物权类型制度。美国《统一商法典》第九编“动产担保交易法”的编纂,开启了动产担保物权法律制度理性重构的新阶段。受动产担保物权权利内容单一性启发——动产担保物权的实质即动产所有权之处分权能的附条件让与——在附条件成就时,动产担保物权人可以处分动产所有权并以此变价优先受偿。至于当事人基于不同角度对这一动产担保物权内容观察所得出的名称差异,丝毫不影响其权利内容。因此,动产担保物权种类名称的不同,失去了对动产担保物权进行分类的法学意义。由此,编纂一部一元化动产担保物权制度就成为渠成并当然之选。美国《统一商法典》第九编的颁布,是这一立法思想的体现。失去了形式差异的动产担保物权制度,在一整套一元化观念、一元化制度以及一元化体系的编制下,形成了在动产担保物权概念项下不分类型的动产担保物权法律新制度。

第四节　一元化动产担保物权法的立法选择

本书写作之时,正是我国民法典分则编纂之际。对于未来我国民法典中担保物权法,是否采取动产担保物权一元化立法模式?学界有争论,但因为对这一领域的研究人员不多,争论限于几个有研究成就的个人之间。从几个民法典编纂工作组的立法模式选择来看,中国社会科学院民法典编纂工作组倾向采取一元化动产担保物权法模式，该工作组将笔者草拟的《民法典物权编〈担保物权法〉编纂建议稿》，作为该工作组之“中国社会科学院民法典工作项目组文件”组字〔2017 年〕002 号文件，并将该文件报送全国人大法工委，抄送最高人民法院民法典编纂工作研究小组，最高人民检察院民法典编纂研究小组，国务院法制办民法典项目工作组，中国法学会民法典编纂项目领导小组以及中国海洋大学（笔者当时工作单位）。另一民法典编纂工作组即中国法学会民法典编纂领导小组，在高圣平教授、刘保玉教授和孙鹏教授的合力之下，出具了《民法典物权法编担保物权分编修正立法建议》。从该建议的结构体系来看，是在现有担保物权法体系不变的前提下，对担保物权法的内容进行完善的结果。但该建议又对动产担保物权统一登记制度，以及让与担保物权制度作了特别说明。全国人大法工委出具的包括担保物权法在内的物权法草案，也是维持了现有的担保物权法体系。总体看来，对担保物权法采行一元化并不是目前民法学术共同体的共识。

一、一元化动产担保物权法的理论基础

一元化动产担保权法的理论基础，在于名称各异的动产担保物权的权利内容是一样的，即在一定条件下对担保财产之变价在受担保债权数额限度内的优先受偿权。担保物权的性质和内容既然已经确定，则有关担保物范围、担保合同、担保物权设立、担保物权公示、担保物权效力、担保物权实现以及担保物权消灭的法律规范体系，就会基本一致。即使有些许不一致，也会借助法典法的体系性、逻辑性操作而予以避免。例如，对于抵押权、质权的公示方式来说，前者是登记公示方式，后者是占有公示方式。传统法学理论认为，占有是动产质权设立的生效要件，但在一元化立法背景下，公示包括抵押权的登记和动产质权的占有，都是动产担保物权的公示方式，都可以被置于公示对抗的角色。由此，动产质权，也可以突破定势思维改写为“合同成立时动产质权设立，不移转质物占有不得对抗善意第三人”。

围绕动产担保物权的优先受偿次序规则，展开有关动产担保物权制度体系的设计：首先是为担保物权优先次序规则设计和实施的前提性规范体系，

如基于物权变动的区分原则而设计的担保合同与担保物权设立的区分,担保物权设立与担保物权公示之间的区分,与经公示担保物权与未经公示担保物权相联系的,是经公示之担保物权的效力和未经公示之担保物权的效力的区分。以及经公示之担保物权之间、未经公示动产担保物权之间以及经公示与未经公示动产担保物权之间的优先受偿次序问题。其次是已经存在的担保物权,无论是经公示还是未经公示,在担保物权优先受偿次序规则科学、清晰、明确的基础上,如何实现此担保物权以及包括担保物权之实现在内的担保物权的消灭问题。如此一来,一元化担保物权法律制度得以成型。

二、一元化动产担保物权法的现实基础

我国是法典化国家,《担保法》《物权法》中的担保物权编等,都是以法典法的形式存在的。大陆法系传统担保物权立法,区分为不动产抵押权和动产质权,没有提供动产之上不移转占有的动产担保物权制度。近代法典化国家关于其担保物权法制的进步和发展,都是围绕弥补法典法中没有规制动产之上不移转占有的担保物权制度而进行的。道路不同、目标一致。有的国家通过判例法完善法典法立法之不足,有的国家和地区通过在法典法之外颁布特别单行法来弥补法典法立法之不足。我国民事立法走了一个与众不同的道路,在没有法典法拘束的情况下,于新颁布的担保物权法典法中,以扩大抵押权概念外延的方式实现了弥补传统担保物权民事立法中没有规制动产之上不移转占有的担保物权的制度缺失。

动产抵押权的法典化植入,是在传统形成的不动产抵押权与动产质权之二元担保物权结构体系内进行的。不动产抵押权与动产质权自成体系且相依成体,动产抵押权的植入是否会带来体系的不适应以及如何消解此植入引起的体系不适应,确实是当时的立法者无法虑及以及无法主动予以消除的。这就是因动产抵押权的机械植入所形成的动产担保物权多元体系的结构性弊端:分块形成的结构性弊端,分层形成的结构性弊端。但不可否认的是,动产抵押权的植入所形成的动产担保权法律规范制度体系,现实的存在了。由动产抵押权、动产质权和权利质权组成的动产担保物权法律制度体系,就是

未来一元化动产担保物权法律制度体系的制度基础。通过规范同类型的理顺、合并、编纂，一元化动产担保物权规范制度体系形成。

尽管一元化动产担保物权制度体系更多来自法律比较、移植，但我国现有的动产担保物权制度体系也不可忽视其存在。这是两个不同体系、不同来源的法制完善、法制编纂的源泉。

三、一元化动产担保权法的历史机遇

我国民法学界对以美国《统一商法典》第九编为代表的国外一元化动产担保物权法律制度研究的人不多。因此，在这次民法典编纂之际，对于担保物权法制如何编纂，尽管有个别学者极力呼吁应借此民法典编纂之千载难逢的历史机遇，实现我国动产担保物权法制的一元化、现代化，但因应者无几、和者寥寥，终难成气候。但问题绝不在于国内学者赞同者数量之多寡，而在于一元化动产担保物权法制本身的优势所在，以及其他国家或地区被接受的多寡。无论是英美法学国家，还是大陆法系国家，摒弃罗马法等传统担保物权法法制，“改道”一元化动产担保物权新制，国家和地区确实不在少数。《法国民法典》中增设了属于一元化的担保物权制度，以及欧盟私法草案对一元化动产担保权法制的规制。身属传统大陆法学的《法国民法典》以及《欧盟私法草案》对一元化动产担保物权法制趋之若鹜，则从某些方面也说明一元化动产担保物权法制的生命力、传播力和影响力。

法律制度都有一个自我发展、自我完善的自然发展过程。担保物权法制也不例外。大陆法系担保物权法律制度的法制演变，源自罗马法，途经近代民法法典化、物权法定化，一定程度上造成了担保物权法典法的制度缺陷：在法典法中没有规制动产之上不移转占有的担保物权制度。我国独具一体的担保物权法制发展途径，使动产担保物权法制被分块刨层，体系割据、规范重复。法学研究滞后、法律规制不足，使我国现有的动产担保物权法制在适用时出现不适应。原期待经过最高人民法院司法解释以及《物权法》完善，我国的担保物权法可以善法良用了，但我国的担保物权法尤其是动产担保物权法，因体系结构导致缺陷。此既然是体系结构造成的，则不经体系结构的变革,当不足以完成其法制发展之重任。对此,我们拭目以待。

第五节 “担保物所有权之归属无关紧要”——对“非典型担保物权”的识别术

美国《统一商法典》第九编第 9 - 202 条规定:“除关于寄售或者应收账款、担保债权凭证、付款无体财产权或者本票的买卖另有规定外,无论担保物权的所有权归属于担保物权人还是归属于债务人,本编关于权利和义务的规定均予适用。”有关该条的小标题则概称其为“担保物所有权之归属无关紧要”。初识该条款,遂陷入不解之困顿:在大陆法系民法理论和民事立法,所有权对于所有人乃至关重要,其理论意义暂且不议,仅就其法律规范意义而言,无论是对归属意义上的所有权还是对工具意义上的所有权,都是一样的:对于归属意义上的所有权来说,所有权人可以占有、使用、收益和处分该所有物;对于工具意义上的所有权来说,在债务人不履行债务或者发生当事人约定的情形之时,所有权人可以对所有物予以处分——拍卖、变卖或者折价并以其换得价金抵充债务。面对美国《统一商法典》第九编的该条规定,尤其是其小标题所明文直言的“担保物所有权之归属无关紧要”,着实让习惯了大陆法系担保法理论的我们有点头脑发懵。随着对该法典第九编的渐进学习和深入理解,初能把握此标题的来龙去脉。与此同时,对其把握也有助于理解我国《物权法》制定过程中关于担保物类型体系设计的纷争和主张,同时也有助于未来我国物权法担保物权编之立法完善。因此,对“担保物所有权之归属无关紧要”的研究颇具意义。

一、“担保物所有权之归属无关紧要”之由来

所谓“担保物所有权之归属无关紧要”之所有权,非是指归属意义上的所有权,而是专指工具意义上的所有权,如作为大陆法系非典型担保物权制度的“让与担保、所有权保留”中的所谓所有权。在美国《统一商法典》公布之前,美国动产担保物权制度类型多样、构造各异:动产质权、动产抵押权、附

条件买卖、信托收据、行纪人留置权、应收账款让与等。[1] 加之动产担保法之立法权主要属于各州，这导致了美国各州间担保法制不相协调甚而相互冲突，严重阻碍了经济的发展。在这种情况之下，几经周折，1945 年 1 月 1 日最终促成了包括"动产担保交易法"在内的美国《统一商法典》的草拟。[2] 其中的"动产担保交易法"由著名法学家格兰特·吉尔摩教授任主要起草人。

起草之初，起草人认识到将一种担保类型和另一种担保类型区别开来的形式上的不同应该摒弃，取而代之的应该是动产上的担保权益这一简单的概念——所有类型的动产，无论是用于使用还是用于出售，都应该可以用作担保。[3] 然而他们最初的设计方案是，鉴于不同类型的融资交易如此多样化，因此，每一种类型都应当单独立法——美国《统一商法典》担保交易编与立法前各种担保立法的不同在于，是依据"功能"而不是依据"形式"，对各种担保类型进行必要的区别。[4] 也就是说，为每一种主要的融资类型制定一部法律来代替先前的各种类型的担保立法。毫无疑问，起草人接受了占有型担保与非占有型担保的立法传统区别。根据这种分析，起草人开始制定 6 部相互联系但本质上独立的法律，1 部是关于质押的规定，5 部是关于非占有型融资的规定——这构成了最初的草案。[5]

随着起草工作的逐步进展，起草人发现：这些个别融资交易间共同之处超过了相异之点，形态各异的担保类型体系之下掩盖的一致性逐渐清晰：第一个也是最有力地表明人们认识到所有的动产担保交易在本质上相似的证据，是附条件买卖与动产抵押的法定的融合——两者本为不同的立法下两种

---

〔1〕《美国统一商法典及其译注》（下册），第 739 页，1979 年 8 月版，台湾中兴大学法律研究所注译，台湾银行经济研究室编印。

〔2〕参见美国法学会、美国统一州法委员会：《美国〈统一商法典〉及其正式评述》，高圣平译，中国人民大学出版社 2006 年版，第 2 页。

〔3〕Grant Gilmore, *Security Interests in Personal Property*, Vol. 1, Little Brown and Company, 1965, Third Reprinting 2004, p. 290.

〔4〕Ibid.

〔5〕此即 1949 年 5 月的法典担保交易编草案，包括 8 个部分：(1) 简称和一般规定；(2) 质押；(3) 存货和应收账款融资；(4) 设备融资；(5) 农业融资；(6) 消费品融资；(7) 成批交易；(8) 机担保。但最终的版本将第七部分成批交易的规定分离出去并最终成为该法典的第六编；第八部分关于机担保的规定从该法典中删除。

独立的担保类型,现在却合并为同一种类型,而且在很多实际场合下不作区分。[1] 得克萨斯州的立法就规定:“所有为担保动产的购买价金的偿付而进行的所有权保留都应被判定为动产抵押。”肯塔基州也同样将附条件买卖完全视为动产抵押。[2] 正是基于这些逐渐明晰起来的认识以及已有的立法实践,起草人决定起草一部统一的动产担保法典以涵盖所有的动产担保交易形态。最终形成的美国《统一商法典》第九编即“统一动产担保交易法”,以动产担保物、担保权、担保权设立、担保权公示、担保权次序、担保权实现等为核心概念,铸造了一元化的担保物体系。[3]

在该一元化担保物权体系下,先前的担保物权类型如附条件买卖、信托收据、应收账款让与等以担保物“所有权”转移为制度构造的担保物权类型消失了。换言之,无论担保物之所有权系由担保权人保留,或者由债务人取得,或者将其转让于担保权人更或者担保权人设定质押以担保其买卖价金,凡因此而生之担保权益,均无不同。[4] 因此,“担保物所有权之归属于谁”就变得无关紧要起来。当然,重要的是,当事人之间有没有设定担保债权实现的担保权益。只要当事人之间以真意创设了担保权益,而无论其适用的文字彰显了何种关系,该法即予以适用。[5] 总而言之,担保物所有权之归属谁,在一元化立法理念和立法体系下就无关紧要了。此即“担保物所有权之归属无关紧要”之由来。[6]

---

〔1〕 Grant Gilmore, *Security Interests in Personal Property*, Vol. 1, Little Brown and Company, 1965, Third Reprinting 2004, p. 290.

〔2〕 Ibid.

〔3〕 参见董学立:《美国动产担保交易制度研究》,法律出版社 2007 年版,第 19 页

〔4〕《美国统一商法典及其译注》(下册),台湾中兴大学法律研究所注译,1979 年版,第 793 页。

〔5〕 如美国《统一商法典》第九编也调整“租赁关系”,因为立法者认为,有些法律关系,虽其名为“租赁权”,但其实为担保物权。

〔6〕 “担保物所有权之归属无关紧要”还集中表现在租赁关系之中:真实的租赁关系是物之使用权的买取——出租人支付租赁费,租赁物所有权始终归出租人所有;而有些租赁关系虽其关系之始租赁物所有权在出租人手中,但合同却约定在出租人付清最后一笔租赁费时,出租人有移转租赁物所有权给承租人的义务。所以,美国《统一商法典》第九编也将这种租赁关系涵盖在了自己的调整范围之内——以出租名义使出租人所享有的所有权,实质为担保权益。在启用担保权益概念之后,所有权先保留在出租人手中,还是在租赁之始就即刻转移到承租人手中,该法典第九编不予关注,其仅仅关注是否租赁关系当事人之间有设定担保权益的真实意思表示。若有,则适用改编。

二、“担保物所有权之归属无关紧要”与“让与担保”的取舍

在我国《物权法》的起草过程中,关于担保物权制度体系设计中是否设专章规定“让与担保”制度,在不同阶段有不同主张:在专家起草阶段,梁慧星教授主张应设专章规定学理上被称为“非典型担保物权”的“让与担保”制度,王利明教授的主张则相反;全国人大法工委民法室在专家草案基础上形成的官方草案即《物权法(征求意见稿)》,以及全国人大常委会法制工作委员会最后公布的《民法(草案)》,该草案内含《物权法草案》(称为第一次审议稿),均采纳了梁慧星教授的主张。因此可以得出结论:在此一阶段,我国《物权法》担保物权编设专章规定“让与担保”制度的主张,无论是在“民间”还是在“官方”,都曾占据主导地位。但自第二次审议稿开始,我国《物权法(草案)》就删除了“让与担保”制度,此间关于担保物权的体系设计究竟要不要规定“让与担保”,在专家学者和立法部门始终存在重大分歧。但最终“删除”让与担保的结果,有力地佐证了在担保物权编中不设“让与担保”制度的主张,显呈后来居上。而且已如大家所知,我国最终通过的《物权法》也没有设专章规定“让与担保”制度。那么,我国《物权法》为何没有接受设专章规定让与担保制度的主张?

依法史角度观察,让与担保制度经历了一个“从有到无”又“从无到有”的过程。这一演变历程,起因于物权法定原则:历史上曾经十分活跃的动产让与担保制度,因物权法定原则对物权种类和物权内容的限制而被隔离在了民法典之外——法定之不动产抵押、动产质权之设,导致在担保物权制度体系设计中缺失一项制度——不移转动产之占有而与其上创设的动产担保物权;[1]同样是因为物权法定原则之故,当社会经济生活对一项不移转动产占有而于其上设定担保物权的需要达到一定程度时,借助于学说理论和判例实践的推动,突破物权法定桎梏就成了期日可待之事。于是乎,欧陆一些国家

〔1〕 尽管我国担保物法规定了一些个别动产可以抵押,但并没有规定所有可让与的动产都可以抵押,由此造成很多动产不能抵押的结果。

和东亚之日本就于其民法典之外衍生出了所谓的非典型动产担保,让与担保、所有权保留等法典之外的动产担保物权类型应时而生。正是看到了在法典之外发展起来的让与担保等非典型动产担保制度所具有的制度优势,我国一些学者和立法机构才试图在《物权法》立法之际,将让与担保专设一章规定于物权法担保物权编,以适应社会和实现法制新进步。

物权法担保物权编最终没有规定让与担保的直接原因,笔者认为,完全在于我国物权立法所确立的“抵押权的泛化”现象。[1] 所谓“抵押权的泛化”,是指物权法所确立的可抵押财产的范围趋于宽泛,以至最终形成了“法律、行政法规未禁止抵押的财产”均可抵押的局面。[2] 详言之,让与担保制度最终被抛弃的原因在于:物权法所确立的“抵押权”概念之内涵与外延已今非昔比——不仅包括不动产抵押,而且确立了所有可让与的动产均可以抵押,这彻底改变了“抵押”即不动产抵押或个别动产抵押的立法传统。如此一来,先前在法典之外存在的,以担保物之所有权移转为其构造的非典型动产担保如让与担保、所有权保留等,就失去了独立存在并进而得以设专章进入物权法担保物权编的理由;这些名称各异的动产担保物权类型,已经被我国物权法确立的泛抵押权概念所涵盖。让与担保“从有到无”以及又“从无到有”的历程,交织着经验演进和理性结构。对此,格兰特·吉尔摩教授认为,在法律制度的成长中,一些根本性的新元素引入一个相对稳定的情形中后,会导致法律制度体系从简单到复杂,然后随着新元素被吸收,再导致法律制度体系从复杂到简单的类似于“钟摆摆动”的运动。在动产担保法领域,这个新元素就是希望所有类型的动产都可以成为担保物的需求。[3] 抵押权概念泛化在我国的立法表达,正是这一认识的又一恰好的体现。抵押权概念

---

〔1〕 参见董学立:《形在而神异:论物权法担保物权编的新发展》,载梁慧星主编:《民商法论丛》(第41卷),法律出版社2008年版,第172~175页。

〔2〕 我国《物权法》第180条第(7)项规定“法律、行政法规未禁止抵押的其他财产”可以抵押。关于这一规定引发的物权法担保物权编的体系效应。参见董学立:《形在而神异:论物权法担保物权编的新发展》,载梁慧星主编:《民商法论丛》(第41卷),法律出版社2008年版,第172~175页。

〔3〕 Grant Gilmore, *Security Interests in Personal Property*, Vol. 1, Little Brown and Company, 1965, Third Reprinting 2004, p. 288.

外延的扩张足以涵盖以“让与担保”概念所涵摄的动产担保制度。概念与形式的不同并没有遮挡住立法者睿智的目光，他们还是清晰地捕捉到了让与担保制度构造中的所有权让与，究其实质就是一项动产担保物权设定。[1] 既然如此，将视角游离于所有权而集中于担保权，“担保物所有权之归属无关紧要”这一句源于美国《统一商法典》第九编的规范概语，在我国《物权法》担保物权编的起草过程中也有一定程度的表达。只是始其始至其末，对这一问题没有进行足够的英美法比较研究罢了。[2] 而且，也正是因为缺少对国外一元化动产担保物权立法的研究，我国《物权法》担保物权编在动产担保制度整合上，相对而言，限于浅尝辄止罢了。

三、“担保物所有权之归属无关紧要”与我国担保物权立法完善

“担保物所有权之归属无关紧要”话语背后之实质，就是以一元化的担保概念体系替代先前形式不同、构造各异的动产担保物权类型，以及在此基础上多元的动产担保概念。具体到所研究的问题而言，就是以“担保权”概念替代动产抵押权、质权、让与担保或所有权保留之“所有权”等。这一立法理念抛开了担保形式之差异而将注意力集中到了问题之实质，即当事人有无为担保债权实现而设定动产担保权益，而非纠结于其在设定担保权益时所使用的概念之形式。由抵押权的泛化导致的让与担保制度在我国物权法立法过程中的命运跌宕以至最终被抛弃，恰好也说明法制进步与完善过程中的经验演进与理性建构之相互作用、相互促进以及不可替代。但于物权法立法之际，我国法学界对动产担保物权一元化立法的了解不够深入，导致了我国动产担保物权立法表现出了经验演进有余而理性建构不足：尽管让与担保制度

---

[1] 法典逻辑体系建构中一些概念，如“物权、担保物权”属于“有名无实”的法律概念；“抵押权、质权”属于“有名有实”的法律观念。“有名无实”的法律概念起到了法制体系架构的作用；“有名有实”的法律概念起到了权利类型划分的作用。由此可以得出如下结论：在法典规定了系统、完整的抵押权和质权制度之后，尤其是建立了“泛抵押”制度之后，让与担保之“名”所指示的“实”，大都涵盖在抵押权或者质权名下，因而让与担保制度就丧失了独立成编的基础。

[2] 参见全国人大常委会法制工作委员会民法室编著：《物权法（草案）参考》，中国民主法制出版社 2005 年版，第 418 ~ 423 页。

涵盖在了抵押权概念之内,但动产担保物权体系还是沿用了传统的切分式之多元化构造——动产担保物权被切分为动产抵押权、动产质权、权利质权。这一立法模式的不足有很多,但主要表现为法律规范的重复规定和统一制度的立法缺失。所谓法律规范的重复规定,是指有关动产担保权之设定、公示、效力、实现等方面的法律规范会在动产抵押权、动产质权、权利质权等章节中重复出现,造成法律规范的重复累赘并有可能因此导致规范之间的前后矛盾;〔1〕所谓统一制度的立法缺失,是指因切分式立法更加容易诱致过分关注细节和局部,而忽视了全局性、关键性制度的设计,如我国《物权法》担保物权编就因切分式立法模式而忽视了统一动产担保物权登记制度和统一动产担保物权优先次序规则的制定,从而折损了该法的实际实施效果。〔2〕

鉴于切分式之多元化动产担保物权立法模式的上述弊端,我国未来动产担保物权制度修改、完善的一条可行之路,就是建构一元化的动产担保物权制度。首先要重塑以不动产、动产分类为基础的动产担保物权制度体系,并以此为一元化动产担保物权制度的构建创造制度基础:随着动产之上得设定抵押权的法律承认且数量陡增,以不动产、动产分类为基础的担保物权制度体系,有被担保物权的公示方式分类取代的趋势。在不动产上设定的担保物权即不动产抵押权,其设定以登记为生效要件并为唯一的公示方式,不动产重复抵押形成的数个抵押权之间的优先受偿次序,以登记时间为序即先登记的抵押权优先于后登记的抵押权,同时登记的按债权比例清偿。因此,不动产抵押权之间的优先次序规则比较简单。〔3〕 而动产上的担保物权,因其公

〔1〕 如我国《物权法》第185条与第210条之间、第186条与第211条之间、第194条与第218条之间、第198条与第221条等的重复性规定;第188条、第189条与第212条之间的以及第180条第7项与第209条之间的矛盾性规定等。

〔2〕 我国《物权法》第10条规定了统一不动产物权登记制度(其中应当包括不动产抵押权登记),与此同时,该法虽然规定了动产担保物权的登记对抗主义,但该法并没有进而直接或间接规定动产担保物权统一登记制度,这致使动产抵押制度的实施遇到缺失登记制度的障碍;再者,该法也没有规制动产担保物权统一优先次序受偿规则,相关规则散落在动产抵押权、动产质权和动产留置权中,且这些散落的制度存在如缺失购买加紧担保权的规定等漏洞。

〔3〕 在不动产抵押权采登记生效主义的法制下,只有"须经登记"的不动产抵押权,而无"未经登记"的不动产抵押权。所以,不动产抵押权之间的优先受偿规则相对简单——登记在先者权利在先,顺序相同者按照债权比例清偿。

示方式既可以登记方式,也可以占有(控制)方式;既有采登记对抗主义如抵押权,又有采登记生效主义如权利质权;[1]既有意定约成如抵押权,又有法定生成如留置权;既有法技术次序定位如依公示时间为序,又有法政策次序安排如“购买人优先权”和“购买价金超级优先权”等。因此,相对于不动产抵押权的优先受偿次序规则来说,动产担保物权的优先受偿次序规则要复杂得多。只有在一元化概念和理念的统领之下,十分复杂的动产担保物权优先受偿次序关系规则才可以做到集约高效、化繁为简。

长远来看,一元化动产担保物权立法确有必要;短期来看,对我国多元化动产担保物权制度的不足之处进行弥补完善,当属立竿见影、切实可行之计。其中当属要者,对我国现有动产担保物权立法两项统一制度缺失的立法完善,则迫在眉睫。

一是动产担保物权统一登记制度的立法完善。创设动产担保物权的统一登记制度由担保物权公示所承担的法律意义决定的。物权法确立了不动产物权统一登记制度,同时我国《物权法》担保物权编确立了动产抵押权登记对抗主义、权利质权登记生效主义,但由于切分式立法模式的遮蔽,立法者未能将其注意力投射到动产担保物权统一登记制度的设计上来。我国《物权法》颁布后,为回应该法的相关规定,中国人民银行于 2007 年 9 月 30 日发布了《应收账款登记办法》;国家工商总局于 2007 年 10 月 12 日颁布了《动产抵押登记办法》,该办法第 2 条规定:“企业、个体工商户、农业生产经营者以现有的以及将有的生产设备、原材料、半成品、产品抵押的,应当向抵押人住所地的县级工商行政管理部门办理登记,未经登记,不得对抗善意第三人。”由此可见,该办法虽名其曰“动产”抵押登记办法,但其仅限于物权法相关条款规定得十分有限的动产抵押权的登记,并非所有可抵押“财产”上设定的抵押权登记。据有关文献统计,目前,我国可办理动产担保物权登记的机构达 9 个之多,登记部门的混乱造成“多头登记”和“登记无门”情况同时存在,这

---

〔1〕 在动产抵押权采登记对抗主义的法制下,既有“未经登记”的抵押权,也有“已经登记”的抵押权,因而其优先受偿次序关系较为复杂。

一现状极大地降低了动产担保物权登记的应有效率,并严重影响了交易安全。[1] 我国未来动产担保物权统一登记制度,应当在"法律依据统一、登记机构统一、登记效力统一、登记程序统一"等方面作出明确的规定,以弥补我国《物权法》担保物权编关于动产担保物权登记制度的分散、模糊甚至缺漏等不足。

二是动产担保物权统一优先受偿次序规则的立法完善。动产担保物权的优先受偿次序,是担保物权法制的制度核心,其他关于动产担保物权的设定、公示以及实现等,都是围绕动产担保物权在叠加之后的相竞权利群中的优先受偿次序位置来运作的——或最终为其服务,或以其为实施条件。但同样由于动产担保物权切分式立法模式,我国《物权法》担保物权编缺失动产担保物权统一优先受偿次序规则,且已有的零散规则也存在重大缺陷和漏洞。在"抵押权"一章,关于抵押权优先受偿次序的规则有第 199 条、第 189 条第 2 款、第 191 条第 2 款;[2] 在"质权"一章,由于动产质权以占有为生效条件,无生动产之上两个质权的可能,故而该章没有关于质权间效力次序的条款。但同样由于切分式立法,立法者也忽视了对可能产生效力冲突的抵押权和质权的关系调整;[3] 在"留置权"一章,第 239 条规定了"同一动产上已设立抵押权或者质权,该动产又被留置的,留置权人优先受偿"。[4] 既然本为一体的社会经济生活不会因法律制度的切分而被割裂,那么有关抵押权、质权、留置权之间的冲突和次序确定规则,应有统一且明晰的法律规定。在我国现有的切分式立法中,统一的动产担保物权优先次序规则应置于我国《物权法》第十五章即关于担保物权的"一般规定"中,但该法担保物权编的

---

〔1〕 参见中国人民银行研究局等编:《中国动产担保物权与信贷时常发展》,中信出版社 2006 年版,第 9~10 页。

〔2〕 从条文的位置和次序来看,立法者或许并不认为我国《物权法》第 189 条第 2 款、第 191 条第 2 款属于关于抵押权效力次序的条款。但笔者认为,这两个条款涉及了抵押权与所有权的对抗力问题,其实质是关于权利间效力次序的规定。

〔3〕 《担保法解释》第 79 条规定:"同一财产法定登记的抵押权与质权并存时,抵押权人优先于质权人受偿……"

〔4〕 在物权法对留置权适用范围放大的背景下,留置权优先于抵押权和质权的合理性值得怀疑。

现有规定却相去甚远,已如上述。与此同时,该法规定了浮动抵押权制度并规定了与该制度密切联系的“购买人优先权规则”,但该法却没有规定与浮动抵押制度同样密切的“购买价金担保权制度”,且对购买人优先权的规定也失于含糊不清。[1] 参酌国外相关立法,笔者认为,我国未来动产担保物权统一优先次序规则的确立原则有四个方面:(1)公示在先原则,即先登记的优先于后登记的,先登记的优先于后占有的,先占有的优先于后登记的;(2)占有(控制)优先原则,对特别动产如流通票据或提单和仓单等的占有,被赋予优先于仅仅通过登记而成立的担保权的优先权,即使登记发生在先;(3)公示在先原则之例外,如正常经营活动中的“购买人优先权”“购买价金优先权”等,虽其公示在后,但却要优先于公示在先的担保物权;(4)法定担保权的优先权,如留置权优先于质权和抵押权。

四、结语

以移转动产所有权的方式设定担保物权,曾是一项古老而活跃的动产担保物权形式。随着近代民法法典化,这一动产担保物权形式在物权法定原则的剥离下被立法废弃。随着社会经济的发展,产生了这样一种需要,即需要在动产上创设一项不移转动产占有的动产担保物权制度,这一需要使以所有权移转为内容的古老动产担保制度如让与担保和所有权保留等得以复燃,并在法典之外以非典型担保的方式存在。中国物权立法以扩大可抵押物外延的方式,将存在于法典之外的让与担保制度涵盖于动产抵押制度中,解决了一般动产上不能创设非移转占有的动产担保物权的窘状。美国《统一商法典》第九编即“动产担保交易法”创立了一元化动产担保物权概念体系,将先前存在的形式多样、构造各异的动产担保制度予以一元化整合。在这一背景下,该法典第202条标出了“担保物所有权之归属无关紧要”的概语。相比而言,我国动产担保物权立法远没有美国动产担保物权立法先进,切分式多元化立法的弊端突兀的表现在对动产担保物权统一登记制度和动

〔1〕 参见董学立:《浮动抵押的财产变动及其效力限制》,载《法学研究》2010年第1期。

产担保物权统一优先次序规则的忽视上。对美国《统一商法典》第九编第202条关于“担保物所有权之归属无关紧要”的理解，对于理解我国《物权法》担保物权编的现有体系，对于弥补我国《物权法》担保物权编的不足，都是大有助益的。

依据功能，所有权可以分为归属意义上的所有权和工具意义上的所有权。归属意义上的所有权即以“占有、使用、收益和处分”为目的的所有权；工具意义上的所有权即如“让与担保、所有权保留”等担保物权类型中的所有权。此所谓“担保物所有权之归属无关紧要”中的“所有权”当属后者，其理解对于把握一元化动产担保物权之立法理念和完善我国现有动产担保物权立法具有意义。

第五章　留置权编纂问题研究

第一节　留置权制度的发展

留置权,是指债权人合法占有他人之动产,而其债权之发生与该动产有牵连关系,于债权已届清偿期未受清偿时,得留置该动产并得以其出售的价金优先受偿之担保物权。例如,甲将失修电脑交由乙维修公司修理,修理后应付修理费2000元,在甲未支付此笔修理费的情况下,乙公司得拒绝返还此电脑而加以留置,且在一定条件下得就此电脑之变价优先受偿。

一、留置权的类型

在民法发展史上,留置权系滥觞于罗马法的恶意抗辩与欺诈抗辩的拒绝给付。在罗马法上,债权人如对债务人亦负有债务,载权人为清偿自己所负债务,却请求债务人履行其债务时,倘足以认为已违反诚信信用原则者,债务人即得行使上述抗辩权,拒绝履行其债务。此种以公平原理为基础之拒绝给付权,仅系一种对人之抗辩,乃对人之权利,且规定分散,无统一之制度。然此种原理其后深深影响大陆法系。大陆法系各国于立法之际,乃致力于将罗马法上各种拒绝给付权之规定予以统一,树立独一之制度。唯各国立法所采取之方式仍未尽一致。[1] 德国、法国民法的留置权,唯债权的留置权,瑞士、

---

〔1〕 参见谢在全:《民法物权论》(下册),中国政法大学出版社2011年版,第1057页。

日本民法与我国台湾地区“民法”的留置权，为物权的留置权。我国《担保法》《物权法》规定的留置权属于物权的留置权。[1]

留置权，除上述有债权性留置权和物权性留置权之分外，至于物权性留置权，还有民事留置权和商事留置权之别。两者区别的依据是债权与占有物之间的牵连关系如何。民事留置权之设乃基于公平之原则。债权人既占有债务人之物，对债务人之债权与该物又有“牵连关系”之存在，则于债权未受清偿前，若须先返还占有物，则将使债权难于甚至无从获偿，此殊非公平之道。故法律乃给予债权人，于债权未受清偿前，得留置其物并得将其变价优先受偿之权利，以间接迫使债务人清偿债务。如此制度之设，方能维持社会交易公平，不致仅一方履行债务而置他方之债务于不顾。此“牵连关系”非是一种形式关系，而是一种实质利益关系。通常而言，这种牵连关系的实质是，通过债权债务关系的履行，债权人的行为使其所占有的债务的动产的价值增升，如我国《担保法》中规定的 3 种留置权制度得以适用的 3 种情况：加工、运输和保管。此 3 种情况都会使债权人所占有的债务人的动产价值增升。由此，在债权人的债权未实现的情况下，允许债务人取走该因债权人而价值增升之动产，对债权的债权实现将形成重大威胁。因此，在当事人对债权人的债权实现未约定其他确保方式之时，法定留置权的享有，平衡了当事人之间权利义务的配置。

商事留置权，是指商人间因营业发生债权债务关系，债权人于其债权未受清偿前，就其所占有之债务人之物得行使之留置权而言。与民事留置权对比，商事留置权成立要件所系之债权与动产占有物间之牵连关系，较诸一般留置权宽松：无须两者之间有牵连关系。因商事留置权系源于中世纪意大利商人团体之习惯法，与民事上一般留置权之起源与沿革完全不同，其制度之价值取向亦存在重大差异，盖商事留置权乃以起手于交易安全之手段而落脚于交易效率之目的。然而，因我国民商事立法与瑞士民法相同，系采民商合一制度，故亦仿瑞士民事立法例，将具有商事性质之留置权一并规定于民法

---

[1] 参见梁慧星、陈华彬：《物权法》(第 6 版)，法律出版社 2016 年版，第 335 页。

之中。我国《物权法》第231条规定，债权人留置的动产，应当与债权属于同一法律关系，但企业之间留置的除外。[1] 对于这一扩大留置权适用范围的立法体例，尤其在留置权为单一物权性留置权的法制环境之下，有无值得商榷的方面，颇值思量。

二、留置权的特性

我国的留置权制度，系物权性留置权，具有以下几方面特性。

物权性：留置权虽有债权性留置权和物权性留置权之分，但我国民事立法仿瑞士、日本立法例，将留置权规定于物权编，以物权性留置权为是，故我国的留置权系物权之一种。其物权性就表现在留置权之客体的特定性、实现上的支配性和效力上的排他性三者。即我国民法之留置权，并非仅限于对标的物之拒绝交付权，而是以占有标的物为内容并支配其交换价值之排他性独立物权。

担保物权性：留置权具有担保物权之留置效力和优先受偿效力，故为担保物权。因系担保物权，留置权又具有从属性、不可分性与物上代位性。留置权之从属性不同于一般担保物权之从属性，其发生必须有受担保债权之存在。

法定性：留置权系法定担保物权，系于一定条件成就时，依法律之规定当然发生之担保物权。此与抵押权、质权之作为意定担保物权迥异。留置权的产生有积极条件和消极条件之分。

超级优先性：留置权作为担保物权具有物权以及担保物权所具有的效力上的优先效力。但留置权与一般担保物权不同的是，其一旦产生，无论是先于还是后于其他担保物权如抵押权、质权，其效力却优先于这些担保物权，显现了留置权作为一种担保物权的超级优先地位。这一超级优先地位有反过

---

〔1〕 我国台湾地区"民法"，关于留置权亦有民事留置权和商事留置权之分，其第928条规定的留置权为民事留置权，系指债权人占有他人之动产，而其债权之发生与该动产有牵连关系，于债权已届清偿期未受清偿时，得留置该动产之权。该"法"第929条规定，商人间因营业关系而占有之动产，及其营业关系所生之债权，视为前条所定之牵连关系（牵连关系之拟制）。

来对留置权的产生和适用范围,具有反作用力,从而影响相关制度的制订。

三、物权性留置权于其他类似权利的区别

(一)留置权与同时履行抗辩权

物权性留置权与同时履行抗辩权,均源于罗马法之拒绝给付权,系基于公平原则而生,两者亦无妨同时存在。两者在沿革上有密切关系,但嗣后各有不同演进方向,形成以下不同。

1. 性质不同。留置权为担保物权,以直接支配特定担保物为内容,可对任何人主张;同时履行抗辩权乃双务契约之一种效力,为债权属性,以拒绝相对人之请求权为内容,只能对相对人主张。

2. 所保护债权不同。留置权所保护之债权,以与留置权人所占有之标的物具有牵连关系为足;同时履行抗辩权所保护之债权,原则上以同一双务契约所生者为限,且相互间须有对价关系存在。

3. 标的物不同。留置权所得为留置者,须以动产为限;同时履行抗辩权所得为拒绝给付者,其种类不限。

4. 标的物所有权归属不同。留置权所得留置标的物之所有权,一般属于相对人;同时履行抗辩权所得拒绝给付者,如为物时,其所有权通常属于抗辩权人。

5. 有无不可分性不同。留置权与其所担保债权具有不可分性,同时履行抗辩权所对应抗辩之债权不具有不可分性。

6. 实现方式不同。留置权在债务人经催告仍不履行债务时,即可依一定程序实行之;同时履行抗辩权只能消极阻止对方之请求,而无积极实现自己债权的能力。

7. 消灭原因不同。留置权为担保债权而设,若债务人能另行提供相当担保,即归于消灭;同时履行抗辩权以促使给付之交换履行为目的,故不因相对人另行提供担保而消灭。

(二)留置权与抵销权

两者均发源于罗马法恶意之抗辩权,同为维护公平而设。但两者仍有如

下不同。

1. 性质不同:留置权为担保物权,以直接支配担保物权之交换价值为内容。抵销权为形成权,以相等额消灭对方之债权为内容。

2. 发生原因不认同。留置权系因债权人因合法原因占有债务人动产,且此动产与债权之发生有牵连关系;抵销权之发生系因两人互负相同种类债务,互可抵充。

3. 标的物不同。留置权之标的物以动产为限,抵销权之标的物为一切适于抵销之债权债务。

4. 目的不同。留置权制度之设,目的在于担保债权之清偿;抵销权制度之设,目的在于避免交换给付之劳费。

5. 效力不同。留置权之行使,有留置效力和代清偿效力;抵销权之行使,使债权债务部分或全部归于消灭。

6. 实行方式不同。留置权之行使,以法定条件成就时,得拍卖、变卖、折价留置物并优先受偿;抵销权之行使,以意思表示向他方为之即足。

7. 消灭原因不同。留置权因债务人提供相当担保而消灭,抵销权则不因债务人提供担保而熄灭。

(三)留置权与动产质权

1. 发生原因不同。留置物因法律规定而发生,系法定担保物权;动产质权因当事人的约定而产生,系意定担保物权。

2. 发生要件不同。留置权之发生以债权已届清偿期,且债权人占有之动产与债权之间有牵连关系;动产质权之发生则不需要此要件。

3. 标的物范围不同。两者之标的物虽同为动产,但留置权之标的物在债权人占有之时,应无明知或因重大过失而不知非债务人所有之情势;动产质权之设,无此项要求。

4. 留置权人对留置物的占有在债权发生之前,动产质权对质物的占有在质权发生之时或之后。

5. 实现条件不同。留置权的实现,基于利益平衡,法律要求给予债务人一定期间的宽限期;动产质权之实现,则没有这一要求。

6. 消灭原因不同。留置权因相当担保的提出而消灭；动产质权，担保物之提供非是消灭原因。

第二节　留置权的取得条件

留置权之取得，只能依法律规定或基于继承而取得。此外，留置权又因属于非专属性的财产权，故可为让与的对象。因此，留置权又可因让与而取得。[1] 但在留置权的取得方式中，最重要、最基本的取得方式是依法律规定而取得。即债权人依法占有债务人的动产，在具备法律规定的要件时，当然取得留置权。留置权之取得既然以基于法律规定而发生者为常，其发生要件分为积极要件和消极要件。

一、留置权取得的积极要件

（一）须债权人占有债务人之动产

1. 留置权之标的物不以属于债务人之动产为限。留置权之标的物，虽以属于债务人者为原则，但因为动产善意取得制度之适用，留置权之标的物亦可为他人之物。

2. 留置权标的物之动产包括有价证券。盖此为民法解释动产之所当然。例如，受任人受委托处理有关有价证券之事务，对于因此产生之必要费用，委任人为偿还前，受任人自得留置其有价证券，以促其偿还。

3. 留置权之标的物不以具有让与性为限。留置权之发生系基于法律之规定，留置权人对其标的物通常无事先以成立留置权之意思而予以选择之可能，是自不能以其标的物不具让与性，遂认不得成立留置权，而失却保障。

4. 须已占有动产。盖留置权系以占有标的物为其成立与存续要件之故，所以，债权人已占有留置物是必需条件。至于占有之方式，不以直接占有为限，间接占有或利用占有委托人而为占有，与第三人共同占有，均无不可。

---

〔1〕 因留置权为担保物权而具有从属性，且以占有债务人的动产为成立和存续要件，故受让人只能随被担保债权的让与并占有留置物，才能取得留置权。

（二）须债权的发生与该动产属于同一法律关系

所谓动产与债权属于同一法律关系，系指债务人所享有的动产返还请求权与债权同属一个法律关系。留置权之主要作用在于留置债务人之动产，迫使债务人清偿，以达到确保债权履行之目的，则若使债权人得任意留置与债权发生无任何牵连之物，对债权人利益之保护未免过厚，对留置物之所有人则未免过酷，不仅有违公平之旨，且有害于交易安全。其他立法对"同一法律关系"有"牵连关系"之称，基于比较法经验的可借鉴性及我国先进的、与国际相通的留置权制度之考量，我国《物权法》第 231 条规定的"同一法律关系"应解释为"牵连关系"。

牵连关系的界定主要有两种学说：单一标准说，又分为法律事实说、因果关系说、相当因果关系说；间接原因说，又分为 4 种学说：第一，认为债权与取得动产的占有，系因同一交易关系或同一目的而生；第二，认为债权须由动产而生，或债权与动产的返还请求权须基于同一法律关系；第三，认为债权若是间接因动产的关系而生；第四，认为凡债权由动产而生，或债权与动产的方法返还请求权系基于同一法律关系或同一生活关系。

以上各说皆是从法律形式方面的认知，不能说明留置权的权利属性，尤其是留置权权利属性中的超级优先受偿属性。若要对此留置权的权利属性作出说明，则需要将"同一关系"或者"牵连关系"从债权与动产之间的内在联系方面加以说明。笔者认为，债权的出现，与债权人对占有的动产的价值提升之间，有内在的牵连关系，如承揽人的报酬请求权与承揽物的因加工承揽的价值增升之间有牵连关系，保管人的保管费请求权与保管物的因保管行为的价值增升之间有牵连关系，以及运输人的运输费请求权与运输物因运输的价值增升之间有牵连关系等。正是债权与债权人占有的动产之间的这种内在牵连关系，才使债权人得以留置该动产，并在一定条件下对动产变价且就变价享有超级优先权。以此，得以实现所谓的公平正义。

（三）须债权已届清偿期

留置权为基于公平观念，于债务人未清偿其债务前，债权人可扣留债务人的动产而拒绝返还。如债权未届清偿期，债权人尚无请求债务人清偿其债务的权利时即允许债权人留置债务人的动产，则显不公平。

二、留置权取得的消极要件

留置权取得的积极要件受到留置权取得的消极要件的阻却，也就是说，在存在留置权取得积极要件的情况下，如果也存在留置权取得消极要件，留置权将不能取得。我国《物权法》第 232 条规定，“法律规定或者当事人约定不得留置的动产，不得留置”。法律规定不得留置的动产，包括债权人通过侵权行为而占有的动产；动产的留置，与债权人承担的义务相抵触；动产的留置，违反公序良俗原则等。当事人约定不得留置的动产，即当事人在可以因法律规定取得留置权的场景，通过合同约定排除此一法律规定的留置权取得规则的适用。

第三节　留置权的适用范围

我国民事立法关于留置权的适用范围有扩大趋势。[1] 面对这一趋势，如何在法学研究上审慎地划定我国留置权立法恰当的适用范围，就成为一个亟须研究并期待在此次民法典编纂中加以解决的问题。笔者通过对留置权各国立法体例的考察，以及我国留置权制度适用范围扩大所独具的极强“杀伤力”，并由此所造成的权利主体间利益分配的失衡，来酌定我国未来民法典中留置权制度应然的适用范围划定。

一、留置权立法体例及适用范围考察

民法上的留置权起源于罗马法的恶意抗辩的债权性权利。导致近现代各国及地区在留置权立法体例和制度上差异的原因在于：不少国家及地区在规定其留置权制度时，受到中世纪商习惯法具有物权效力的商事留置权观念

[1] 依我国《担保法》第 84 条规定，我国留置权的适用范围被划定在“因保管合同、运输合同、加工承揽合同发生的债权，债务人不履行债务的，债权人有留置权”。但我国《物权法》对留置权的适用范围的设计采扩大之策。

的影响。[1] 时至今日，形成了债权性留置权和物权性留置权两种基本制度。在采民商分离的国家和地区，其民法典大都规定债权性留置权，其商法典则规定物权性留置权，如法国、德国和日本；在采民商合一的国家和地区，大多在其民法典中仅规定物权性留置权，而少有债权性留置权的规定，如瑞士、中国台湾地区及英美法系国家。

所谓债权性留置权，是指债权人在相对人履行债务前，对已占有之财产有拒绝给付的权利，但没有排他性直接支配的权利。[2] 债权性留置权的实质是债权效力的延伸。德国《民法典》于其债的关系法第 273 条和第 274 条分别规定了留置权的使用条件和留置权的效力，从这些条文所处法典的位置和文义的解释来看，德国《民法典》上的留置权为债权性留置权是确定无疑的。[3] 法国《民法典》第 867 条、第 1612 条、第 1613 条、第 1673 条、第 1749 条、第 1948 条、第 2280 条，对不同情状下的债权性留置权也作出了规定。[4] 从德、法两国留置权的规定来看，债权性留置权的适用范围如下：债权人的债权同相对人物的返还（给付）请求权之间有牵连关系为必要。与此相对应，物权性留置权的实质是一种法定的独立的物权类型，具有排他的支配性是其特征。我国《担保法》第 82 条规定："……债权人按照合同约定占有债务人的动产，债务人不按照合同约定的期限履行债务的，债权人有权依照本法规定留置该财产，以该财产折价或者以拍卖、变卖该财产的价款优先受偿。"依法条解释，在满足了"依合同占有"和"不按约定期限履行债务"两个条件后，债权人享有两项权利——留置的权利和留置权。前者为债权性的权利，此权利与德、法两国民法上的留置权相当；后者是物权性的权利，对留置物相较债务人的其他债权人享有绝对的优先受偿行使是其典型的特征。[5] 瑞士《民

〔1〕 参见邹海林：《留置权基本问题研究》，载《法学研究》1991 年第 2 期。

〔2〕 同上。

〔3〕 参见孙鹏、肖厚国：《担保法律制度研究》，法律出版社 1998 年版，第 260 页。

〔4〕 参见《拿破仑民法典》，李浩培、吴传颐、孙鸣岗译，商务印书馆 1979 年版，第 115 页、第 227 页、第 234 页、第 244 页、第 269 页、第 320 页。

〔5〕 不仅对债务人的普通债权人具有优先受偿权，而且在留置物负担有其他担保物权如抵押权时，留置权人对其他对留置物享有担保物权的其他债权人也具有优先受偿的权利。固谓其为绝对的优先受偿权。我国留置权的效力之强大可见一斑。

法典》第 895 条规定:债权已届清偿期且其性质同标的物有关联,债权人在受清偿前得留置经债务人同意而占有之动产或有价证券。从瑞士《民法典》的规定来看,物权留置权的适用范围如下:债权与留置标的物之间有牵连关系,且债权人之占有留置物是基于债务人的"同意"。

尽管上述债权性留置权和无权性留置权的规定都有"牵连关系"的界定,但其所谓的牵连关系是不一样的。对于何谓留置权成立要件的"牵连关系"?主要有债权与债权牵连说(请求权牵连说)和债权与物牵连说两种主张。债权与债权牵连说认为,留置权人对于相对人的债权,与相对人对于留置权人请求交付标的物的债权,须产生于同一法律关系,为有牵连关系。德国民法采取此说。债权与物牵连说认为,留置物为发生债权的原因,为有牵连关系。日本、瑞士等民法采取此说。债权人的债权与债权人占有的财产须有牵连关系,才能成立留置权。债权与物牵连说又分为二元论和一元论。二元论认为,债与物的关联包含直接关联和间接关联。直接关联为就标的物本身所生债权。间接关联又有债权与物之支配关联说、债权与物的交付请求权关联说、债权与物的返还请求权发生于同一法律关系说、债权与以物为标的的债权关联说。一元论认为,债权与物的关联不应分为直接关联和间接关联。但如何确定牵连关系又有因果关系说、法律事实说和社会标准说。从我国民法规定来看,上述各种学说均与我国民法不符。有学者认为,我国民法中留置权成立的牵连关联,体现为债权与留置物的占有取得须基于同一合同关系而产生。我国《民法通则》规定的"按照合同约定一方占有对方的财产"和最高人民法院解释的"债权人因合同关系占有债务人的财物",反映了这种观念。

笔者认为,在我国民法中,留置权成立的牵连关联,体现为债权与留罩物的占有取得须基于同一合同关系而产生。我国《民法通则》规定的"按照合同约定一方占有对方的财产"和最高人民法院解释的"债权人因合同关系占有债务人的财物",反映了这种观念。因此,(1)留置权人享有基于留置物产生的债权,并不能反映我国留置权成立的牵连关系。(2)我国留置权成立的牵连关系与德国留置权成立的请求权牵连说也有本质差别,德国民法中的请求权牵连说是以债权为基础的,反映了两种对待给付关系,留置权人享有拒绝给付抗辩权,不享有物权。而我国留置权成立的牵连关系是以物权为基础的,留置权人享有的是对留置物的物权。(3)持债权债务牵连说的二元论观点的学者,是就完善我国留置权立法而言的,当然不能用于解释现行民法留置权成立的牵连关系。

从上述关于留置权的立法例回顾可知,如果把留置权作为一个大概念,它可以分为债权性留置权和物权性留置权。在此基础上的各国立法之不同在于,在债权性留置权和物权性留置权中各应囊括哪些内容。根据我国《民法通则》第 89 条和《担保法》第 82 条、第 84 条的规定,我国现有法律所规定的留置权的适用范围,具有以下特征:一是担保的范围仅限于合同之债,对不当得利之债、无因管理之债和侵权行为之债皆不适用;二是在合同之债中,适用留置担保的条件是债权、债务、留置物同属于一个民事(合同)法律关系;三是只认可直接牵连而不认可间接牵连;四是无商业留置权特别适用范围的规定。从以上特征可以看出,我国民事立法关于留置权的规定比任何其他国家传统民法所规定的留置权的适用范围要窄。或许是基于对债权实现措施和方法的追求,或许是对我国留置权的适用范围、性质、效力等认识得不够,现在我国许多学者建议改采间接原因说,扩大留置权的适用范围,认为以下 4 种情况均可使用留置权:(1)债权因该物本身而生,如轿车将被人大门撞坏,因此而产生的损害赔偿请求权在得到赔偿之前,受害人有权将这辆车予以留置并享有留置权;(2)债权与该物的返还义务基于同一法律关系而生,如保管、运输、加工承揽等合同关系;(3)债权与该物的返还以物系基于同一事实关系而生,如两人彼此错骑自行车,从而各方就对方的自行车享有留置权;(4)特殊留置权,如营业人的留置权。我国现出台的几份物权法草案采纳了这种意见。[1] 对此种立法选向的择取,笔者不无担忧。

---

〔1〕 中国社会科学院物权法建议稿与中国人民大学物权法建议稿均认为我国《担保法》规定的留置权适用范围过窄,而采行较广义的留置权概念,与狭义留置权概念相比,较广义留置权概念取消了狭义留置权概念中"债权人按照合同约定占有债务人的动产"的限制。2007 年我国《物权法》颁布时的建议稿中关于留置权的概念是:"留置权,是指依照本法的规定,债权人在债务人不履行债务时,对其占有的债务人的动产予以留置,并以该动产折价或者拍卖、变卖该动产的价款优先受偿的权利。"

二、我国现有留置权制度的特点及其“杀伤力”表现

我国留置权制度具有如下几方面的特点。

一是物权性。如前所述,留置权有债权的留置权和物权的留置权之分。我国民法既定留置权为物权的留置权,那么其物权性应为第一位的特性,也就是说,在我国民法,留置权人所享有的权利不仅为标的物之拒绝给付权,更主要的是留置权人对标的物之交换价值有排他的独立支配权。留置权本质上是一种对世权或曰绝对权。

二是担保物权性。我国留置权具有留置效力和优先受偿效力,使其为担保物权。既系担保物权,则担保物权所具有的特性如从属性、不可分性和代位性,也必为留置权的特性。作为物权的留置权的第一个效力为留置的效力,即留置权人得对抗债务人之留置物返还请求权,债务人欲使留置权人返还其标的物,非首先清偿债务不可。所以,留置权的留置效力具有同时履行抗辩权的性质——这是一项债权性权利。留置权的第二个效力为优先受偿的效力。即在债务人不履行债务超过一定期限时,留置权人有权变卖留置物,或以留置物折价以使自己与留置物有牵连关系的债权优先得到清偿。就留置物之交换价值的优先受偿权能是物权的留置权为物权的效力表现——这是一项物权性的权利。

三是法定性。留置权系于具备一定条件时,依法律规定当然发生的担保物权,此与抵押权、质权只要依当事人的约定而发生不同。所以,依照担保物权竞存之规则,当留置权与其他担保物权可同时存在于同一物时,留置权优先于其他担保物权。[1]

我国留置权的特殊性所表现出的“杀伤力”表现在以下两个方面。

一方面,留置权的产生对内部主体间利益变化的影响。物权的留置权为

---

〔1〕 有关担保物权竞存的法制规则,参见刘保玉:《担保物权竞存及其效力关系问题探析》,载《清华大学法学评论》(第2辑),第123~146页。在该文中,刘教授认为,在抵押权先于留置权存在且两者竞存的情况,留置权之效力优于抵押权。尽管在本书中笔者沿用了此观点,但实际上并非同意该观点。笔者认为在上述情况中,抵押权应优先于留置权。笔者认为,造成这种分歧的原因在于,对留置权的法律成立条件与存在公示方式之占有,被长期混淆了。

法定担保物权,其条件一旦成就,就会使债权人对其基于合同关系所占有的债务人的动产享有债权性留置权能和物权性优先受偿权能。而债权性留置权却无此力,它仅能在条件成就时使债权人享有对抗债务人的物之返还请求权,此请求权仅具有债权性效力。从内部主体间利益衡平来看,无论是物权性留置权还是债权性留置权,其所具有的债权性留置权能,就债权人与债务人间的利益平衡而言,这一法律制度安排具有合理性。对此合理性,笔者名其为“相对主体间的公平性”。[1] 我国民法之所以设立物权的留置权制度,乃基于公平之原则。因为债权人既占有债务人之物,对债务人之债权又与该物有牵连关系存在,则在债权未受清偿前,若须先返还占有物,则使债权难于甚至无从获得清偿,此非公平之道。故法律乃给予债权人于债权未受清偿前,可以留置其物的权利,以间接迫使债务人清偿债务。如果仅就相对主体间利益平衡的公平性目的之实现来说,予债权人一定条件下留置债务人的动产,迫使债务人履行债务已足矣。甚至予债权人就留置物以变价受偿权,却不是什么优先受偿权都可以的。在这里,受偿权仅为债权性权利,优先受偿权却为物权性权利。所以笔者认为,债权的留置权立法例有其被采纳的理由,仅就实现相对主体间利益的公平性目的而言,债权的留置权制度设计已为实现了这一目的做了充分的制度准备。对这一目的之达至,物权的留置权也有制度安排,这就是物权的留置权所具有的留置权能。但物权留置权却并没有就此“善罢甘休”,它被赋予的优先受偿权能之制度安排,在追求实现上述公平性目的上,大有走得太远了之嫌。

另一方面,留置权的产生对外部主体间利益变化的影响。物权留置权的优先受偿权能,之所以被笔者认为“走得太远”,是因为物权的留置权优先受偿权能的赋予,被认为打破了民事财产法律制度中两个基本原则的平衡:一是债权人地位平等的债权法原则。二是先存在的物权优先于后存在的物权的物权法原则。这两个基本原则的打破起因于物权留置权的法定性和物权

〔1〕 是指留置权成立后对债权人与债务人间的法律关系的利益调整。

性。本来,保管人、运输人和加工人[1]对其债务人的债权并不比债务人的其他债权人的债权为优,它们本应是平等的,但对其他债权人来说,物权的留置权“冷不丁”的法律成就,就会使债权人法律地位平等的原则瞬时轻易地被打破,因为所成就的所谓留置权是一项物权(担保物权)。物权优先于债权又是一项法律制度的基本原则。所以,债权平等的债权法原则就被物权优先于债权的原则打破了;[2]而且,所成立的物权的留置权是一项法定担保物权,依照担保物权竞存条件下的优先效力规则——法定担保物权优先于约定担保物权。换言之,尽管物权留置权成立在后,但其效力却优先于在该物上先期存在的如抵押权等其他担保物权。这就是物权的留置权的成立和存在对“先成立物权优先于后成立物权”的物权法原则的打破。上述两个原则的打破,使物权的留置权地位优显尊彰。应当看到,在这些法律制度设置的背后,是相关法律主体间利益的平衡。物权的留置权的法律制度设计,使对物权的留置权人的利益法律保护推向了极致。“唯我独尊”的物权的留置权在个人显赫他人屈卑的环境下,导致了不平衡法律利益安排所带来的紧张,在此种情况下,需通过对已经失衡了的法律利益安排的纠正,谋达各方的妥协。这些纠正措施弥散于物权的留置权法律制度的“枝节”。在物权的留置权“牵连关系”的限缩性解释里,已经润浸着对留置权人所处优显尊彰地位的消解和削弱。

留置权,无论是债权性留置权还是物权性留置权,都是为确保债权的实现而设计的法律制度。就债权性留置权而言,其无非是债权的一种特别效力或债权效力的一种延伸。债权人不享有对占有物的支配权,而只有在具备一定条件时,才享有对所占有的债务人之财产的拒绝给付权。所以笔者认为,虽同为“牵连关系”,在债权性留置权中,牵连关系为一扩张性概念。债权性

---

〔1〕 我国《担保法》第84条第1款规定:“因保管合同、运输合同、加工承揽合同发生的债权,债务人不履行债务的,债权人有留置权。”

〔2〕 尽管在这里担保物权从属于其所担保的债权,且作为主权利的有物权担保的债权与其他债权也无法律地位之差异,但有物权担保的债权人与其他普通债权人的法律地位却是悬殊的。换言之,有担保物权担保的债权人,较其他普通债权人有就某一特定物的变价优先受偿的权利。这一点正是债权的留置权与物权的留置权的重要区别。

留置权源于“恶意抗辩”以及与不安抗辩权和同时履行抗辩权难相区别性质，使债权性留置权成为普通债权实现的一般手段。如果说债权性留置权与抗辩权之间有什么区别，笔者断言是债权性留置权为一般抗辩权中关涉特定动产返还交付的那一部分。[1] 因此可以说，债权性留置权与抗辩权是部分与整体的关系。“牵连关系”是以抽象方式将不能一一列举的与动产物的交付有关的双务合同涵括在内了。之所以将债权性留置权中的“牵连关系”作开放式理解，原因在于这样的制度安排不仅符合法律设定该制度的目的即保障债权的实现，且亦无损于债权法律关系之外的其他第三人之利益。更勿说公共利益、公序良俗。但同样的用语在物权性留置权确须有相反的理解，即物权性留置权的“牵连关系”应作限缩性解释。这一概念被圈定在一个有限的范围——只有那些与债权的实现有牵连关系的动产，才可纳入可留置的范围并作为债权实现的担保——在债权以其本性不能得以实现时，借助于物权性留置权来最终确保。物权性留置权是一种效力十分强大的权利，它不仅可以对债务人发挥作用，而且对第三人或债务人的其他债权人也同样具有效力。正是因为物权性留置权的强大效力，才使对“牵连关系”的解释走向限缩。同样言语的不同解释，是由该言语所处遇的情境、所网设的法律关系以及所产生的法律效果的不同决定的。

三、我国物权立法对留置权适用范围的应然设计

在提出关于我国留置权适用范围的应然设计前，须对几个概念加以分析：留置权、留置的权利、抗辩权。这三个概念的上位概念是广义留置权。实际上，法律概念应是十分清晰和个别化的。不同的法律制度应有不同的法律概念予以甄别和概括。就第一个概念即留置权而言，其就是我国传统民事立法意义上的留置权，狭小的适用范围和物权性、担保物权性和法定性是其主要特征。就行使留置权的标的而言，一般的以债权人基于债务人的意思而占

---

〔1〕 关于这些制度间的演变历史及其相互间在现有制度下的关系，应专门研究，笔者缺乏研究，故以“断言”了结。

有的债务人的动产为主,在个别情况下已有法律的特别规定为限,对留置权采列举的方式明确划定其使用的具体情形是十分必要的。就第二个概念即留置的权利而言,其意义与债权性留置权相同。适用范围的广泛性和债权性以及留置物与债权间的广泛的牵连性是其主要特征。就行使留置的权利的标的而言,不仅包括债权人基于债务人的意思所占有的债务人的动产(除得以行使留置权的标的外),而且也包括基于其他合法的原因而占有的债务人的动产。就第三个概念即抗辩权而言,我国现行《合同法》所规定的抗辩权,包括不安抗辩权和同时履行抗辩权,但为使其与留置的权利相区别,建议在今后的法学理论研究和立法中,应框定其于一个狭义的抗辩权概念中,仅包括除留置的权利以外的部分。

今后,我国民事立法对债权实现的保障应建立在上述三个概念确立的制度之上。

尽管我国留置权制度采取了分“两步走”的办法,首先赋予了留置权人以留置的权利,在债务人仍不履行债务时,再赋予其优先受偿权能。其实,在一般的情况下,债权性留置权的实行也可以实行“两步走”,第一步赋予债权人对留置物的留置效力;在债务人不履行债务且债务人没有进入破产程序和留置物上不负担有得以对抗留置权人的权利时,债权人享有折价、拍卖和变卖留置物的权利。如此一来,在一般情况下,债权性留置权有替代物权性留置权的余地。正是因为我国民事立法缺少债权性留置权制度,才使一些学者不顾物权性留置权的“杀伤力”之险,执意要扩大留置权的适用范围。在建立起债权性留置权概念和制度之后,一些债权的实现在债权性留置权的范围内就被轻松解决了。一般来说,债权性留置权与物权性留置权在是否具有优先受偿性上的区别,只有在债务人处于破产境地和留置物上负担有先期的定限物权时才具有意义。债权性留置权不仅具有对留置物留置的效力,而且也可在债务人确定的不履行债务时折价、拍卖或变卖留置物以清偿债务。但是,在债务人破产或留置物上先期存有定限物权时,债权人仅居于普通债权人地位,不享有优先受偿权。试想,留置物仅属于动产,其上所得以负担的定限物权远不像不动产那样复杂多样,而且债务人处于破产的境地的情况不是生活的常态。所以在一般情况下,债权人所享有的债权性留置权足以保障其债权的实现。正如前文所述,就债的当事人的内部关系而言,债权性留置权的效力可解债权实现的燃眉之急。也正是因为债权性留置权不具有物权性留置权那样的威胁第三人的“杀伤力”,才可以扩大解释债权性留置权的“牵连性”,使债权性留置权有较大适用范围。“较大的适用范围”可以弥补债权性留置权在效力方面的弱势“不足”。[1]

在我国还没有建立起债权性留置权概念和制度的情况下,是否必须采取扩大物权性留置权的适用范围的办法?笔者认为,物权性留置权所具有的“杀伤力”,使对其适用范围的扩大必然损及其他无辜债权人的利益,严重影响交易秩序和交易安全。所以,找出一条出路——既要维护了债权人债权的实现,又能实现法的安定性,当下唯一的办法是扩大解释我国《合同法》有关抗辩权制度,扩张其适用范围。在条件成熟的时候,建立健全债权性留置权制度。选择扩大物权性留置权适用范围的办法,虽能砍向债务人使用刃“锋利”的一面,但却忽视了关照其他债权人用刃“仁慈”的民法学利益均衡思想的制度贯彻。不可不谓“顾了这头忘了那头”,乃缺乏审慎思考之下策。

四、余论

物权性留置权的强大“杀伤力”,要求立法者在考虑其适用范围是应慎之又慎。我国《担保法》所确立的留置权的适用范围应是科学的和严谨的。从我国《担保法》所确定的使用留置权范围的原则来看,只有那些通过行为使留置物的价值积极增加或消极增加的债权人,才得以形成行使留置权的法学上的理由。在积极增加(如加工),在消极增加(如运输、保管、拾得遗失物)这些行为皆增加了留置物的价值。所以,在起草物权法草案之际,重新思考各个制度间的功能互补和协调性是必要的,但要慎重。扩大留置权的适用范围尤显草率。类似于骑错了自行车的各方只能对错骑的自行车享有留置

---

[1] 虽名其为“不足”,其实无不足可言,或许就是债权性留置权的一个优点,或是该制度得以存在的根本。这个制度之设计优点在于不殃及他人的情况下解决自己的问题。

的权利而绝非留置权。因为,留置的权利之享有足以解决问题,又不伤害其他债权人的利益。而且,在任何进入破产的情况,尚有别处权制度的保护。此一足以,何乐不为。

第四节　留置权的特殊消灭原因

在我国,留置权为法定的担保物权。关于留置权消灭的特殊原因,一般的物权法文献大都规定为三个方面,即"相当担保之提出、占有之丧失和债权清偿期之延缓"。或许是人们对留置权的三个特殊消灭原因太熟识而变得无睹无思的缘故,人们对留置权的特殊消灭原因习以为常而少有研究。[1] 但笔者总感觉关于留置权消灭的特殊原因,远没有像现在的文献所说的那样轻松和简单,试图对留置权的特殊消灭原因进行新的审视和界定。

一、关于留置权的立法体例及物权的留置权性质

从法制史上来看,近代民法上的留置权系源于罗马法恶意抗辩及欺诈抗辩之拒绝给付权。[2] 近代民法法典化时期大陆法系各国关于留置权的立法体例有二:一是债权的留置权,罗马法、法国法和德国法从之;二是物权的留置权,瑞士法、日本法和我国台湾地区有关规定从之。在罗马法上债权人如对债务人亦负有债务,债权人未清偿自己所负之债务,却请求债务人履行其债务时,倘足认为已违反诚信原则者,债务人即得行使上述抗辩权,拒绝履行其债务。此种以公平原理为基础之拒绝给付权,仅系一种人之抗辩,乃对人之权利,且系分散规定,而无统一之制度。[3] 由此可见,罗马法有关于留置权的制度,却无留置权的概念。法国民法关于留置权的规定不仅在形式上而且在性质上最接近罗马法。在形式上,法国民法仅有债务人各种拒绝给付之规定,而未设统一之"留置权"专章;关于留置权的性质,法国民法无明文规定其性质,从其分散的有关条文中,可以看出法国民法实质上是将留置权视

---

[1] 笔者检索了有关文献资料和网站后发现,没有关于留置权的专题论文。

[2] 参见梁慧星、陈华彬编著:《物权法》,法律出版社1997年版,第376页。

[3] 参见谢在全:《民法物权论》,中国政法大学出版社1999年版,第848页。

同双务契约中的同时履行抗辩权;[1]唯此时,法国学者已从各种拒绝给付权的规定中,综合出若干基本原理,作为一个独立权利谓之留置权。[2] 德国民法则将留置权规定于《民法典》债编总则中,其第 273 条和第 274 条规定,债务人基于与其所负担债务的同一法律关系,对债权人享有已届清偿期的请求权时,于未受领给付前,得拒绝自己之给付,[3]其债之性格甚为明显。[4] 在德国民法中,集中的留置权制度和抽象的留置权概念都已制度化的存在了。

至瑞士民法,其将留置权与质权并列,性质上与动产质权无异,具有留置权能和优先受偿权能。留置权之担保物权性质至此遂完全形成。[5] 日本民法虽设有"留置权"专章并作为物权处理之,但与瑞士民法不同的是,其留置权仅有留置效力而无优先受偿效力。日本民法这种安排的原因在于,其区分民法上的留置权与商法上的留置权,民法上留置权对于破产财产失去效力,不具备破产别除权权能,商法上的留置权,始视为特别之先取特权(优先权),具有法定质权的性格。[6] 我国台湾地区民事有关规定综合瑞士及日本民法立法例,设留置权,并规定于"物权编"中,并且赋予留置权能和优先受偿权能,其留置权之物权性格十分明显。我国民法关于留置权的法律制度集中体现为《民法通则》第 89 条和《担保法》第 82 条至第 88 条,这些规定赋予留置权人以留置、变价、优先受偿等具体权能。由此可见,我国法律上的留置权,为法定的独立的物权的留置权。

债权的留置权与物权的留置权的本质区别在于:前者为一债权,后者为一物权。这一区别在法律效力上表现为:债权的留置权人仅享有留置权能而无优先受偿权能,物权的留置权人不仅享有留置权能且享有优先受偿权能。基于此,债权的留置权人不享有破产别除权权能,而物权的留置权人享有破产别除权权能。

---

〔1〕 参见孙鹏、肖厚国:《担保法律制度研究》,法律出版社 1998 年版,第 261 页。
〔2〕 参见谢在全:《民法物权论》,中国政法大学出版社 1999 年版,第 848 页。
〔3〕 参见梁慧星、陈华彬:《物权法》,法律出版社 1997 年版,第 376 页。
〔4〕 参见谢在全:《民法物权论》,中国政法大学出版社 1999 年版,第 848 页。
〔5〕 同上。
〔6〕 参见孙鹏、肖厚国:《担保法律制度研究》,法律出版社 1998 年版,第 260 页。

笔者关于留置权的特殊消灭原因的研究，是以物权的留置权之立法体例为基础的。在论证物权的留置权（以下简称留置权）特殊消灭原因的过程中，债权的留置权会被作为对比参照的对象。留置权具有如下几方面的性质。

一是物权性。如前所述，留置权有债权的留置权和物权的留置权之分。我国民法既定留置权为物权的留置权，那么其物权性应为第一位的特性，也就是说，在我国民法中，留置权人所享有的权利不仅为标的物之拒绝给付权，更主要的是留置权人对标的物之交换价值有排他的独立支配权。留置权本质上是一种对世权或曰绝对权。

二是担保物权性。我国留置权具有留置效力和优先受偿效力，使其为担保物权。既系担保物权，则担保物权所具有的特性如从属性、不可分性和代位性，也必为留置权的特性。作为物权的留置权的第一个效力为留置的效力，即留置权人得对抗债务人之留置物返还请求权，债务人欲使留置权人返还其标的物，非首先清偿债务不可。因此，留置权的留置效力具有同时履行抗辩权的性质——这是一项债权性权利。留置权的第二个效力为优先受偿的效力，即在债务人不履行债务超过一定期限时，留置权人有权变卖留置物，或以留置物折价以使自己与留置物有牵连关系的债权优先得到清偿。就留置物之交换价值的优先受偿权能是物权的留置权为物权的效力表现——这是一项物权性的权利。

三是法定性。留置权系于具备一定条件时，依法律规定当然发生的担保物权，此与抵押权、质权只要依当事人的约定而发生不同。所以，依照担保物权竞存之规则，当留置权与其他担保物权可同时存在于同一物时，留置权优先于其他担保物权。[1]

---

〔1〕 有关担保物权竞存的法制规则，刘保玉教授认为，在抵押权先于留置权存在且两者竞存的情况，留置权之效力优于抵押权。尽管笔者沿用了此观点，但实际上并非同意该观点。笔者认为在上述情况中，抵押权应优先于留置权。笔者认为造成这种分歧的原因在于，对留置权的法律成立条件与存在公示方式之占有，被长期混淆了。

二、探讨物权的留置权特殊消灭原因的理论基础

究竟何谓物权的留置权的特殊消灭原因,对这一问题的探讨须从了解物权的留置权的产生所导致的相关主体间法律利益的变化开始。并且,我国留置权既为物权的留置权,其所具有的物权性、担保物权性和法定性,也必为探讨物权的留置权的特殊消灭原因提供理论基础。所以笔者认为,欲确定物权的留置权的特殊消灭原因,需从物权的留置权的产生及其所具有的特性分析开始。

首先,物权的留置权的产生对内部主体间利益变化的影响。物权的留置权为法定担保物权,一旦条件具备,就会使债权人对其基于合同关系所占有的债务人的动产享有物权的留置权。就债权人与债务人间的利益平衡而言,这一法律制度安排具有合理性。对此合理性,笔者名其为"相对主体间的公平性"。[1] 我国民法之所以设立物权的留置权制度,乃基于公平之原则。[2] 因为债权人既占有债务人之物,对债务人之债权又与该物有牵连关系存在,则在债权未受清偿前,若须先返还占有物,则使债权难于甚至无从获得清偿,此非公平之道。[3] 故法律乃给予债权人于债权未受清偿前,可以留置其物的权利,以间接迫使债务人清偿债务。[4] 如果仅就相对主体间利益平衡的公平性目的之实现而言,予债权人一定条件下留置债务人的动产,迫使债务人履行债务已足矣。甚至予债权人就留置物以变价受偿权,但却不是什么优先受偿权也可以。在这里,受偿权仅为债权性权利,优先受偿权却为物权性权利。所以笔者认为,债权的留置权立法例有其被采纳的理由,仅就实现相对主体间利益的公平性目的而言,债权的留置权制度设计已为实现这一目的作了充分的制度准备。对这一目的之达至,物权的留置权也有制度安排,这就是物权的留置权所具有的留置权能。但物权留置权却并没有就此"善罢甘

---

〔1〕 指留置权成立后对债权人与债务人间的法律关系的利益调整。

〔2〕 参见谢在全:《民法物权论》,中国政法大学出版社1999年版,第848页。

〔3〕 参见孙鹏、肖厚国:《担保法律制度研究》,法律出版社1998年版,第263页。

〔4〕 参见谢在全:《民法物权论》,中国政法大学出版社1999年版,第848页。

休”,它所被赋予的优先受偿权能之制度安排,在追求实现上述公平性目的上,大有走得太远了之嫌。

其次,物权的留置权的产生对外部主体间利益变化的影响。物权留置权的优先受偿权能,之所以被笔者认为“走得太远”,是因为物权的留置权优先受偿权能的赋予,被认为打破了民事财产法律制度中两个基本原则的平衡:一是债权人地位平等的债权法原则,二是先存在的物权优先于后存在的物权的物权法原则。这两个基本原则的打破起因于物权留置权的法定性和物权性。本来,保管人、运输人和加工人[1]对其债务人的债权并不比债务人的其他债权人的债权更优,它们本应是平等的,但对其他债权人来说,物权的留置权“冷不丁”的法律成就,就会使债权人法律地位平等的原则瞬时轻易地被打破,因为所成就的所谓留置权是一项物权(担保物权)。物权优先于债权又是一个法律制度的基本原则。所以,债权平等的债权法原则就被物权优先于债权的原则打破了;[2]而且,所成立的物权的留置权是一项法定担保物权,依照担保物权竞存条件下的优先效力规则——法定担保物权优先于约定担保物权。也就是说,尽管物权留置权成立在后,但其效力却优先于在该物上先期存在的如抵押权等其他担保物权。这就是物权的留置权的成立和存在对“先成立物权优先于后成立物权”的物权法原则的打破。上述两个原则的打破,使物权的留置权地位优显尊彰。应当看到,在这些法律制度设置的背后,是相关法律主体间利益的平衡。物权的留置权的法律制度设计,使对物权的留置权人的利益法律保护推向了极致。“唯我独尊”的物权的留置权在个人显赫、他人屈卑的环境下,导致了不平衡法律利益安排所带来的紧张,在此种情况下,需通过对已经失衡了的法律利益安排的纠正,谋达各方的妥协。这些纠正措施弥散于物权的留置权法律制度的“枝节”。在物权的留置

---

〔1〕 我国《担保法》第84条第1款规定:“因保管合同、运输合同、加工承揽合同发生的债权,债务人不履行债务的,债权人有留置权。”

〔2〕 尽管在这里担保物权从属于其所担保的债权,且作为主权利的有物权担保的债权与其他债权也无法律地位之差异,但有担保物权担保的债权人与其他普通债权人的法律地位却是悬殊的。换言之,有担保物权担保的债权人,较其他普通债权人有就某一特定物的变价优先受偿的权利。这一点正是债权的留置权与物权的留置权的重要区别。

权特殊消灭原因制度设计中,就润浸着对留置权人所处优显尊彰地位的消解和削弱。

三、物权的留置权三个特殊消灭原因的重新审视和界定

(一)关于相当担保之提出

规定留置权为物权的留置权的立法体例,如瑞士民法第898I,日本民法第301条,我国台湾地区"民法"第937条,都规定"提出相当担保"为物权的留置权消灭的特殊原因。唯关于条文用语中的"提出相当之担保"作何理解,值得玩味。我国台湾地区学者多限于"数量"方面进行探讨,[1]而就"提出相当之担保"的"质量"方面少有细究。笔者认为,作为物权的留置权消灭的特殊原因,对"提出相当之担保",应从其"数量"的规定性和"质量"的规定性两个方面重新进行法学认知,不如此便不能深刻透视上文关于物权的留置权的性质的理解。

关于"担保",有"物保"和"人保"之分。所谓"相当担保",从质的规定性方面考察,应指"物保"而言,因为在采物权的留置权的国家和地区,留置权为一项担保物权。所以,"所提出"的所谓"相当担保",应首先在"质"的规定性上与物权的留置权保持一致。这里主要包括抵押权和质权的提出和设定。在数量上"相当",在质量上为"物保"的担保的提出,作为债务人在留置权成立和存在时其所处弱势法律地位的"纠偏"制度安排,应属"形成权"方显公平合理。在这种制度安排之下,只要债务人认为已提出了数量相当且质量也相当的担保,债权人的留置权就当然消灭。如果债权人持相反认知且拒绝返还留置物,其将对法院的债权人败诉判决承担侵权责任和不当得利之返还责任。反之,债务人应承担诉讼费用。因此,某些在实体法上的矫枉过正之举,在程序法上又得到了修补。相比之下,如果债务人提出数量相当而质量属性为"人保"的担保,因"人保"与"物保"之在权利属性上的明显差异,债

[1] 谢在全先生指出,此项规定于留置权之价值高于担保债权,或留置物于所有人主观上具有贵重之价值之情形,颇具实益。

务人提出以“人保”置换“物保”,对债权人来说,显然是一种法律上的不利益。[1] 在此须明确指出,对物权的留置权人所处优显彰尊地位的所有平衡,并非是要从根本上改变其地位,仅为对其所处地位的某些限制,而这些限制仅处于纠偏的目的,绝非是要从根本上对其否定。尽管学理上不反对债务人以提出数量相当的“人保”消灭物权的留置权,但这种基于公平角度对债务人利益的关怀,不应以牺牲债权人的利益为代价。所以,这种在质量上不相当的担保的提出,非可基于债务人一方之意思即能产生法律效力。在“人保”的提出不能在法律上保证债权人利益的情况下,这一“提出”经过债权人的意思的“过滤”即同意,就是唯一的私法制度选择。因此,数量上相当而质量上非相当的“人保”的提出,在法律属性上应是一种“请求权”。债务人此一请求权的行使,须经债权人之同意,方可作为物权的留置权消灭的原因。

(二)关于占有之丧失

物权的留置权之成立和持续以占有留置物为要件,故留置物占有之丧失,为物权的留置权消灭的特殊原因。日本民法第302条和我国台湾地区“民法”第938条都规定:[2]“留置权因占有之丧失而消灭。”学理上对何为丧失占有以及丧失占有的原因,均无异议,唯占有之丧失如系非出于自己之意思者,留置权是否归于消灭,学者有不同见解。主要有两种意见:一为留置权当然归于消灭说;二为留置权如因被侵夺而丧失占有者,需不能依占有保护之规定请求返还占有物时,留置权始归于消灭说。[3] 笔者赞同前一种意见,但所持理由有所不同。研究占有丧失作为留置权消灭的特殊原因,可在与质权因占有丧失须待不能依占有返还之诉恢复对质物的占有时质权消灭的比较中,获得新知。依我国台湾地区“民法”第898条规定,质权人丧失质物之占有,不能请求返还者,其动产质权消灭。而其关于留置权消灭的第938条却规定留置权因占有之丧失而消灭。两相比较,留置权不以“不能请求返还

[1] 尽管有些债权的受偿价值远非物权能比,但在一般情况中,因权利属性的差异,物权的受偿性较债权强。

[2] 参见梁慧星编著:《中国物权法草案建议稿》,社会科学文献出版社2000年版,第773页。

[3] 参见谢在全:《民法物权论》,中国政法大学出版社1999年版,第889~890页。

者”为消灭的前提。对这一规范的文义解释当然不能最终成就前述主张。尽管梁慧星教授主持起草的《物权法草案》将上述两者的不一致作了统一,[1] 此草案均将不能依占有返还之诉恢复对质物和留置物占有,作为质权和留置权消灭的原因。这种解释规范之表面而不深究规范背后所调整的利益的方法,以及掩盖差异囫囵吞枣式的态度,是无论如何也不能说清楚我国台湾地区民事规范何以“留置权因占有之丧失而消灭”的。笔者认为,对“丧失占有”之作为留置权的特殊消灭原因的解释,须主要从留置权的特性中去寻找理由。留置权的法定性、物权性以及留置权的成立和存续对两个基本原则的打破所导致的主体间的利益失衡,使留置权人的法律地位优显尊彰。在留置权成立和存续所导致主体间的利益突然失衡的情况下,如何保护其失利者的利益,就成为法律制度设计需要认真考虑的事情。限制债权人留置权的获得[2] 以及限制留置权的存续期限,就是主要的法律措施。基于此,予留置权人在留置物丧失占有的情况下即可消灭留置权的法律制度安排,不失为一项借限制留置权存续期限而谋求实现相关主体间利益平衡的一剂良方。这一制度安排恰好与质权之占有丧失后,以不能恢复对质物的占有作为质权消灭宽展期的制度安排形成对比。因为质权非如留置权,其成就一般需依当事人之意思而设定,其法律效力也非如留置权那样颇有穿透力,以至于后者一成立就打破了财产法律秩序里的两个基本平衡。质权的意定性以及其无力对抗先存在的抵押权的制度安排,使对其存续之限制也就非如对留置权的存续限制那样让人感觉有点苛刻。这样的理解绝非异想天开,而是在法律对不同主体间的利益调整以保持平衡为根本原则的基础上,通过制度间的比较得出的结论。

这样看来,我国台湾地区民事规范关于“留置权因占有之丧失而消灭”的规定,是可以借鉴的。

---

〔1〕 参见梁慧星:《中国物权法草案建议稿》,社会科学文献出版社 2000 年版,第 731 页、第 772 页。

〔2〕 此非本书主要论述问题,但笔者认为,留置权的成立要件近乎苛刻的规定,实质上使留置权不能轻易成立,这正是对留置权成立所导致的两个平衡的限制,也是对留置权效力的限制。

(三)关于债权清偿期之延缓

债权清偿期之延缓作为物权的留置权之特殊消灭原因,非立法规定,而是学者依学理研究而得出的结论。谢在全先生就认为:“留置权之成立,以债权已届清偿期而未受清偿为其要件,故如债权人其后同意延缓债权之清偿期时,留置权已无存在之余地,应解为因而消灭。”[1]这是依留置权的从属性而得出的结论,但这一公式化的结论是值得质疑的。留置权具有从属性并不是说留置权不具有独立性,从某种意义上来说,留置权的从属性是以其具有独立性为前提的,没有其独立存在,就不会有其对所担保债权的依附。尽管留置权从性质上来讲是一项从权利,但其是一项独立的权利当是无疑的。所以,留置权从属性不能抹杀其独立品格。留置权是债权人所享有的一项独立物权,其虽在存在目的上依附债权,但在其存在的客观物质形式上却是独立的。如此一来,留置权的产生使债权人享有两项权利:债权和物权的留置权。已经产生的物权的留置权可以为某一债权利益而存在,无论这一债权利益是现在的,还是未来的。这一观点所推演出的结论,是使留置权颇与最高额抵押权的从属性之缓和相似。但至少留置权存在上的独立性在法律技术上能够做到。基于上述之见解,笔者不同意将债权清偿期之延缓断然作为留置权消灭的特殊原因的看法。

不同意将“债权清偿期之延缓”断然作为留置权消灭的特殊原因的更深层次的理由,源于民事法律行为制度以及“将债权清偿期之延缓”作为留置权特殊消灭原因的机械化概念法学逻辑推理所导致的主体间的利益颠倒。民事法律行为制度是实践私法自治理念的制度,其以效果意思为核心。对于债权人所享有的两个权利——债权和留置权(物权),如果当事人间合意仅将债权之清偿期延缓而无涉及对留置权本身的处分,法律应当尊重当事人的效果意思。而且,从上文可知,留置权作为一项民事权利,是可以独立存在的。更重要的是,留置权若因债权清偿期延缓而自动消灭,将导致主体间利益的错位。例如,如果留置物上先期负担有抵押权,在抵押权可行使期间,若

---

[1] 谢在全:《民法物权论》,中国政法大学出版社1999年版,第891页。

留置权因债权清偿期之延缓而消灭,留置物之交换价值将会由抵押权人因行使抵押权而优先受偿。因此,关于留置权清偿期延缓的法律行为,又进一步导致债权人意外错失就留置物之交换价值优先受偿的可能。这样的法律制度安排,完全违背了当事人债权清偿期延缓的初衷——不符合当事人权利处分的效果意思。

再者,在留置权制度中,有对行使优先受偿权以不少于两个月的时间限制,以缓解因留置权法定条件的成就给债务人所带来的不便和窘迫。在这里,法律仅有时间下限的限制。笔者认为,当事人完全可以通过这个无时间上限限制的制度,以意思自治的方式,对债务人履行债务的期限作出任何不少于两个月的时间安排。但在这个不少于两个月期限限制的制度安排中,法律并没有使其随之带来物权的留置权的当然消灭。对此,两种制度间如何协调将成问题。这也是笔者不同意将"债权清偿期之延缓"作为留置权消灭的原因的又一个方面。

物权的留置权因"债权清偿期之延缓"而消灭的结论,是概念法学机械推理的结果。当然,如果债权人认为留置权对其债权实现并非重要,其完全可以抛弃留置权,这是符合法学原理的。尽管笔者认为,因留置权地位之优显尊彰而应受到一些法律上的限制,但这些限制绝不可以走向留置权设置目的的"背面"——随意消灭留置权。这样的随意,留置权因"债权清偿期之延缓"而消灭,就是一例。所以,"债权清偿期之延缓"不能作为留置权消灭的特殊原因。

四、结语

留置权的成立和存续,以打破财产法的两个财产秩序原则为代价,造成了严重的利益失衡。为衡平各方利益,留置权法对留置权的成立要件提出了严格要求,基于同样的价值衡平理性,在留置权的消灭上,作为对留置权优势地位的纠偏措施,法律也应作出应有的制度设计。在这种法学理念的指导下,笔者试就留置权的特殊消灭原因作了新的阐释。

在上述论证的基础上,笔者将物权的留置权的特殊消灭原因归纳如下:

(1)留置权因债务人提出相当的物保而当然消灭;

(2)留置权因债务人提出相当的人保且经债权人同意而消灭;

(3)留置权因占有之丧失而消灭,恢复占有后,若尚符合留置权成立的构成要件者,成立新的留置权;

(4)债权清偿期之延长,不能作为留置权的特殊消灭原因。

第五节 某类担保物权缘何具有超级优先权——担保物权法中的"巨无霸"

从前述担保物权法制的内容之中,多次提到了某种担保物权具有超级优先受偿地位,如购买价款担保物权、留置权以及我国《合同法》第 286 条规定的建设工程款等,都具有法定的超级优先受偿权——优先于时间在先的其他担保物权,如先存在的抵押权、浮动抵押权、质权等。那么,为什么法律在规定了"公示在先、权利在权"原则之后,又作出与这一原则相违背的规定——违反了"公示在先、权利在先"的担保物权优先受偿排序的基本原则。既然法律作出了这样的规定,当是有一定理由的。给出法律规范的背后理由,亦当是法学研究者的使命所在。

"公示在先、权利在权",是担保物权法制关于并列存续的担保物权之间的优先受偿次序的基本原则。这也是为什么人们——无论是公示对抗主义法制之下,还是公示生效主义法制之下——都会及时办理完毕担保物权公示手续的原因。我国《担保法》第 54 条规定,"同一财产向两个以上债权人抵押的,拍卖、变卖抵押物所得的价款按照以下规定清偿:(一)抵押合同以登记生效的,按照抵押物登记的先后顺序清偿;顺序相同的,按照债权比例清偿;(二)抵押合同自签订之日起生效的,该抵押物已登记的,按照本条第(一)项规定清偿;未登记的,按照合同生效时间的先后顺序清偿,顺序相同的,按照债权比例清偿。抵押物已登记的先于未登记的受偿"。我国《物权法》第 199 条规定,"同一财产向两个以上债权人抵押的,拍卖、变卖抵押财产所得的价款依照下列规定清偿:(一)抵押权已登记的,按照登记的先后顺序清偿;顺序相同的,按照债权比例清偿;(二)抵押权已登记的先于未登记的受偿；（三）抵押权未登记的，按照债权比例清偿”。尽管两者之间有些许差异，但以公示时间的先后作为担保物权的优先次序的标准这一点，两者无有差异。

在“公示在先、权利在先”原则之下，又有了购买价款超级优先权、留置权超级优先权和建设工程承包人法定抵押权的超级优先权制度，其理由何在？

一、购买价款超级优先权

我国《物权法》第181条规定，经当事人书面协议，企业、个体工商户、农业生产经营者可以将现有的以及将有的生产设备、原材料、半成品、产品抵押，债务人不履行到期债务或者发生当事人约定的实现抵押权的情形，债权人有权就实现抵押权时的动产优先受偿。此即所谓为“浮动抵押”。随后该法又于第189条第2款规定：“依照本法第一百八十一条规定抵押的，不得对抗正常经营活动中已支付合理价款并取得抵押财产的买受人。”此即所谓的“正常经营活动中的买受人不受追及”规则。但该法却没有规定与浮动抵押制度亦密切相关的“购买价款担保物权超级优先权”制度，形成了法律漏洞。购买价款担保物权超级优先受偿权，是这样一种情形：在浮动抵押制度之下，如果“流入”浮动抵押财产的“特定物”在其流入前设定有抵押权，在其流入后自动负担浮动抵押权，就会产生同一物上两个抵押权之间（后抵押权与前浮动抵押权）的受偿次序问题。对于这样的问题，美国《统一商法典》第九编中有“购买价金担保权”制度予以回应。为便于理解，可以先看一个案例：A是一服装销售商，6月1日A以现有和将有的服装设定浮动抵押，从银行B处获得贷款100万元，次日，银行B在登记部门完成了浮动抵押权登记。11月A决定再购进一批由D公司设计生产的价值80万元的冬大衣。由于资金有限，A决定再设法融资。A再融资的渠道之一是继续向银行B申请贷款。如果A不能从银行B获得增额贷款，其就只得向另一家银行C请求贷款，并在购进的冬大衣上为银行C设定一个抵押权。当然，A还可以与冬大衣的生产厂家D达成协议，约定A拥有价值80万元的冬大衣的所有权，为了担保80万元购买价金的偿还，A在购进的该批冬大衣上给生产丁家D设定一个抵押权。无论是A向银行C贷款融资,还是向生产厂家D协商融资,从经济意义上来讲,A均是通过担保权的设定获得了购买冬大衣的价金。因而这类担保权称为“购买价金担保权”。并且,这批新购进的冬大衣一经交付给抵押人,按照浮动抵押财产的常变性,其就自动地成为浮动抵押财产的一部分。由此,就产生了浮动抵押权与购买价金担保权之间的受偿次序问题。为最终解决这一问题,需要首先了解什么是购买价金担保权。

(一)购买价金担保权之含义

依照修订前的美国《统一商法典》第九编第9－107条,担保物之出卖人为担保应得价金之全部或一部而取得或保有的担保权为购买价金担保权;此外,他人通过提供贷款或引发债务,提供资金以使债务人能够并事实上用于获得担保物之权利或使用,该他人取得的担保权亦为购买价金担保权。相比之下,修订后的美国《统一商法典》第九编第9－103条(b)款对购买价金担保权的定义更具体而复杂:如果物品是与担保权相关的购买价金担保物,则该物品之上的担保权即为购买价金担保权。在这个定义中,关键是如何理解“购买价金担保物”(purchase-money collateral)。对此,第9－103条(a)(1)款也给出了定义:所谓购买价金担保物,是指担保由其引起的“购买价金债务”的物品或软件。[1] 而第9－103条(a)(2)款亦规定,所谓购买价金债务,是指债务人因购买担保物的全部或者部分而引起的价金债务,或者是债务人对提供资金以使其能够并事实上用于获得担保物的权利或使用之人所负的债务。“购买价金担保物”和“购买价金债务”的定义是购买价金担保权之定义的一部分,它们共同构成了购买价金担保权的完整意义。

许多商人,尤其是那些以信用出售和出租的商人,其业务的开展在很大程度上依赖“库存”的大量流转。[2] 如果其供应商要求现金交易,他们就无力承受购买人和承租人以分期付款方式的支付,但这种信用销售仍可通过银

---

〔1〕 该定义中的担保物尚包括软件,限于篇幅,此处不展开讨论。

〔2〕 美国《统一商法典》第九编第102条之(48)项对库存有如下定义,库存是指农产品之外的,满足下列条件之一的有体动产:(1)被出租人所出租的动产;(2)被人持有的用于出卖、出租或者依服务合同供给的有体动产;(3)依服务合同已经供给的动产;(4)包括原材料、半成品以及经营活动中使用或者消耗的材料。

行或其他机构的加入而得以维持。如果长远的营销计划需要担保融资,就可以把交易设计为购买价金担保交易。如果某人提供贷款"并且该贷款使债务人能够并事实上获得对担保物的权利或使用",这种交易方式就创设了购买价金担保权。

(二)购买价金担保权之类型

从上述案例中可以看出,为了获得购买冬大衣的价金,服装店有两种融资方式:一种是在冬大衣(购买物)上为出售人设定担保权以获得出售人的贷款,[1]这种担保权被称为"出售人的购买价金担保权";另一种是在冬大衣(购买物)上为银行设定担保权以获得银行的贷款,这种担保权被称为"融资机构的购买价金担保权"。这是以购买价金担保权人的不同为分类依据的。[2]

1. 出售人的购买价金担保权

在出售人的购买价金担保交易中,涉及两方当事人,即担保物的出售人和担保物的购买人。在物品买卖时,双方当事人除签订包括付款方式等内容的买卖合同外,还要另行签订一个担保协议。该担保协议规定双方当事人在担保物(出售物,以下略)上的权利与义务:购买人拥有担保物,对担保物可以行使所有权人的权利;出售人在此担保物上拥有购买价金担保权,用以担保购买人未偿还的全部或部分购买价金债务,在购买人未按买卖合同的约定履行付款债务时,出售人可以通过主张其在担保物上的担保权来实现尚未支付的价金债权。

需要指出的是,出售人获得购买价金担保权之后,如其出现资金短缺,可以将此购买价金担保权转让给金融机构以获得贷款。如果银行等金融机构同意贷款,那么出售人的购买价金担保权就转移给融资机构。此时,融资机构因受让而对出售物享有购买价金担保权,购买人因此负有向金融机构偿还

[1] 出售人没有提供法律意义上的贷款,仅有经济意义上的贷款。

[2] 在美国动产担保交易法上,以抵押物是否为库存为标准,购买价金担保权还可以分为"库存购买价金担保权"和"非库存购买价金担保权"。这一分类的意义在于两者的完善(公示)时间以及获得该担保权的要求不同。本书对此不展开讨论。

购买价金的义务。在这种情形下,发生了两种购买价金担保权的转化,即出售人的购买价金担保权转化为下面要讨论的融资机构购买价金担保权。

2.融资机构的购买价金担保权

与出售人的购买价金担保权相比,融资机构的购买价金担保权则略显复杂。在融资机构的购买价金担保交易中,涉及三方当事人,即购买人、出售人和融资机构。这种类型的购买价金担保权,是指购买人与融资机构协商,约定融资机构出资替代购买人向出售人支付部分或全部购买价金,购买人则在购买物上为融资机构设定购买价金担保权。在具体的物品买卖中,同样存在两个合同:一是购买人与出卖人之间的物品买卖合同,二是融资机构与购买人之间的担保权设定协议。在担保权设定协议中,规定购买人的还款义务、还款方式和融资机构在购买物上的担保权。在购买人不能按约定向融资机构履行还款义务时,融资机构可以主张其在购买物上的购买价金担保权,以此担保其信贷债权之实现。

与出售人的购买价金担保权有异,融资机构在主张其购买价金担保权时,需要证明以下两点:一是证明融资机构的贷款使购买人能够获得对担保物的权利或使用;二是证明其贷款在事实上被用于购买担保物,即要求融资机构追踪贷款的使用。[1] 对于这两点的证明,有经验的融资机构不会存在问题:担保物买卖之前的银行贷款协议可以证明第一点;而贷款银行以出售人名义或以出售人与购买人联合名义开具的支票可以证明第二点,即贷款事实上被用于购买担保物。

(三)购买价金担保权之优先受偿

在浮动抵押合同中,必然有“嗣后获得财产约款”,约定抵押人嗣后获得的财产当然进入浮动抵押财产,浮动抵押权人对嗣后获得的财产享有抵押权。如果此嗣后获得的财产在流入浮动抵押财产之前已负担购买价金担保权,当债务人陷入破产或者对在先浮动抵押权人和购买价金担保权人违约

---

〔1〕 Gerald T. Mclaughin, *Purchase Money Lending Under Revised Article 9: Teaching an Old Dogma New Tricks*, 35 (4) *Uniform Commercial Code Law Journal* 1 – 45.

时,浮动抵押权与购买价金担保权对嗣后获得财产之拍卖价金的受偿顺序如何?按照登记在先原则,浮动抵押权因其登记在先而应优先于购买价金担保权而受偿。但此种适用效果定会使购买人难以从任何人那里获得任何贷款,将严重障碍融资活动的有效开展并可能使浮动抵押人陷入经济困境。因此,应为登记在先原则设定例外,赋予后设定(登记)之购买价金担保权优先于先登记之浮动抵押权的效力。对此,物权法没有考虑到购买价金担保权这一经济社会之融资方式,因而也没有就购买价金担保权与浮动抵押权之间的受偿次序作出安排。这一法律漏洞的存在不能不说是物权法的缺憾。

我国物权法可以参考是,美国《统一商法典》第九编第 9－321 条赋予购买价金担保权超级优先权(superpriority)的效力,即优先于在先设定的浮动抵押权而受偿。当购买价金担保权与浮动抵押权相竞争时,购买价金担保权人在该嗣后获得财产的范围内优先于浮动抵押权人而受偿。这一规则的适用,不仅有力地保护了购买价金担保权人的利益,也为浮动抵押人扩展融资渠道提供了便利。

(四)购买价金担保权优先受偿之意义

对于购买价金担保权的优先受偿地位,可以从以下视角进行深入观察和详细说明。

1. 从购买价金担保权人角度的观察

对于购买价金担保权人即出售人或者融资机构来说,他们之所以愿意为购买人提供购买物品的价金,就在于他们期待在该购买物上获得一个确保其贷款得到偿还的担保权。但是,按照登记在先原则,登记在先的浮动抵押权将优先于购买价金担保权,这将使出售人或者融资机构失去放贷信心。其可能结果是,要么购买价金担保权人在放贷之前付出成本以检索债务人的财产担保情况,要么因恐于登记在先原则的适用而不予放贷。也就是说,如果法律不保护购买价金担保权人的优先受偿期待,那么他们在放贷时将谨小慎微。试想,在债务人依据我国《物权法》第 181 条设定浮动抵押之后,如果该法没有确保后续贷款人债权实现的制度设计,还有谁会为浮动抵押人提供后续贷款?如何在不损及相关当事人利益的基础上,缓和登记在先原则的僵化,强化对信贷人的债权保护,促进经济和社会发展,就成为放在人们面前的法律难题。作为登记在先原则之例外的购买价金担保权优先受偿的制度供给彻底解决了这一制度窘境。

2. 从浮动抵押权人角度的观察

购买价金担保权人希望优先受偿,是完全可以理解的。但如果其他利害关系人如浮动抵押权人因此遭受重大损失,则购买价金优先受偿的制度安排也未必能够实现。然而事实上,购买价金担保权人优先受偿并不会损及在先浮动抵押权人的利益。为了说明问题,先看一则案例:甲银行于 5 月 1 日借贷给 A 债务人 10 万元,并在 A 现有的价值 10 万元的商品和将有的该类商品上设定了浮动抵押权以作债权实现之担保。6 月 1 日 A 从出售人乙处购得价值 2 万元的该类新商品,为担保 2 万元购买价金的偿还,A 在购得的该类新商品上为乙设定了购买价金担保权。因此,A 总共拥有价值 12 万元的商品并承担 12 万元的债务。出售人乙在该类新商品上拥有购买价金担保权,这意味着出售人乙可以将债务人增加的 2 万元债务与增加的价值 2 万元的该类商品联系起来。从经济角度来讲,甲银行不会因为法律赋予出售人乙在该类新进商品上的购买价金担保权(虽然其产生在后)而受到损害,因为甲银行仍然拥有 10 万元的债权,并且这 10 万元的债权仍然用价值 10 万元的商品作担保。所以,赋予购买价金担保权人以优先受偿权并不会损害在先浮动抵押权人的利益。

其实,对于在先浮动抵押权人来说,他非但没有因购买价金担保权的设定和存续受有损害,相反,还因嗣后财产的"流入"而无偿获得了一个存在于购买物上的第二顺位抵押权;并且,在购买价金担保权所担保的债权因清偿而消失时,浮动抵押权人进而会在购买物上得到一个第一顺位抵押权。在上述案例中,如果 A 偿还了出售人乙的 2 万元价金,银行甲的 10 万元债权将会由价值 12 万元的商品来担保。可以说,对浮动抵押权人来说,赋予购买价金担保权人以优先受偿权非但无害,反而有利。

3. 从债务人角度的观察

登记在先原则以保护债权人为制度设计之本。但如果严格贯彻该原则,就有可能致债务人于经济困境：一方面，债务人的现有担保借贷人出于风险的考虑可能不会给债务人增加贷款；另一方面，其他借贷人则因为受到现有浮动抵押权的压制而拒绝提供信用。因此，在浮动抵押权存在的前提下，登记在先原则使债务人扩展融资的活动受到了极大限制。这也足以使债务人在经济活动中受制于现有浮动抵押权人，其或者拒绝给债务人提供后续放贷，或者提出债务人难以承受的放贷条件，这些都将严重影响债务人顺利和有效地开展经营活动。所以，为了保障债务人的利益，在浮动抵押权存在的情况下，必须创设登记在先原则的例外规则——赋予登记在后的购买价金担保权优先于在先浮动抵押权的效力——借保护后续贷款人债权实现之名，践行保障债务人顺利开展经济活动之实。

所以，从债务人的角度观察，设置购买价金担保权的意义在于，消除浮动抵押环境下登记在先原则给债务人造成的困境。如果将这一困境放大，则登记在先原则对债务人的经营活动施加了不应有的控制，抑制了商品经济社会的市场竞争。[1] 因此，平衡登记在先原则在浮动抵押环境下造成的权利配置失衡，更好地促进财物流转，就成为创设购买价金担保权优先受偿制度的根本动因。有了购买价金担保权的优先受偿制度，债务人就得以扩展融资渠道，先期放贷人与后续放贷人之间就形成了市场竞争，债务人也因顺利取得贷款而有能力继续参与市场竞争，竞争的市场环境由此得以形成并良性运转。

二、建设工程承包人法定抵押权

我国《合同法》第286条规定："发包人未按照约定支付价款的，承包人可以催告发包人在合理期限内支付价款。发包人逾期不支付的，除按照建设工程的性质不宜折价、拍卖的以外，承包人可以与发包人协议将该工程折价，也可以申请人民法院将该工程依法拍卖。建设工程的价款就该工程折价或

---

〔1〕 William H. Lawrence, William H. Henning & R. Wilson Freyermuth, *Understanding Secured Transactions*, Lexis Nexis, 2004, p. 234.

者拍卖的价款优先受偿。”该法第286条从设计、起草、讨论、修改、审议直至正式通过,始终是指法定抵押权。该法第286条所规定的既然是法定抵押权,当然其成立直接根据法律规定,无须当事人间订立抵押合同,也无须办理抵押权登记。其成立条件是:(1)建设工程已竣工。建设工程若未竣工,则不发生法定抵押权。建设工程未竣工而中途解除建设工程合同的情形,亦不发生法定抵押权。(2)须是建设工程承包合同所生债权。这里所谓建设工程合同,应当作狭义解释,仅指我国《合同法》第269条第2款中的施工合同,勘察合同和设计合同不包括在内。订立总承包合同后,再由总承包人订立分承包合同、转承包合同,仅总承包人享有法定抵押权,分承包人、转承包人无此权利。(3)其债权为依建设工程合同所应支付的价款。此所谓“价款”非指市场交易中的商品价款,而是发包人依建设工程合同约定应支付给承包人的承包费。包括承包人施工所付出劳动的报酬、所投入的材料和因施工所垫付的其他费用,及依合同发生的损害赔偿,即报酬请求权、垫付款项请求权及损害赔偿请求权。(4)法定抵押权的标的物为承包人施工所完成的,属于发包人所有的建设工程(不动产)及其基地使用权,包括组装或固定在不动产上的动产,不包括建设工程中配套使用并未组装成固定在不动产上的动产。(5)须不属于“不宜折价、拍卖的”建设工程。此所谓“不宜折价、拍卖”的建设工程,应当解释为法律禁止流通物。包括公有物,如国家机关办公的房屋建筑物及军事设施;公用物,如公共道路、桥梁、机场、港口,及公共图书馆、公共博物馆等。但国家机关的员工宿舍不属于公有物。法定抵押权的行使条件是:承包人向发包人发出催告通知后经过一个合理期限,而发包人仍未支付。此合理期限,应当从发包人收到催告通知之日起算。此催告通知应当采用书面形式。至于合理期限究竟是多少天,应由法院按照建筑行业习惯及建筑工程合同具体情形判断。

在发生法定抵押权与约定抵押权并存的情形时,无论约定抵押权发生在前或在后,法定抵押权均应优先于约定抵押权行使。主要理由是:(1)法定权利应当优先于约定权利。(2)从法律政策上考虑,法定抵押权所担保的债权中相当部分是建筑工人的劳动工资,应予优先确保。(3)建设工程是靠承包人付出劳动和垫付资金建筑的,如果允许约定抵押权优先行使,则无异于以承包人的资金清偿发包人的债务,等同于发包人将自己的欠债转嫁给属于第三人之承包人,违背公平及诚实信用原则。(4)承包人法定抵押权,是法律为保护承包人的利益而特别赋予的权利,具有保护劳动者利益和鼓励建筑、创造社会财富的政策目的。

如果建设工程为商品房,且在竣工之前发包人(开发商)已经分别与消费者订立房屋买卖合同,在发包人拖欠承包费用时,即可能发生承包人法定抵押权与消费者权利的冲突。在已经办理产权过户登记的情形下,消费者已经取得房屋所有权,就该房屋而言,法定抵押权已归于消灭,自不待言。在开发商尚未交房或虽交房但尚未办理产权过户的情形下,该房屋仍属于开发商所有,仍在法定抵押权的标的物范围内。但考虑到,如果允许承包人行使法定抵押权,无异于用消费者的资金清偿开发商的债务,等同于开发商将自己的债务转嫁给广大消费者,严重违背特殊保护消费者的法律政策,因此应不允许承包人行使法定抵押权。实质是承包人利益与消费者利益比较,消费者属于生存利益,应当优先;承包人属于经营利益,应退居其次。[1]

三、留置权超级优先权

我国《物权法》第239条规定,同一动产上已设立抵押权或者质权,该动产又被留置的,留置权人优先受偿。此即所谓留置权的超级优先权。对于留置权为何享有超级优先权,有学者认为,罗马法上的留置制度的主要适用范围是对费用的补偿和损害的赔偿。留置权人大多对物的价值的积极增加或消极减少作出了贡献。物一般与留置权人的劳动、服务有关或由留置权人提供原材料产生。劳务或原材料往往构成留置物的有机组成部分。在利益衡量上应给予劳务或原材料提供者优先保护。因此,留置权是对增值、保值行为的保护,是对行业存在特殊困境的法政策倾斜。[2] 例如,甲以自己的一辆

〔1〕 参见梁慧星:《合同法第二百八十六条的权利性质及其适用》,载《山西大学校报》(哲学社会科学版)2001年第3期。

〔2〕 参见李媚:《留置制度之历史研究与比较分析》,载《私法研究》(第15卷)。

价值10万元的汽车抵押给乙银行,获得贷款5万元。两年以后,汽车的价值降至5万元。为了保证行驶安全和质量,甲将汽车送交丙汽车修理厂维修、更换配件。经维修后的汽车价值升至8万元,维修费1.5万元。乙因拿不出维修费,导致维修后的汽车被丙汽车维修厂留置。依照我国《物权法》第230条的规定,维修厂当可以行使留置权。此时,丙享有的超级优先权并没有损害乙银行的抵押权。因为,尽管丙优先于乙银行受偿,但乙是在自己维修后的汽车升值的价值范围内优先受偿的,其维修并由此所享有的留置权即超级优先受偿权,并没有损害乙银行的抵押权,而且岂止是没有损害其抵押权,而是有利于其抵押权的实现,因为维修行为使汽车的价值提升,留置权实现后,其维修行为的升息额并没有因留置权的实现而用完。所以,留置权享有超级优先受偿权具有合理性。

第六章 结 束 语

——我国意定动产担保物权法编纂建议

一、意定动产担保物权法编纂的理论依据——动产抵押权机械植入引致的法体系混乱

近代民法法典化、物权法定化以来,各国和地区关于担保物权法制严格遵循不动产担保物权和动产担保物权的二元结构体例。不动产担保物权法制由起初的多元种类体系走向一元种类制度安排——如我国从清末《大清民律草案》关于不动产担保物权法制的不动产抵押权、不动产质权和土地债务的多元化不动产担保物权制度,走向了民国时期《中华民国民法典》的不动产担保物权即不动产抵押权的一元化不动产担保物权法制——此际,不动产担保物权即抵押权,反之,抵押权即不动产担保物权,二者概念等值;与此相反,动产担保物权法制却由种类一元制度安排走向种类多元结构体系,如我国从清末《大清民律草案》关于动产担保物权法制即"动产质权"制度,走向了民国时期《中华民国民法典》的动产担保物权法制包括动产质权、权利质权等多元化的动产担保物权种类体系。但该法典关于担保物权法制的不动产担保物权和动产担保物权的严格二元分类体系,始终予以秉持。

从理论上来分析,上述传统担保物权法制的不动产担保物权和动产担保物权二元结构,独立并立、自成体系、自然发展,历经大陆法系各国和地区民法法典化、物权法定化数百年以来经过法学理论的发展完善和司法实践的考验打磨,其各自应该发展到至臻至善之程度。而实证分析亦可得到验证,各

国和地区关于担保物权的理论进步和法制完善，在法典规定的不动产抵押权和动产质权制度本身，并没有在其"质"和"量"等的方面有实质性发展、变化。这无论是在德国民法、日本民法，还是我国民法（含我国、我国台湾地区"民法"）等，莫不是如此。由此可以得出一个结论：如果按照传统民事立法确立的担保物权体系脉络发展至今日，就无须对不动产担保物权即抵押权、抵押权即不动产担保物权，动产担保物权即动产质权和权利质权的二元担保物权制度本身花费太大的精力予以编纂——它已经自然发展得很完美了。

但传统担保物权法制的确存在重大制度设计缺陷——没有提供在动产上创设不移转该动产之占有的动产担保物权制度。由此，尽管民法法典化、物权法定化各国和地区在不动产抵押权和动产质权制度本身没有实质性发展变化，但各国和地区在弥补民法典缺失提供一种在动产上不移转该动产之占有的动产担保物权的立法缺陷方面，开启了各自不同的弥补立法不足之路：德国是在民法典之外通过学说和判例确立的习惯法如动产让与担保等非典型担保物权制度来弥补立法缺陷的；日本则是通过民法典之外的特别立法以及我国台湾地区在台湾地区"民法典"外通过特别"立法"，弥补了民法典中没有提供动产上不移转该动产之占有的动产担保物权制度的不足。这一法制发展模式的优点在于不破坏和改变法典本身的安定性、权威性，在法典之外以特别立法方式完成弥补法典立法不足的任务。但动产担保物权特别立法模式所采取的多元化动产担保物权立法类型，也使该种模式本身因不能穷尽可能被类型化的动产担保物权形式而陷入永无止境的困境。例如，我国台湾地区最近又忙于在"动产担保交易法"之外另行再制定"动产让与担保法"。

1995年我国《担保法》颁布，2007年《物权法》颁布，加之2000年最高人民法院关于担保法适用的司法解释等，共同构成了当下我国担保物权法律制度。我国当下的担保物权法律制度因着在"法典"（我国《担保法》《物权法》）内部通过扩大传统"抵押权"概念的外延——将传统的抵押权即不动产抵押权，演变为不动产抵押权与"经法律许可"的动产抵押权，以及不动产抵押权与"未经法律禁止"的动产抵押权。总之，我国现有的担保物权法律制度的“抵押权”概念,就不再限于不动产抵押权,而是扩张到了动产抵押权。

“抵押权”概念的外延扩张引起的法体系效应,却似乎没有引起过我国法学界的关注和重视。以至于今日我国担保物权法制因为“抵押权”概念的外延扩张适用困难。

因“抵押权”概念的外延扩张,使我国的“动产担保物权”制度形成了横向切块、竖向刨层的结构体系:横向上动产担保物权被立法切块为动产抵押权、动产质权和权利质权 3 种类型;竖向上被立法分层为概念、担保物、担保合同、担保物权设立、担保物权公示、担保物权效力、担保物权优先受偿次序、担保物权实现、担保物权消灭 9 个方面。这一动产担保物权结构体系的弊端在于:因横向切块,使立法者会过分倾向各种动产担保物权的个性制度设计,忽视动产担保物权的整体制度思考——实证研究得出的我国现有的动产担保物权法缺失统一的动产担保物权优先受偿次序规则和统一的动产担保物权登记制度,就是佐证;因竖向刨层,使同一层面的担保物权制度不可避免地出现重复,应该重复的却没有予以重复形成制度漏洞,应该一致的没有予以一致形成制度矛盾——实证研究表明,我国现有担保物权制度存在制度漏洞。

二、意定动产担保物权法编纂的路径选择——世界一元化热潮和中国多元化路径

如何修正和完善我国现有动产担保物权立法,学界有两种编纂路径:一种是少数派主张的更弦改辙,即启用符合世界潮流的动产担保物权一元化立法路径;另一种是多数派主张的“三个非不可”,即在现有动产担保物权法制体系下修正和完善立法不足。应该说,两种编纂路径各有优缺点,不可兼得。

对于一元化动产担保物权立法,其发端于美国《统一商法典》,该法典第九编取名为《统一动产担保交易法》,对美国社会原有的自然发展的各种名称的动产担保物权类型,作了一元化的立法处理,以此彻底解决了社会经济活动中出现的名称各异的动产担保物权法制之间的制度重复、制度矛盾和制度漏洞等问题,具有强大的调整能力和社会适应性。所谓一元化,首先是概

念上的一元化，即建立一套单一的意定担保物权概念体系，这些概念包括担保物、担保人、债务人、担保权人、担保物权的设立、公示、效力、实现、消灭等。其次是制度的一元化，即建立统一的制度体系，主要包括采行单一的公示对抗主义法制，建立统一的动产担保物权登记公示制度，简明统一、明晰、全面的动产担保物权优先受偿次序规则。最后是逻辑体系的一元化，即明确调整范围——依合意产生的动产担保物权，对担保物进行科学分类——一般物、集合物、浮动物、未来物、有体物、无体物等，以及存货、设备、消费品、农产品，还有权状、证券、质据、账款等——以担保物科学分类为基础，对担保物权的具体制度如浮动担保、公示方式、优先受偿次序等进行具体设计。

应该说，一元化动产担保物权立法模式，立法技术并不难，在对担保物进行科学分类的基础上，合并现有的动产担保物权制度，补足漏缺的担保物权制度，即可形成一元化的概念体系、制度体系和逻辑体系，一元化动产担保物权立法即成。最重要的是，这一模式可以在体系结构上为我国现有动产担保物权法提供体系结构基础。

与此同时，学界关于动产担保物权立法的另一种主张，基于制度的惯性，拥戴者众多，这就是"三个'非不可'"的立法模式：非增加不可的才可以增加，非删除不可的才可以删除，非改变不可的才可以改变。也就是在现有的动产担保物权法体系不变的前提下，对我国担保物权的局部、"枝节"的不足进行修改完善。这一模式的优缺点，恰是上述模式的缺优点：其优点是容易达成共识，不需要太多的人力、物力投入，不产生争纷等；其缺点是难有作为，难有成效，失去了国家担保物权法制实现现代化、国际化的良机。

在这样两种截然对立的主张面前，我们选择了一种中间的道路——在现有多元结构模式不变的前提下，谋求实现担保物权法规范的一元化。笔者认为，"分类"与"分层"的结构极易导致立法缺陷，而不是必定导致立法缺陷。在多元化立法模式下，通过立法技术的应用，也可以实现担保物权法的规范一元化。从国际趋势上来看，一元化动产担保物权立法模式是世界立法趋势，这一立法模式早已成为众多国家和地区、国际组织的选择，担保物权法少有地域特色，我国可以借鉴；我国通过扩大抵押权概念外延的法典内演变模式,已经造成了我国动产担保物权法制的内部矛盾、适用困难,再继续这一模式的后果是确定的,即无法从根本上改变这一现状;这次大规模的法典编纂活动为我国担保物权法制的现代化提供了大好时机,如果无为错失,将会留下遗憾。

三、编纂技术方案——宏观体系设计与微观技术操作

基于前述两方面的分析,笔者提出如下方案,仅供立法机构参考。当然,无论是一元化立法模式,还是“三个非不可”立法模式,都需要对以下问题作出回应和力求修改完善。

(一)宏观方面编纂建议

1. 淡化担保物权法定主义下的类型强制

这一建议无关乎立法模式选择,两种立法模式都需要在立法中明确扩大担保物权法的调整和适用范围。我国现有立法在《物权法》第170条规定了“担保物权”的概念,但缘于对物权法定原则的错误理解,无论是法学理论还是司法实践,都把该法第170条的宽泛定义限缩于抵押权、质权和留置权此3种法定的担保物权类型,其他实质上也完全符合该法第177条的担保物权类型如“融资租赁、附条件买卖、所有权保留、让与担保、应收账款让与”等,都不被认可为担保物权类型。担保物权是一种与所有权、用益物权不同的物权制度,所有权是严格的物权法定,用益物权是物权法定基础上的物权缓和,担保物权是内容法定,其种类则可完全自由。担保物权的种类划分与用益物权的种类划分具有“质”的不同:用益物权的不同种类对应于不同的用益物权内容,同时,不同的用益物权内容对应于不同的用益物权种类;但担保物权的不同种类,对应的担保物权内容都是同一的——都是对担保标的变价的有限、优先的受偿权。所以,担保物权的不同种类是对同一内容的担保物权的不同角度、不同法律模式观察的结果,这些关于担保物权的不同名称,对应的其实是相同的担保物权内容。质言之,对同一内容担保物权的不同称谓,无关事物本质,当事人可以依据自己对其法律关系模型的自主想象,任意决定。只要当事人合意设定了担保债权实现的对财产变价的有限、优先受偿权,就

属于该法调整的“担保物权”。

建议草拟条文：本法所称意定担保物权，是指为担保债权实现，当事人依合意创设的对担保财产变价在所担保债权价值数额内的优先受偿权，包括但不限于本法的抵押权、动产质权和权利质权。

当事人依合意创设的其他名称类型的担保物权，适用本法的有关规定。

2. 建立统一的动产担保物权登记制度

建立统一的动产担保物权登记制度，得到了学界广泛一致的支持。不动产统一登记制度的建立和顺利实施，为统一动产担保物权登记制度的确立了标杆，给予了鼓舞。我国分散的动产担保物权登记制度，阻碍了动产担保物权法的有效实施，严重影响了交易安全，大大落后于世界范围内的法制发展。动产担保物权的登记公示制度，明显不同于动产担保物权利归属的登记公示制度，两者完全可以并列并行——动产权属登记，为动产担保物权登记提供处分权基础；动产担保物权登记，独立于动产权属登记自成一体运行。动产担保物权的登记公示制度，是警示性登记公示，意在提醒交易第三人对公示有动产担保物权附着的动产担保物其他权利的交易倍加小心。所以，其与动产权属登记的最大不同在于公示所需要的基础信息的不同——动产权属登记是确权登记，需要详备的权属材料；动产担保物权登记是警示登记，限于提示交易相对人知悉动产之上附着有担保物权为足。

鉴于统一动产担保物权登记制度是一项系统独立的制度，建议对其另行单独立法。但作为担保物权法制的应有内容，可参考我国《物权法》第10条关于不动产统一登记的规定，在担保物权法中内置一条规范。

建议草拟条文：动产担保物权的登记公示，在国家设立的专门机构办理国家对动产担保物权实行统一登记公示制度，统一登记的范围、登记机构和登记办法等，由法律、行政法规规定。

3. 建立动产担保物权统一优先受偿次序规则

在多元化动产担保物权结构模式之下，统一的动产担保物权优先受偿次序规则的建立具有一定的结构难度。但也并非不可以实现，主要技术方案就是在“抵押权”一章予以整体化安排，后面的质权制度予以准用。我国现有的动产担保物权优先受偿次序规则的主要不足表现在以下方面：一是各说各事——优先次序规则分散在抵押权、动产质权和权利质权各个部分，立法没有将优先受偿次序规则集中规制于一般规定之中。二是遇事说事——“抵押权”章关于抵押权优先受偿次序的规则从我国《物权法》第 189 条开始至第 199 条结束，但期间置有许多与优先次序问题无关的规则，如该法第 192 条规定的是抵押权与其所担保的债权在转让上的从属性问题，第 193 条规定的是抵押权人的抵押财产价值保值请求权，第 194 条规定的是抵押权人放弃、变更抵押权及其顺位的权利及其限制，第 195 条是抵押权的协议实现，第 196 条规定的是浮动抵押财产的确定，第 197 条规定的是抵押权人的孳息收取权，第 198 条规定的是抵押财产变价的多退少补。上述第 192 条至第 198 条，都与担保物权的优先受偿次序无关。所以，理论上应当将第 189 条、第 190 条、第 191 条、第 199 条作集中规制。三是遗漏大事——我国现有担保物权立法规定了浮动抵押，以及在此基础上规定了“正常经营活动中”的买受人不受追及规则即第 189 条第 2 款——“流出去”的浮动抵押财产上的浮动抵押权与买受人的所有权之间的优先受偿次序规则，但没有同时规定“流进来”的浮动抵押权财产上的浮动抵押权与流进前设定的抵押权之间的优先受偿次序规则，因此形成制度漏洞。

关于担保物权的优先受偿次序规则，有以下几个方面的内容：一是一般规则，即权利在先原则——先登记的优先于后登记的，先设立的优先于后设立的，登记的优先于未登记的；二是例外规则，即“正常经营活动中”的买受人特别优先权规则，以及“购买价款”超级优先权规则；三是特别规则，即善意取得制度的适用等。此一方面可参考有关国家和地区的成熟规则。

建议草拟条文：同一不动产上数个担保物权之间，以及担保物权与所有权、益物权和租赁权之间，设定在先的权利优先于设定在后的权利，但善意受让人的权利受到保护。

同一动产上的数个担保物权之间的优先受偿次序，公示在先的担保物权优先于公示在后的担保物权，同时公示的按照债权比例清偿；已经公示的担保物权优先于未经公示的担保物权；均未办理公示的，按照设立的先后顺序对优先受偿次序排序，顺序相同的按照债权比例受偿。

浮动抵押权不得对抗正常经营活动中支付价款并取得浮动抵押财产的买受人；浮动抵押权也不得对抗以购买价款担保物权方式设定的抵押权。

4. 完善准用规范

准用规范的存在与动产担保物权的多元化立法模式密切关联。准用规范完善的问题，也只能在动产担保物权的多元化立法模式下，才具有讨论的意义。我国现有的担保物权制度关于准用规范的立法不足，主要表现为没有规定动产质权和权利质权可以准用抵押权。这一“残局”缘起立法者对动产抵押权的植入引起的法体系效应的认知缺失和回应不足。在我国现有法下，动产抵押权与动产质权和权利质权，已经无法区别或者区别不大，其间的准用，合情合理、更有必要。

我国担保物权法的编纂如果要延续多元化立法模式，就必须于动产质权和权利质权制度中设置可准用抵押权规定的规范。由此，在立法技术上，就可以集中强化、深入细化、全面完善抵押权制度，相比之下，弱化、“骸化”动产质权和权利质权制度——现有的“权利质权”一节仅规制可设质权之标的物范围和分散登记机构就是其例，但因未设准用规范，致使权利质权的许多方面无法可依。

建议草案，将我国《物权法》第220条修改为：出质人与质权人可以协议设立最高额质权。动产质权和最高额质权除适用本节有关规定外，参照本法

第十六章第一节、第二节的规定。

将我国《物权法》第229条修改为：权利质权除适用本节规定外，适用本法第十六章的规定，以及本章第一节动产质权的规定。

(二)微观方面编纂建议

1.关于担保物权概念

在动产担保物权多元化立法模式下，动产抵押权、动产质权和权利质权等概念之间的区分标准需要重新认识：在动产抵押权与动产质押之间，原有的担保物之不动产与动产不再担当分类标准，让渡给动产之上担保物权的公示方式标准——不移转得出担保物之占有，以登记方式公示的动产担保物权为动产抵押权；移转担保物之占有，即以占有公示方式公示的动产担保物权为动产质权。在动产抵押权与权利质权之间，“法律、行政法规不禁止抵押的财产”都可以抵押的规定，模糊了动产抵押权与权利质权之间的界线，在立法坚持动产担保物权多元化立法模式的条件下，权利质权制度的保留，使动产抵押权的“财产”范围圈限在除去权利质权之标的之剩余“财产”——基本上就是有形的“财产”。以此建立起以动产担保物的有形与无形为基础，以公示为标准的动产担保物权分类立法模式。

建议草案：本法所称动产抵押权，是指不移转动产占有，以登记方式公示的动产担保物权。本法所称动产质权，是指经交付移转动产之占有，以占有方式公示的动产担保物权(包括物权证券)。

本法所称权利质权，是指在无形财产上设定的以登记方式公示的动产担保物权。

2.关于担保物

现有立法有三项不足：一是在可担保财产立法政策上的不一致——为了发挥物尽其用、促进融资、发展经济的立法目的，担保物权法关于可担保财产，应统一选择“法不禁止即自由”的立法政策。现有立法在执行这一法政策上不统一,引发了法体系内部的不一致、矛盾、冲突。如关于抵押物,我国《物权法》在第 180 条第 7 项采取了"法律、行政法规未禁止抵押"可以抵押权的立法政策,但该法对于权利质押物却采取了不同政策,即该法第 223 条第 7 项规定了"法律、行政法规规定可以出质的其他财产权利"可以出质——实施了法不授权即无权的法律政策。二者应该采取一致的法律政策。二是在不可担保财产上的用词不一致——"抵押权"一章在第 184 条规定:"……(四)所有权、使用权不明或者有争议的财产;(五)依法被查封、扣押、监管的财产;(六)法律、行政法规规定不得抵押的其他财产。""动产质权"一节在第 209 条规定:法律、行政法规禁止转让的动产不得出质。"权利质权"一节在不可设定权利质权的标的物范围上没有禁止规定。三者应该采取相同的法律政策、适用相同的法律语言——"设权担保人不能处分的其他财产"。三是担保物的分类不科学、不全面。如我国《物权法》第 181 条规定了"设备",但设备却不属于该法第 189 条第 2 款规定的"正常经营活动中"的出售物。是否可以将该法第 181 条规定的"设备、原材料、半成品、产品"改成"库存品"。与此同时,增加"库存品、物权证券、债权证券、农产品、消费品、设备等"担保物类型,这些分类与动产担保物权的设立、公示、优先次序、实现等规则密切相关。

建议草案:在可担保财产的法律规范叙述中,统一适用"法律、行政法规不禁止担保(抵押、质押)的",可以于其上设定担保物权。在不可担保财产的法律规范叙述中,统一适用"担保人(抵押人、质押人、设质人)不能处分的其他财产"。增加"库存品、物权证券、债权证券、农产品、消费品、设备等"担保物类型。

3. 关于担保合同

作为一种法律制度,担保合同应当规定在民法典之合同编,但在法律技术上,并不是所有的合同类型都可以在合同编中称为"有名合同"。鉴于担保合同与所有权"买卖合同"的类似地位,可以在"买卖合同"制度中增加"担保合同”准用“买卖合同”的规范。

担保法中明文规定“担保合同”,有利于调整对应法律关系,起到法律规范的指导规范作用。在合同法中规定担保合同,也是贯彻我国《物权法》第15条“区分原则”的体现,毕竟我国《物权法》在各种物权变动中都贯彻了这一原则。但担保合同的成立与担保物权的设立有本质区别——担保合同可以在担保物可能的条件下成立,但担保物权的设立只能在担保物特定的条件下设立。与此同时,担保合同因动产担保物的多元化模式而被立法重复——因而重复规范之间的不一致、矛盾有可能产生。经研究表明,我国《物权法》中的抵押合同规范与动产质押合同规范之间存在重复,有必要在完善准用规范的基础上,只在“抵押权”一章中规设抵押合同——合并抵押合同与质押合同,适用更加抽象和上位的概念以涵盖两个合同的不同之处。

建议草案:抵押合同一般包括下列条款:

(1)被担保债权的种类和数额;

(2)债务人履行债务的期限;

(3)担保的范围;

(4)抵押财产的权属等状况以及公示方式和办理公示手续的时间。

4. 关于担保物权设立

与担保合同不同的是,担保物权的设立须有特定的担保物条件满足要求。没有特定物,势必不会有担保物权的设立,此属于客观不能。特定物,即时间上的现在物而非未来物,空间上的个别物而非种类物。就非特定物而言,未来物上不成立担保物权,种类物上可成立但不能实现担保物权。对此,我国《物权法》的现有立法有不足之处。需要在此次民法典分则的编纂中予以修正。

就“未来物”上的担保物权设立而言,我国《物权法》第187条、第188条的规定是有误的,即“正在建造的建筑物、船舶、航空器”上的抵押权,都是

"未来物"上的抵押权,从"未来物"的延续状态分析,抵押合同签订时,"正在建造的建筑物、船舶、航空器"等本身可能就不存在,所以于其上设立抵押权属于客观不能。因此,该法第187条和第188条都是有误的。

就"种类物"上的担保物权设立,"种类物"有两种情况:一种是集合物,另一种是浮动物。集合物上的担保物权实质是特定物上的担保物权,出于对担保物权设立集约效益的谋求,将数个特定物的担保物权合并在一个担保物权设立行为中集约处理;但"浮动物"与"集合物"显有不同——浮动物兼有"集合物"和"未来物"的双重属性。作为"集合物",以一个设立行为进行集约规制;作为"未来物",在设立之时,当不会有抵押权的设立,亦属于客观不能。对于浮动物上的抵押权,只要在实现抵押权时,浮动财产可得确定即可,所以我国《物权法》第196条有浮动抵押财产在何种情况下得以"结晶"的规定。

建议草案,修正我国《物权法》第187条为:以本法第180条第5项规定的正在建造的建筑物抵押的,应当办理抵押登记。抵押权的优先受偿顺序依抵押合同登记时间排序,抵押权自正在建造的建筑物建成时自动设立。

修正我国《物权法》第188条为:以本法第180条第1款第5项规定的正在建造的船舶、航空器抵押的,抵押权的优先受偿次序依抵押合同登记的时间排序,抵押权于正在建造的船舶、航空器建成时自动设立;未经登记,不得对抗善意第三人。

5. 关于担保物权公示

担保物权的公示,是与担保物权的设立以及担保合同完全不同的法律制度。依此,立法虽可以采行公示生效主义,但从法学原理来看,立法应当采行公示对抗主义。我国《物权法》对于动产抵押权采行公示对抗主义;但对于动产质权和权利质权,则采行公示生效主义。同一立法中前后不一致,又没有有力的立法理由予以支撑,确有不妥。此一立法不足应该在此次民法典分则的编纂中予以修正——各种动产担保物权统一采行公示对抗主义。

建议草案，修改我国《物权法》第 212 条为：动产质权自当事人达成质押合意时设立，未移转动产占有的，不能对抗善意第三人。

修改我国《物权法》权利质权有关规范为：权利质权自当事人达成权利质权合意时设立，当事人未交付有关权利凭证或者未办理登记公示手续的，权利质权不能对抗善意第三人。

6. 关于担保物权效力

担保物权作为物权之一种，当有客体上的特定性、实现上的支配性和效力上的排他性。此处所谓担保物权的效力，限指担保物权效力上的排他性。

特别需要强调的是，在采行公示对抗主义的法制下，未经公示的担保物权也是担保物权，也具有物权的对抗效力，司法解释上仅限于不能对抗善意的交易第三人，其当得对抗除此之外的其他人。如担保物权人得以对抗担保人和侵权人。在未经公示的担保物权以及已经公示的担保物权的效力规制方面，我国现有担保物权法存在一些不足，应借此民法典分则编纂之际，予以修正。

建议草案：动产抵押权，有“未经登记”的抵押权和“已经登记”的抵押权。两种抵押都有物权效力。鉴于此，建议修改我国《物权法》第 199 条第 3 项为，抵押权未登记的，按照设立的先后顺序清偿，顺序相同的，按照债权比例清偿。修改该法第 193 条为，抵押人或者其他人的行为足以使抵押财产价值减少的，抵押权人有权要求其停止其行为。抵押财产价值减少的，抵押权人有权要求其恢复抵押财产的价值、赔偿损失，或者提供与减少的价值相应的担保。抵押人不恢复抵押财产的价值也不提供担保的，抵押权人有权要求债务人提前清偿债务。修改该法第 191 条为，抵押期间，抵押人经抵押权人同意转让抵押财产的，应当将转让所得的价款向抵押权人提前清偿债务或者提存。转让的价款超过债权数额的部分归抵押人所有，不足部分由债务人清偿。抵押期间,抵押人未经抵押权人同意转让抵押财产的,恶意受让人不得对抗抵押权人。在该法第195条后增设一条:抵押人没有正当理由不履行与抵押权实现有关的义务造成抵押权人损失的,应当赔偿抵押权人的相关损失。

7. 关于担保物权次序

我国《物权法》担保物权编对担保物权优先受偿次序的规定,缺陷表现在"不集中、不全面、不科学"。所谓"不集中",就是在该法第189条第2款到第199条之间,夹杂了许多不是优先次序规则的规范、条款;所谓"不全面",主要是没有明文规定"购买价款超级优先权";所谓"不科学",主要是在优先次序规则的设计上,没有体现出"未经公示担保物权"也是物权,也具有物权的效力,得对抗设押人和恶意第三人。

建议草案,将我国《物权法》第191条至第198条按照条款的属性,分置于相应的位置,该法第191条是一条关于抵押期间抵押人对抵押物的处分权和抵押权人对抵押物的追及权的关系的条款。按其条文属性,应条款应该置于担保物权法的担保物权效力规范体系中。该法第192条是一条关于基于抵押权的从属性而产生的抵押权的变动的条款,涉及抵押权随担保债权的转让而转让,以及抵押权不随同担保债权转让而消灭的问题。按其条文属性,该条款应该置于担保物权法的担保物权消灭规范体系中。该法第193条是一条关于抵押权的排他效力的条款。按其条文属性,该条款应置于担保物权法的担保物权效力规范体系中。第194条是一条关于抵押权人处分其抵押权而产生的条款,实质是抵押权的效力问题。可以将其置于担保物权法的担保物权效力规范体系。该法第195条是一条关于抵押权实现的条款,当置于担保物权法的担保物权实现规范体系。该法第196条是一条关于浮动抵押财产的"结晶"的条款,按其条文属性,应置紧随于第191条后。该法第197条是一条关于抵押权的实现的条款,应置紧随于195条之后。该法第198条是一条关于抵押权的实现的条款,应置紧随于197条之后。

增设"购买价款担保物权"超级优先受偿权制度。在现有的担保物权法体系不变的情况下,如何设置“购买价款担保物权”值得思考。“购买价款担保物权”超级优先权制度源于所有权保留制度中,在所有权保留担保物权制度,所有权保留人享有在债务人实施破产制度下的取回权,也就是享有优先于其他任何担保物权人的超级优先权。但在现有担保物权法律制度不变的情况下,所有权保留制度没有以原貌植入现有担保物权法律制度的接纳环境。笔者认为,在现有的法律制度模式下,应首创“购买价款抵押权”概念及其相应的“超级优先受偿权制度”,即对于保留所有权制度进行抵押权制度改造,将其转化为抵押权制度,将债务人没有支付价款而购进的购买物所有权反向抵押给出售人,或者将从金融机构获得的贷款购进的购买物所有权抵押给该出贷金融机构。对此抵押权,法律政策应该使其在经公示后享有优先于任何在该物上公示在先的担保物权,包括出售人的购买价款抵押权和融资机构的购买价款抵押权。

建议草案:所谓“购买价款抵押权”,是指债务人将没有支付价款而从出售人处获得的买受物所有权抵押给出售人,或者使用从金融机构获得的贷款购进的买受物所有权抵押给贷款金融机构,该抵押权在经公示后,享有优先于任何在该物上公示在先的担保物权。依据我国《物权法》第 181 条抵押的,不得对抗抵押人设立的“购买价款抵押权”。该法第 181 条适用了“设备、原材料、半成品、产品”的担保物分类,但出售“设备”通常不能算是该法第 189 条第 2 款所言“正常经营活动中”的经营行为,因而不能适用买受人不受追及规则。

修改的技术方式有两种,一是删除该法第 181 条中的“设备”一词,二是将该法第 181 条中的“设备、原材料、半成品、产品”改成“库存品”。

8. 关于担保物权实现

从我国《担保法》到《物权法》担保物权编,立法对担保物权的实现规则已经进步了很多,从《担保法》“协议不成,向人民法院起诉”的规定,到《物权法》担保物权编“抵押权人与抵押人未就抵押权实现方式达成协议的,抵押权人可以请求人民法院拍卖、变卖抵押财产”的规定,但即使如此,我国现有立法对担保物权的实现规则,仍没有体现出担保物权的物权属性——担保物权实现的直接支配性。在“协议不成,可以请求人民法院拍卖、变卖抵押财产”之前,仍给予担保物权直接支配的空间——“协议不成,在不至于破坏社会和平的前提下,抵押权人可以自主实现抵押权”;如果自主实现抵押权的努力足矣或者已经破坏了社会和平,为不再使争执扩大、升级,抵押权人才有义务和权利“可以请求人民法院拍卖、变卖抵押物”。

建议草案,完善我国《物权法》第 195 条的规定:债务人不履行到期债务或者发生当事人约定的实现抵押权的情形,抵押权人可以与抵押人协议以抵押财产折价或者以拍卖、变卖该抵押财产所得的价款优先受偿。协议损害其他债权人利益的,其他债权人可以在知道或者应当知道撤销事由之日起一年内请求人民法院撤销该协议。

抵押权人与抵押人未就抵押权实现方式达成协议的,抵押权人可以在不破坏社会和平的前提下,自行实现抵押权;抵押人阻止抵押权自行实现抵押权的行为足以或者已经破坏社会和平的,抵押权人应当请求人民法院拍卖、变卖抵押财产。

抵押财产折价或者变卖的,应当参照市场价格。

9. 关于担保物权消灭

我国《物权法》第 177 条规定了担保物权消灭的情形:(1)主债权消灭;(2)担保物权实现;(3)债权人放弃担保物权;(4)法律规定担保物权消灭的其他情形。其中第(四)项关于“其他情形”,在我国现有的担保法中究指那些?值得研究。笔者认为,其一,我国《物权法》第 192 条规定的法律另有规定或者当事人另有约定受担保债权与担保物权不一并转让的,如果当事人也没有关于担保物权继续存续的其他约定,担保物权因没有可以担保的债权而消灭。其二,该法于第 202 条规定:“抵押权人应当在主债权诉讼时效期间行使抵押权;未行使的,人民法院不予保护。”但这一问题在“动产质权”一节和“权利质权”一节,同样需要作出统一规定,但该法并没有相应的规定。这一缺陷需要完善。其三,在现有立法关于“动产质权”和“权利质权”采行公示生效主义不变的情况下,未来我国担保物权法是否在“动产质权”一节中规定“质物丧失占有,质权消灭”。以及,在“权利质权”一节规定“权利质权登记涂销的,权利质权消灭”。当然,如果我国未来担保物权立法统一采行公示对抗主义,则质物之丧失占有和权利质权登记涂销等,当不会引起动产质权和权利质权的消灭。

建议草案:关于担保物权的从属性,担保物权与其所担保的债权之间的关系,是主权利与从权利的关系。此所谓“主从关系”,是以受担保债权与担保物权之间的目的和手段关系而言的,又是以受担保债权和担保物权的相互独立性为立论前提的。从担保物权与其所担保的债权关系来说,如果债权消灭,担保物权没有依附的目的所在,担保物权可以消灭。我国《物权法》第177条第(1)项对此有明文规定。但债权依法律行为转移,当事人没有明示担保债权的担保物权也随同转移的,担保物权的命运如何?该法第192条规定:“……债权转让的,担保债权的抵押权一并转让,但法律另有规定或者当事人另有约定的除外。”这种意思表示推定式的法律规定,笔者认为是错误的。

为此,应该修改我国《物权法》第192条为:抵押权不得与债权分离而单独转让或者作为其他债权的担保。债权转让的,担保该债权的抵押权是否一并转让,由当事人约定。

关于动产质权和权利质权未在主债权诉讼时效期间行使时的命运:我国《物权法》规定了抵押权未在主债权诉讼时效期间行使的,人民法院不予保护。又因“动产质权”一节和“权利质权”一节没有规定准用抵押权的规范,动产质权和权利质权未在主债权诉讼时效期间行使的法律后果又是如何?笔者认为,或者在一般规定中作一体规定,或在“动产质权”一节和“权利质权”一节中增加准用规范抵押权的规定。

在延续多元化动产担保物权结构体系的情况下,我国未来担保物权法应该对质物丧失占有质权消灭,以及权利质权涂销登记权利消灭,分别作出规定。若我国未来动产担保物权改采行一体的担保物权公示对抗主义,则质权人对质物占有的丧失和权利质权登记的涂销,则均不会引起其消灭。

基于上述主张,笔者提出担保物权法立法草案如表 6 - 1 至表 6 - 11 所示。

民法分则法工委草案与本人草案对比

表 6 - 1　总体章节

总体章节	增减	物权法	法工委草案	个人草案	增减
一般规定	0	8 条	8 条	21 条	13↑
一般抵押权	3↑	23 条	26 条(增加第 195 条、第 206 条、第 207 条)	19 条	7↓
最高额抵押权	0	5 条	5 条	5 条	0
动产质权	0	15 条	15 条	9 条	6↓
权利质权	0	7 条	7 条	5 条	2↓
共计	3↑	58 条	61 条	59	2↓

表 6 - 2　一般规定

一般规定	法工委草案	个人草案
定义	第 177 条	第 177 条
基础	第 178 条	第 177 条、第 178 条、第 179 条、第 180 条、第 192 条、第 193 条、第 194 条(法定、公示等)
担保物	(一般抵押权中)	(一般抵押权中)
产生	—	第 181 条(涉及法定产生)
合同	(一般抵押权、动产质权中)	第 182 条
效力	第 179 条、第 180 条、第 181 条、第 182 条、183 条	第 183 条、第 184 条、第 185 条、第 186 条、第 187 条、第 188 条、第 189 条、第 190 条、第 191 条、第 192 条
公示	—(一般抵押权)	第 193 条、第 194 条
次序	(一般抵押权中)	(一般抵押权中)
实现	(一般抵押权)	第 195 条
消灭	第 184 条	第 196 条、第 197 条

表 6-3　一般抵押权

一般抵押权	法工委草案	个人草案
定义	第 185 条	第 198 条
范围	第 186 条、第 187 条、第 188 条、第 189 条、第 190 条、第 192 条、第 202 条	第 199 条、第 200 条、第 201 条、第 202 条、第 203 条
合同	第 191 条	(一般规定中)
设定	第 193 条、第 194 条	第 204 条、第 205 条
公示	—	(一般规定中)
效力	第 198 条、第 199 条、第 200 条、第 203 条、第 204 条、第 208 条、第 209 条	第 206 条、第 207 条(其余提取到一般规定中)
次序	第 195 条、第 196 条、第 197 条、第 205 条、第 206 条、第 207 条	第 208 条、第 209 条、第 210 条、第 211 条、第 212 条、第 213 条、第 214 条
实现	第 201 条	第 215 条、第 216 条
消灭	第 210 条	(一般规定中)第 197 条

表 6-4　最高额抵押权

最高额抵押权	法工委草案	个人草案
定义	第 211 条	第 217 条
范围	—	(一般规定中)
合同	—	(一般规定中)
设立	—	(一般规定中)
公示	—	(一般规定中)
效力	第 212 条、第 213 条	第 218 条、第 219 条、第 220 条
次序	—	(一般规定中)
实现	第 214 条	(一般规定中)
消灭	—	(一般规定中)
准用	第 215 条	第 221 条

表 6－5　动产质权

动产质权	法工委草案	个人草案
定义	第 216 条	第 222 条
范围	第 217 条	(一般抵押权中)
合同	第 218 条、	(一般规定中)
设立	第 220 条、第 230 条	第 223 条
公示	—	(一般规定中)
效力	第 219 条、第 221 条、第 222 条、第 223 条、第 224 条、第 225 条、第 226 条、第 229 条	第 224 条、第 225 条、第 226 条、第 227 条、第 228 条、第 229 条
次序	—	(一般抵押权中)
实现	第 227 条、第 228 条	(一般抵押权中)
消灭	—	(一般规定中)
准用	—	第 230 条

表 6－6　权利质权

权利质权	法工委草案	个人草案
定义	—	第 231 条
范围	第 231 条	第 232 条
合同	—	(一般规定中)
设定	第 232 条、第 234 条第 1 款、第 235 条第 1 款、第 236 条第 1 款	第 233 条
公示	—	(一般规定、一般抵押权中)
效力	第 233 条、第 234 条第 2 款、第 235 条第 2 款、第 236 条第 2 款	第 234 条
次序	—	(一般抵押权中)
实现	—	(一般抵押权中)
消灭	—	(一般规定中)
准用	第 237 条	第 235 条

表 6－7 第十六章 一般规定

项目	条数	法条
概念	第 177 条(基础规范)	【担保物权的概念】本法所称担保物权,是指受担保债权人在受担保债权数额限度内,对担保财产的直接支配权以及对担保财产变价的优先受偿权
原则	第 178 条(基础规范)	【担保物权内容法定、种类自由原则】担保物权的内容,由法律规定;担保物权种类的名称,当事人可自由约定
认定	第 179 条(基础规范)	【探究真实意图】判断当事人是否以合意设立了担保物权,不应拘泥于当事人使用的文字,而应探究当事人的真实意图
债务	第 180 条(提取公因式)	【担保物权的适用范围】担保物权可以为一项或多项债务、现有或未来债务、确定或可确定债务、有条件或无条件债务、固定或浮动债务,提供担保
担保物	—	(集中于"一般抵押权"节)担保物有不动产和动产之别,这一区别仅在抵押权一章有规范内容。所以,将其置于抵押权一章
发生	第 181 条(基础规范)	【约定与法定产生】担保物权可依当事人的约定设立或依法律规定产生
合同	第 182 条(提取公因式)	【担保合同】为设立担保物权,当事人应当以书面形式订立担保合同。担保合同一般包括下列条款: (一)被担保债权的种类和数额; (二)债务人履行债务的期限; (三)以可以合理识别的方式描述的设保资产; (四)担保物权的公示方式和办理公示的时间
效力	第 183 条(提取公因式)	【流担保禁止】担保物权人在债务履行期届满前,不得与担保人约定债务人不履行到期债务时担保财产归债权人所有(可以另有允许流担保的预案)

续表

项目	条数	法条
效力	第 184 条(提取公因式)	【担保物权的从属性】担保物权是受担保债权的从权利。担保物权不得与受担保债权分离而单独转让或者作为其他债权的担保。受担保债权转让的,担保该债权的担保物权一并转让,但法律另有规定或者当事人另有约定的除外
	第 185 条(提取公因式)	【受担保债权无效的情形】受担保债权无效而担保物权有效的,受担保债权人不得主张该担保物权
	第 186 条(提取公因式)	【担保物权的担保范围】担保物权的担保范围包括主债权及其利息、违约金、损害赔偿金、保管担保财产和实现担保物权的费用。但法律另有规定或当事人另有约定的除外
	第 187 条(提取公因式)	【担保物权物上的代位】设保资产上的担保物权延及至其可识别收益;混合在混合物中的有形资产上的担保权延及至该混合物。转变为制成物的有形资产上的担保权延及至该制成物。但担保物权的行使不得超过原有担保物的价值。 担保期间,担保财产,毁损、灭失或者被征收等,担保物权人可以就获得的保险金、赔偿金或者补偿金等优先受偿;被担保债权的履行期未届满的,也可以提存该保险金、赔偿金或者补偿金等

续表

项目	条数	法条
效力	第 188 条(提取公因式)	【共同担保】为担保同一债权的实现,在数个财产上设立担保物权的,若当事人未限定各个担保财产所担保的债权数额,则担保物权人得就各担保财产卖得价金清偿全部或部分债权;若担保物中有属于债务人的,则担保物权人应先就该担保物卖得价金受偿
	第 189 条(提取公因式)	【担保物权和担保顺位的放弃与变更】担保物权人可以放弃担保物权或者担保物权的顺位。担保物权人与担保人可以协议变更担保物权顺位以及被担保的债权数额等内容,但担保物权的变更,未经其他担保物权人书面同意,不得对其他担保物权人产生不利影响。 债务人以自己的财产设定担保,担保物权人放弃该担保物权、担保物权顺位或者变更担保物权的,其他担保人在担保物权人丧失优先受偿权益的范围内免除担保责任,但其他担保人承诺仍然提供担保的除外
	第 190 条(提取公因式)	【担保财产转让、出租限制】担保期间,担保人可以转让或出租担保财产。担保财产转让或出租的,担保权不受影响。法律另有规定或当事人另有约定的除外
	第 191 条(提取公因式)	【未经担保人同意债务转移后果】第三人提供担保,未经其书面同意,债权人允许债务人转移全部或者部分债务的,担保人不再承担相应的担保责任
	第 192 条(基础规范)	【物保与人保的关系】被担保的债权既有物的担保又有人的担保的,债务人不履行到期债务或者发生当事人约定的实现担保物权的情形,债权人应当按照约定实现债权;没有约定或者约定不明确,债务人自己提供物的担保的,债权人应当先就该物的担保实现债权;第三人提供物的担保的,债权人可以就物的担保实现债权,也可以要求保证人承担保证责任。提供担保的第三人承担担保责任后,有权向债务人追偿

续表

项目	条数	法条
公示	第 193 条(基础规范)	【担保物权公示方式】各类财产上的担保物权,均可以登记方式公示;动产上的担保物权可以占有方式公示;无凭证非中介证券、银行账户贷记款受付权上的担保物权可以控制方式公示
	第 194 条(基础规范)	【统一动产担保物权登记制度】动产担保物权实行统一登记制度。动产担保物权统一登记的范围、登记机构和登记办法,由法律、行政法规规定
次序	—	(集中在"一般抵押权"节)次序规则与担保物类型之不动产担保物和动产担保物有关,置于抵押权一章
实现	第 195 条(提取公因式)	【担保物权实现条件】在债务人不履行到期债务或者发生当事人约定的实现担保物权的情形,担保物权人可以实现担保物权
消灭	第 196 条(提取公因式)	【担保物权消灭原因】除当事人另有约定外,有下列情形之一的,担保物权消灭: (一)主债权消灭; (二)担保物权实现; (三)债权人放弃担保物权; (四)法律规定担保物权消灭的其他情形
	第 197 条(提取公因式)	【诉讼时效】担保物权人应当在主债权诉讼时效期间行使担保物权;未行使的,人民法院不予保护。

表 6-8　第十七章　抵押权　第一节　一般抵押权

项目	条数	法条
概念	第 198 条	【一般抵押权概念】为担保债务的履行,债务人或者第三人不转移财产的占有,以登记方式公示抵押给债权人的,债务人不履行到期债务或者发生当事人约定的实现抵押权的情形,债权人有权就该财产优先受偿。 前款规定的债务人或者第三人为抵押人,债权人为抵押权人,提供担保的财产为抵押财产

续表

项目	条数	法条
范围	第 199 条	【不得抵押财产】下列财产不得抵押： (一)所有权、使用权不明或者有争议的财产； (二)依法被查封、扣押、监管的财产； (三)法律、行政法规禁止转让的财产； (四)法律、行政法规规定不得抵押的其他财产
	第 200 条	【浮动抵押】企业、个体工商户、农业生产经营者可以将正常经营过程中现有的以及将有的有形资产以及原材料和半成品(库存)抵押
	第 201 条	【浮动抵押财产的确定】依照本法第 200 条规定设定抵押的，抵押财产自下列情形之一发生时确定： (一)债务履行期届满，债权未实现； (二)抵押人被宣告破产或者被撤销； (三)当事人约定的实现抵押权的情形； (四)严重影响债权实现的其他情形
	第 202 条	【一并抵押】以建筑物抵押的，该建筑物占用范围内的建设用地使用权一并抵押。以建设用地使用权抵押的，该土地上的现有的以及将有的建筑物一并抵押。 抵押人未依照前款规定一并抵押的，未抵押的财产视为一并抵押
	第 203 条	【不改变土地所有权性质和用途】以土地承包权、土地经营权抵押的，或者以乡镇、村企业的厂房等建筑物占用范围内的建设用地使用权一并抵押的，实现抵押权后，未经法定程序，不得改变土土地用途
合同设立	—	(集中在“一般规定”章)
	第 204 条	【不动产抵押权权设立】以现有不动产抵押的，应当办理抵押登记。抵押权自登记时设立。 在将有的不动产上设立抵押权的，不动产抵押权自办理登记后且该将有不动产成为特定不动产时设立
	第 205 条	【动产抵押权设立】以现有动产抵押的，抵押权自抵押合同生效时设立；未经登记，不得对抗善意第三人。 在将有的动产上设立抵押权的，动产抵押权自该将有动产成为特定动产时设立，不经登记不得对抗善意第三人

续表

项目	条数	法条
公示	—	集中在“一般规定”中
效力	第 206 条	【一并抵押物价款扣除】依第 202 条一并抵押的建设用地使用权或建筑物不属于抵押财产。实现抵押权时，应当将一并抵押的建设用地使用权或建筑物一并处分，但处分一并抵押的建设用地使用权或建筑物的价款，抵押权人无权优先受偿
	第 207 条	【抵押人的抵押财产价值保持义务】抵押人的行为足以使抵押财产价值减少的，抵押权人有权要求抵押人停止其行为。抵押财产价值减少的，抵押权人有权要求恢复抵押财产的价值，或者提供与减少的价值相应的担保。抵押人不恢复抵押财产的价值也不提供担保的，抵押权人有权要求债务人提前清偿债务
次序	第 208 条	【抵押权优先受偿顺位】同一财产向两个以上债权人抵押的，拍卖、变卖抵押财产所得的价款按照下列规则清偿： （一）不动产抵押权，按照登记的时间先后确定清偿顺序； （二）动产抵押权均已经登记的，按照登记的先后确定清偿顺序； （三）动产抵押权已经登记的，先于抵押权未经登记的清偿； （四）动产抵押权均未经登记的，按照设立的时间先后确定清偿顺序
	第 209 条	【抵押权与质权的顺位规则】同一财产既设立抵押权又设立质权的，拍卖、变卖该财产所得的价款按照担保物权公示的时间先后确定清偿顺序；担保物权已经公示的优先于担保物权未经公示的清偿；担保物权均未经公示的，按照设立的时间先后确定清偿顺序
	第 210 条（以下多为动产）	【“购买价款担保物权”及其超级优先受偿权】动产抵押担保的主债权是抵押物的购买价款，标的物交付后 10 日内办理抵押登记的，该抵押权优先于其他担保物权受偿，但留置权除外
	第 211 条	【“正常经营活动中”的买受人不受追及】以动产抵押的，该动产抵押权不得对抗正常经营活动中已支付合理价款并取得抵押财产的买受人

续表

项目	条数	法条
次序	第 212 条	【购置款抵押权追及收益】购置款抵押权及于正常经营活动中转让该抵押物所产生的应收账款
	第 213 条	【控制公示担保物权的优先受偿顺位】以控制方式公示的担保物权,优先于以登记方式公示的担保物权;同一财产上该财产的支付人以控制方式公示的担保物权,优先于其他人以控制方式公示的担保物权
	第 214 条	【先租后抵】抵押权设立前抵押财产已出租并转移占有的,原租赁关系不受该抵押权的影响
实现	第 215 条	【抵押权的实现】债务人不履行到期债务或者发生当事人约定的实现抵押权的情形,抵押权人可以与抵押人协议以抵押财产折价或者以拍卖、变卖该抵押财产所得的价款优先受偿。协议损害债务人或其他债权人利益的,债务人或其他债权人可以请求人民法院撤销该协议。 抵押权人与抵押人未就抵押权实现达成协议的,抵押权人在不破坏社会治安的前提下,可以自行实现抵押权;抵押权人实现抵押权的行为足以破坏社会治安的,应当停止自行实现担保物权行为,并得请求人民法院拍卖、变卖抵押财产以实现担保物权。 抵押财产拍卖、折价或者变卖的,应当以商业上合理的方式并参照市场价格
	第 216 条	【孳息收取权】债务人不履行到期债务或者发生当事人约定的实现抵押权的情形,致使抵押财产被人民法院依法扣押的,自扣押之日起抵押权人有权收取该抵押财产的天然孳息或者法定孳息,但抵押权人未通知应当清偿法定孳息的义务人的除外。 前款规定的孳息应当先充抵收取孳息的费用
消灭		(集中在"一般规定"章)

表 6-9　第十七章　抵押权　第二节　最高额抵押权

项目	条数	法条
概念	第 217 条	【最高额抵押概念】为担保债务的履行,债务人或者第三人对一定期间内将要连续发生的债权提供担保财产的,债务人不履行到期债务或者发生当事人约定的实现抵押权的情形,抵押权人有权在最高债权额限度内就该担保财产优先受偿。 最高额抵押权设立前已经存在的债权,经当事人同意,可以转入最高额抵押担保的债权范围
范围	—	集中在"一般规定"章
合同	—	集中在"一般规定"章
设立	—	集中在"一般规定"章
效力	第 218 条	【最高额抵押所担保的主债权以及最高额抵押权转让】最高额抵押担保的债权确定前,部分债权转让的,最高额抵押权不得转让,但当事人另有约定的除外
	第 219 条	【债权协议变更】最高额抵押担保的债权确定前,抵押权人与抵押人可以通过协议变更债权确定的期间、债权范围以及最高债权额,但变更的内容不得对其他抵押权人产生不利影响
	第 220 条	【最高额抵押债权确定】有下列情形之一的,抵押权人的债权确定: (一)约定的债权确定期间届满; (二)没有约定债权确定期间或者约定不明确,抵押权人或者抵押人自最高额抵押权设立之日起满二年后请求确定债权; (三)新的债权不可能发生; (四)抵押权人知道或者应当知道抵押财产被查封、扣押; (五)债务人、抵押人被宣告破产或者被撤销; (六)法律规定债权确定的其他情形
公示	—	集中在"一般规定"章
次序	—	集中在"一般规定"章
实现	—	集中在"一般规定"章
消灭	—	集中在"一般规定"章
准用规范	第 221 条	【最高额抵押的准用规范】最高额抵押权除适用本节规定外,适用本章第一节"一般抵押权"的规定

表6-10 第十八章 质权 第一节 动产质权

项目	条数	法条
概念	第222条	【动产质权概念】为担保债务的履行,债务人或者第三人将其动产以移转占有公示方式出质给债权人的,债务人不履行到期债务或者发生当事人约定的实现质权的情形,债权人有权就该动产优先受偿。 前款规定的债务人或者第三人为出质人,债权人为质权人,交付的动产为质押财产
范围	—	集中在“一般抵押权”节
合同	—	集中在“一般规定”章
设立	第223条	【动产质权设立】质权自出质合同生效时设立;出质物未经移转占有的,质权不得对抗第三人
效力	第224条(以下因移转占有而生)	【孳息收取权】质权人有权收取质押财产的孳息,但合同另有约定的除外。 前款规定的孳息应当先充抵收取孳息的费用
	第225条	【质物使用、处分限制】质权人在质权存续期间,未经出质人同意,擅自使用、处分质押财产的,应当返还不当得利;擅自使用、处分质押财产给出质人造成损害的,应当承担损害赔偿责任
	第226条	【妥善管理义务】质权人负有妥善保管质押财产的义务;因保管不善致使质押财产毁损、灭失的,应当承担赔偿责任。 质权人的行为可能使质押财产毁损、灭失的,出质人可以要求质权人将质押财产提存,或者要求提前清偿债务并返还质押财产
	第227条	【质物保全】因不能归责于质权人的事由可能使质押财产毁损或者价值明显减少,足以危害质权人权利的,质权人有权要求出质人提供相应的担保;出质人不提供的,质权人可以拍卖、变卖质押财产,并与出质人通过协议将拍卖、变卖所得的价款提前清偿债务或者提存
	第228条	【责任转质】质权人在质权存续期间,未经出质人同意转质,造成质押财产毁损、灭失的,应当向出质人承担赔偿责任

续表

项目	条数	法条
效力	第 229 条	【及时行使动产质权请求权及怠于行使动产质权的责任】出质人可以请求质权人在债务履行期届满后及时行使质权;质权人不行使的,出质人可以请求人民法院拍卖、变卖质押财产。 出质人请求质权人及时行使质权,因质权人怠于行使权利造成损害的,由质权人承担赔偿责任
公示	—	集中在“一般规定”章
次序	—	集中在“一般抵押权”节
实现	—	集中在“一般抵押权”节
消灭	—	集中在“一般规定”章
准用规范	第 230 条	【动产质权的准用规范】动产质权除适用本节有关规定外,参照本编第十七章“抵押权”的规定

表 6-11　第十八章　质权　第二节　权利质权

项目	条数	法条
概念	第 231 条	【权利质权定义】为担保债务的履行,债务人或者第三人将其权利以登记、占有或控制公示方式出质给债权人的,债务人不履行到期债务或者发生当事人约定的实现质权的情形,债权人有权就该权利优先受偿。 前款规定的债务人或者第三人为出质人,债权人为质权人,出质的权利为质押财产
范围	第 232 条	【可以出质的权利】债务人或者第三人有权处分的下列权利可以出质: (一)汇票、支票、本票; (二)债券、存款单、银行账户贷记款受付权; (三)仓单、提单; (四)无凭证非中介证券、可以转让的基金份额、股权; (五)可以转让的注册商标专用权、专利权、著作权等知识产权中的财产权; (六)应收账款; (七)法律、行政法规未禁止出质的其他财产权利
合同	—	集中在“一般规定”章

续表

项目	条数	法条
设立	第233条	【权利质权设立】以第234条规定的权利出质的，权利质权自出质合同成立时生效；未经公示，不得对抗第三人
效力	第234条	【质权人行使权利的特别规定】汇票、支票、本票、债券、存款单、仓单、提单的兑现日期或者提货日期先于主债权到期的，质权人可以兑现或者提货，并与出质人协议将兑现的价款或者提取的货物提前清偿债务或者提存
公示	—	集中在“一般规定”章和“一般抵押权”节
次序	—	集中在“一般抵押权”节
实现	—	集中在“一般抵押权”节
消灭	—	集中在“一般规定”章
准用规范	第235条	【权利质权的准用规范】权利质权除适用本节规定外，适用本编第十七章“抵押权”的规定

四、对立法建议草案的简短说明

此一担保物权立法建议草案，在现有担保物权立法模式不予改变的框架前提之下，着力于克服现有担保物权立法的结构缺陷。主要举措有以下几个方面。

一是强化“一般规定”。通过完善“基础规范”，弥补整体性制度的缺失。与我国《担保法》《物权法》担保物权编相比，该建议草案增加了一些性质上属于基础规范的条文，如“担保物权的概念”“担保物权内容法定、种类自由”“探究真实意图”“担保物权产生方式”“担保物权公示方式”“担保物权统一登记”等。通过尽可能地合并同类项、提取公因式，避免规范重复，以及避免重复规范的不一致、矛盾、漏洞等。该建议草案将分制与抵押权、质权中的同类规范予以合并后提取到了一般规定之中，如担保物权可担保的债务、担保合同、担保物权的从属性、担保物权担保债权的范围、担保财产转让与出租的限制、担保物权实现的条件、担保物权与担保债权的诉讼时效等。如此一来，相较我国《担保法》《物权法》的"一般规定"只有几条，该建议草案的一般规定就增加到了21条。

二是完善"抵押权法规范"。抵押权是担保物权制度之王，应予以完善。完善的抵押权制度以备动产质权和权利质权准用，也为后者的规范简化提供条件。在该建议草案中，"抵押权法"章节虽经合并同类型、提取公因式而导致规范减少，但还是留足了19条规范。这19条规范，内容几乎涉及了担保物权逻辑展开中9个规范群的各个方面，只有抵押权的公示方式、消灭原因因合并同类项和提取公因式而空置，其他方面如概念、担保物、担保合同、担保物权设立、优先次序、实现等，都有与"一般规定"章节的规范相衔接的规范内容。抵押权规范群的基本健全，为动产质权和权利质权的规范准用，提供了较完整的可准用规范。同时，也是法典法逻辑性、体系性的表现。

三是突出"个性表达"。动产抵押权与动产质权的区别在于担保物移转占有与否，动产质权与权利质权的区别在于担保物的类型有别。它们的规范表达应以此为基础并加以区别。例如，与在一般规定与动产抵押权规范基本建立、健全，以及可以被动产质权准用的前提下，动产质权体系结构上的保留须以相当数量的规范装饰。这些规范一定是一般规定和"抵押权"章节中没有的规范。作为抵押权与动产质权相区别的是否移转担保物的占有，以及与占有质物密切相关的规范如在动产质权则有动产质权的概念、动产质权的设质权人对质物的孳息收取权、对质权人使用处分质物的限制、质权人对质物的管理义务、责任转质押等；在权利质权如权利质权的概念、可以出质的权利、权利质权的设立、权利质权人行使权利的特别规定等，都需要在"动产质权"和"权利质权"章节中做出特别规定。

四是完善"准用规范"。在抵押权即不动产抵押权立法模式下，没有动产质权和权利质权对不动产抵押权制度准用，这有一定的道理；在抵押权发展到极限动产抵押权的立法模式下，立法缺失动产质权和权利质权对抵押权的准用规范，就是一个立法缺陷。尤其在一般规定、抵押权规范予以强化完善之后，动产质权和权利质权如要对一般规定和抵押权规范不重复以及不制造不一致和矛盾等立法缺陷，就必须设置准用规范，即动产质权和权利质权的准用抵押权的规定。准用规范的完善，为克服规范重复，以及因规范重复而形成的规范矛盾、冲突和漏洞等立法缺陷，找到了办法。由此，该建议草案，“动产质权”章节减少到9条规范，“权利质权”章节减少到5条规范。

五是与法工委草案有62条规范且“头轻脚重”的结构相比，该建议草案可谓是以59条规范且“头重脚轻”等结构。基础规范的增加，弥补了整体性制度的缺失；公因式的提取，避免了规范的结构重复、不一致、矛盾和漏洞；个性规范的提炼和保留，准用规范链的完善，满足了对现有担保物权立法模式的结构承继。

因此，该建议草案可以说是结构多元、规范一元，旧瓶新酒，典章新篇。所谓结构多元，是指该建议草案继续沿用过去的旧结构，抵押权有不动产抵押权和动产抵押权，质权有动产质权和权利质权。在不动产上的担保物权即不动产的抵押权，在动产上的担保物权包括动产抵押权、动产质权和权利质权。所谓规范一元，即一般规定中的规范、抵押权中的规范，以及动产质权和权利质权中的规范，再也没有规范重复，各条规范所处位置不同、地位不同、功能不同，不可以相互替代，不可以或缺，从一般、可被准用，到具体可以准用。如果将结构体系拆除，剩下的规范按照一般到特殊的顺序合并在一起，起一个名字叫“不动产担保物权”和“动产担保物权”，则就“动产担保物权”这一概念项下，连绵着担保物权的定义、担保物范围、担保合同，担保物权设立、公示、优先顺序、效力、实现和消灭9个方面的规范群。每一个规范群都是按照一般规则后加特殊规范构造。这样构造起来的规范群，就是动产担保物物权的一元化立法。但是，我们接受不了这一突兀的结果，只好就扎上樊篱，以分类规范构筑起了多元化结构。

后　记

2017年3月15日我国《民法总则》于第十二届全国人大第五次会议表决通过，自2017年10月1日起施行。我国《民法总则》通过以后，民法分则的编纂工作提上了日程。民法学界对民法分则的编纂工作，主要有两套工作组织：一是中国法学会民法典编纂项目领导小组，二是中国社会科学院民法典编纂工作项目组。[1] 2016年7月26日中国社会科学院法学研究所组织召开了民法分则各编立法研讨会。该论坛力邀近百位民法学界知名专家学者与会，就民法典分则编纂中的理论和实践问题进行研究讨论。会议之前，中国社会科学院法研究所朱广新研究员电话邀请我参加民法分则的编纂工作，具体担当民法分则担保物权法尤其是抵押权部分的编纂工作。

担此重任，无论是从个人的学术资历，还是从个人的学术能力而言，实感诚惶诚恐、如履薄冰。但责任感、使命感和荣誉感，使我在惶恐间甘愿为此项工作义无反顾、殚精竭虑。接下此项任务后，我开始重新审视、重新梳理、重新编排我国现有的担保物权制度，尤其是动产担保物权法律制度。将世界先进的一元化动产担保物权法律制度的思想理念、结构体系、制度设计等，与我国现有多元的动产担保物权进行对比。从世界法制史的角度再度对我国现

---

〔1〕 当然，参与民法典编纂的还有其他组织，如最高人民法院民法典编纂工作研究组、最高人民检察院民法典编纂研究小组、原国务院法制办民法典项目工作组等。

有的担保物权制度尤其是动产担保物权制度的由来,进行了研究。进一步的研究发现,大陆法系民法法典化以及物权法定化以后,在民法典中没有规设提供一种动产上不移转占有的担保物权,是近代民事立法的缺陷。正是对民法典中这一严重立法缺陷的补救,开启了民法法典化各国和地区之担保物权尤其是动产担保物权法制发展的新征程。但各国和地区所选择的新征程路线又有区别:德国在《德国民法典》之外,以学说和判例推动的非典型担保的判例法方式为补救道路,如让与担保、所有权保留等;日本在《日本民法典》之外,以担保物之不同而施以特别民事单行法方式为补救道路,如《农业用动产抵押权法》《飞机抵押法》《轮船抵押法》《建筑机械抵押法》;我国台湾地区,在"民法典"之外,以不移转占有的动产担保物权特别民事单行法方式为补救道路,如我国台湾地区颁布的"动产担保交易法"中就规定了一般动产抵押、附条件买卖、信托收据 3 种动产之上不移转占有的动产担保物权。德国、日本以及我国台湾地区弥补民法典没有规设提供动产之上不移转占有的动产担保物权的途径虽有不同,但他们之间也有共同的特点:都是在不破坏民法典安定性的前提下,在法典之外通过特别法如判例法、单行法等方式,实现对民法典没有规定动产之上不移转占有的担保物权的立法缺陷的补救。

我国在担保物权尤其是动产担保物权的法制历史,走过了与前述完全不同的道路:中华人民共和国成立后,废除了国民政府时期的"六法全书"。由此,我国的法制发展和建设,开启了一个全新的征程。具体说到担保物权法尤其是动产担保物权法的法制发展,直到 1995 年我国才颁布了《担保法》。我国《担保法》的制定,是在没有民法典之安定性价值维护拘束的情况下展开的。对于过往法制史上在民法典中缺失规定动产上不移转占有的担保物权的不足,我国《担保法》就把弥补这一不足的机会留给了自己——我国《担保法》将抵押权即不动产抵押权扩展到了抵押权包括不动产抵押权和动产抵押权。动产抵押权在《担保法》中的植入,在解决传统民事立法缺少动产上不移转占有担保物权的制度供给缺失方面,起到了立竿见影的作用。但立法者却忽视了应对因动产抵押权的制度植入所引起的传统担保物权制度的规范体系冲突。这些思考集结成了《抵押权概念的演变及其法体系效应》一文,该文发表在《法商研究》2017 年第 5 期。这一发现,找到了今日我国担保物权法尤其是动产担保物权法的病灶所在。

针对学界已经达成共识,但担保物权立法草案不予采纳的动产担保物权统一登记公示制度,同样也可以在动产担保物权法一元化目标价值取向上予以思考。我认为,动产担保物权统一登记制度的建立,足以使今日之“权利质权”制度在形式上消失。不仅如此,动产担保物权统一登记制度的建立,还足以使动产担保物权的种类自由约定得以实现。终此,一元化动产担保物权立法模式渠成。这一思考成就了《建立动产担保物权统一登记制度的担保物权法编纂意义》一文,该文发表在《法治研究》2018 年第 1 期。与此同时,完成的其他尚在投稿中的论文还有《中国动产担保物权法编纂建议》《论物权法定:从宏观叙事到微观求证》等。2017 年年末,中国社会科学院民法典编纂工作组要求我就法工委完成的物权法草案中的担保物权法提出立法建议,我就在前期研究的基础上草拟完成了《民法典物权编〈担保物权〉建议稿》一文,该文以中国社会科学院民法典工作项目组文件组字[2017]002 号红头文件,分别报送全国人大法工委,抄送最高人民法院民法典编纂工作研究小组、原最高人民检察院民法典编纂研究小组、国务院法制办民法典项目工作组和中国海洋大学。此即本书之第六章:结束语——我国意定动产担保物权法编纂建议。之所以以此编纂建议作为本书之结束语,用意在于承前启后:承前意在以此编纂建议,作为本书的阶段性总结;启后意旨接下来的研究内容就是集中于未来中国动产担保物权法的草案设计和立法说明。将提出更加详细、全面、深刻的动产担保物权法草案及其立法理由。

中华民族伟大复兴的辉煌征程,民法典编纂的伟大事业,给了我们这些从事民事法律研究和教学的人们以施展才华的机会,也是我们一代民法人的幸运,有幸参与国家的伟大事业,有幸对国家和人民有所贡献。我希望中国未来的动产担保物权立法能够实现动产担保物权的一元化立法。但我也有自知之明,学者应尽本分做学者的事:把事讲清楚,让大众听明白;提出科学的立法方案,清晰阐明立法理由。一句话,学者是提供思想的,完成立法当不在学者的权限、职责范围之内。

为了把自己关于动产担保物权一元化立法的思想表达全面、清晰,我将撰写本书姊妹篇,集中阐释“未来与设计”,主要内容是一元化动产担保物权法的立法草案及立法理由。

接下来,自己好好努力兑现此一承诺。

图书在版编目(CIP)数据

中国动产担保物权法编纂研究 / 董学立著. -- 北京：法律出版社，2020

ISBN 978 -7 -5197 -4237 -9

Ⅰ. ①中… Ⅱ. ①董… Ⅲ. ①动产-担保法-研究-中国 Ⅳ. ①D923.24

中国版本图书馆 CIP 数据核字(2020)第 025523 号

中国动产担保物权法编纂研究
ZHONGGUO DONGCHAN DANBAO WUQUANFA BIANZUAN YANJIU

董学立 著

策划编辑 陈 妮
责任编辑 陈 妮 毛镜澄
装帧设计 马 帅

出版 法律出版社
总发行 中国法律图书有限公司
经销 新华书店
印刷 固安华明印业有限公司
责任校对 王泌陶
责任印制 吕亚莉

编辑统筹 法治与经济出版分社
开本 710 毫米×1000 毫米 1/16
印张 19.5
字数 260 千
版本 2020 年 6 月第 1 版
印次 2020 年 6 月第 1 次印刷

法律出版社/北京市丰台区莲花池西里 7 号(100073)
网址/www. lawpress. com. cn
投稿邮箱/info@ lawpress. com. cn
举报维权邮箱/jbwq@ lawpress. com. cn
销售热线/400-660-8393
咨询电话/010-63939796

中国法律图书有限公司/北京市丰台区莲花池西里 7 号(100073)
全国各地中法图分、子公司销售电话：
统一销售客服/400-660-8393/6393
第一法律书店/010-83938432/8433
西安分公司/029-85330678
重庆分公司/023-67453036
上海分公司/021-62071639/1636
深圳分公司/0755-83072995

书号:ISBN 978-7-5197-4237-9
定价:76.00 元